海派经济学

Journal of Economics of Shanghai School

主办单位

中国政治经济学学会
上海财经大学海派经济学研究院
上海对外经贸大学马克思主义学院

支持单位

世界政治经济学学会
全国马克思主义经济学说史学会

目录

马列主义政治经济学

中国特色社会主义政治经济学

当代资本主义经济

当代社会主义经济

马克思主义理论

信息

文摘

CONTENTS

Study on Marxist-Leninist Political Economy

Study on Socialist Economy with Chinese Characteristics

Study on Contemporary Capitalist Economy

Study on Contemporary Socialist Economy

Research on Marxist Theory

Information

Digest

资本扩张的逻辑及其防治之道
——重温马克思的资本批判思想

贺汉魂

内容提要 扩张是资本的根本逻辑，无序是资本扩张的根本特征。资本扩张实质是通过控制生产要素实现社会权力扩张。在“资本至上”的资本主义社会，资本无序扩张，给人类带来了深重的灾难。时间与空间是资本扩张的根本维度，在资本主义社会，资本扩张从时间、空间两大维度同时挤压人们的生命存在。中国共产党领导中国人民建立了中国特色社会主义制度，形成了既积极利用资本扩张之活力，又有效防治资本扩张之弊病的中国道路。立足当今世界百年未有之大变局，重温马克思的资本批判思想，具有论证马克思主义为什么“行”、中国特色社会主义制度为什么“好”、中国共产党为什么“能”的重要意义。

关键词 资本扩张；逻辑；马克思

中图分类号 F0—0

在政治经济学批判中，马克思无疑是批判资本主义社会最系统、最深刻、最具影响的思想家。资本主义社会是资本逻辑统治的社会，资本的根本逻辑就是扩张，无序是资本扩张的根本特征。马克思对资本主义社会的批判实际上就是对资本扩张逻辑的批判。在“资本至上”的资本主义社会，资本无序扩张，既给人类带来了物质文明发展的普照之光，也给人类带来了深重的灾难。对此，马克思进行了深刻的唯物主义批判。马克思的资本批判思想，具有永恒的理论伟力和魅力，立足当今世界百年未有之大变局，重温马克思的资本批判思想具有论证马克思主义为什么“行”的重要意义。

在我国，自改革开放以来，资本借机扩张，在发挥市场经济发展活力的同时，私有资本日益显现贪婪本性。西方垄断资本向我国扩张，意在攫取最大化的利润，进而瓜分中国(至少是控制中国)。国内私有资本从最初追求发家致

作者简介：贺汉魂，湖南第一师范学院马克思主义学院教授，湖南师范大学道德文化研究中心、中国特色社会主义道德文化省部共建协同创新中心首席专家。

基金项目：本文系国家社会科学基金重大项目“改革开放以来中国发展道路的政治经济学理论创新与历史经验研究”(20&ZD052)的阶段性成果。

富，到逐渐谋求形成垄断巨头，觊觎属于国之重器、国之根基的产业与行业，甚至出现了与西方垄断资本合谋破坏我国人民根本利益的现象。与资本主义社会任由资本无序扩张不同，秉持“人民至上”价值的中国共产党领导中国人民建立了中国特色社会主义制度，形成了既积极利用资本扩张之活力，又有效防治资本扩张之弊病的中国道路。回顾中国共产党领导中国人民百年来的奋斗史，重温马克思的资本批判思想，具有论证中国特色社会主义制度为什么“好”、中国共产党为什么“能”的重要意义。

一、扩张是资本的必然逻辑，无序是资本扩张的根本特征

在西方哲学史中，逻辑是最高本体性的概念，意指事物存在不以人的主观意志为转移的内在规律。资本逻辑，简言之，即资本运行的内在规律，如鲁品越所言：资本“自己产生了一种不以人的意志为转移的客观规律，它使社会物质生产系统和社会生产关系按照不以人的意志为转移的客观逻辑运行与发展，进而支配人们的社会行为方式。”①资本逻辑是统治资本主义社会的根本逻辑，如米歇尔·博德认为：“资本主义既非人，亦非机构，既非出于意愿，亦非由于选择。资本主义是一种通过生产方式在起作用的逻辑，一种盲目发展而又顽强积累的逻辑。”②在马克思看来，资本逻辑就是扩张，而且就其本性而言必是无序扩张，也就是说，无序是资本扩张的根本特征。

何谓资本？马克思指出资本表现为物，实质是社会关系，“资本不是物，而是一定的、社会的、属于一定历史社会形态的生产关系，它体现在一个物上，并赋予个物以特有的社会性质”③，“纺纱机是纺棉花的机器。只有在一定的条件下，它才成为资本”④。马克思此论断说明了资本扩张可以理解为资本在“物”上的扩张，即占有更多、更好的“物”，实质则是资本主义生产关系的扩张。“资本不是一种个人力量，而是一种社会力量。”⑤马克思指出蕴藏在资本中的社会力量通过社会活动才能实现，“资本是集体的产物，它只有通过社会许多成员的共同活动，而且归根到底只有通过社会全体成员的共同活动，才能运动起来”⑥。这里的“活动”，主要指劳动者的劳动，可见资本扩张实质是资产阶级通过控制更多生产要素来占有更多社会劳动的社会权力扩张。鲁品越指出：“资本家拥有作为物化劳动结晶的生产资料所有权，进而通过这个所有权拥有了对工人劳动的支配权，从而占有工人劳动创造的剩余价值；这种剩余价

---

① 鲁品越：《鲜活的资本论》，上海：上海人民出版社，2016年，第241页。
② 米歇尔·博德：《资本主义史(1500—1980)》，吴艾美等译，北京：东方出版社，1986年，第145页。
③ 《马克思恩格斯文集》第7卷，北京：人民出版社，2009年，第922页。
④ 《马克思恩格斯文集》第1卷，北京：人民出版社，2009年，第723页。
⑤ 《马克思恩格斯文集》第2卷，北京：人民出版社，2009年，第246页。
⑥ 《马克思恩格斯文集》第2卷，北京：人民出版社，2009年，第246页。

值最大化地转化为资本，作为物化的客观力量支配工人，由此形成了正反馈循环圈，形成了不以人的意志为转移的物化劳动的'资本逻辑'。"[①]

马克思指出资本必定无限地扩张。首先，对利润无止境地追求驱使着资本无限扩张，"只有在越来越多地占有抽象财富成为他的活动的唯一动机时，他才作为资本家或作为人格化的、有意志和意识的资本执行职能。因此，决不能把使用价值作资本家的直接目的。他的目的也不是取得一次利润，而只是谋取利润的无休止的运动"[②]。其次，市场竞争迫使资本家通过无限扩张增强自己资本的实力。再次，资本主义社会是资本支配政治，资本可以扩张到远远超越直接政治权力控制的界限。与资本扩张不同，前资本主义社会的剥削阶级追求占有更多具体有形的财富，如劳动人口、土地等，直接的暴力掠夺是实现扩张的基本手段，当掠夺者占得足够多，或基本上无力掠夺，或基本上无掠夺对象时，扩张自然就停止了。有序运动均是有一定限度的运动，因为物极必反，资本必定无限扩张，这是资本无序扩张的首要表现。

一方面，资本必定在"物"上无限扩张。资本在"物"上扩张遵循从有形向无形转变、从生产领域向流通领域转向、从控制经济到控制社会升级的演化逻辑。因为无形资本更容易实行扩张，流通领域比生产领域更适宜资本扩张，控制社会意味着资本可以随心所欲地扩张。早期资本主义社会，资本扩张主要表现为生产领域"物"的增大、做强。这种方式对资本家而言，赚得少、来得慢，还要费心费力。在资本主义商品经济中，货币可以购买到一切，货币资本因而成为资本扩张的最佳形式，资本主义社会由此必然走向金融资本主义，在流通领域进行疯狂的金融资本扩张，无形化(虚拟化)则是金融资本扩张的基本特征。资产阶级还会努力把一切可以用来实行价值增殖的事物资本化。当这样的资本化不需要付出成本或付出的成本很少时，资本家对此更是乐此不疲。劳动者的劳动力早已成为可变资本。自然资源早已资本化为资产阶级可以免费使用的资产。人们的日常生活空间也在加速资本化。

另一方面，即便资本家对"物"的占有实际上已经满足，资本在社会关系上也会无限扩张，因为扩张是资产阶级维持和增强其资本实力、免受他人资本控制的基本途径。简单地进行历史比较便可见前资本主义社会的经济体系受政治权力的直接控制。在我国古代，经济意指经邦治世，实质是政治。在奴隶社会、封建社会，统治者主要通过扩张政治权力来扩张经济占有，谁的权力最大，谁能支配的经济资源就最多。在我国封建社会，帝王的权力最大。资本主义社会则是资本控制政治，政治权力为资本扩张保驾护航。在自由资本主义时期，资本家在国内按等量资本获取等量利润的法则共存着。在垄断资本主义

---

① 鲁品越:《鲜活的资本论》，上海:上海人民出版社，2016年，第243页。

② 《马克思恩格斯文集》第5卷，北京:人民出版社，2009年，第178—179页。

时期，垄断资本家按垄断的势力范围分割利润，形成相对均衡的利益格局。在世界范围，资本主义国家按资本实力大小布局，形成了中心—外围的全球经济治理体系。

资本在“物”上无限地扩张使得资产阶级省去了组织生产的劳心之烦、劳力之苦，又具有漂白资本罪恶的作用，由此导致的后果是整个社会被资本逻辑这只“无形的手”牢牢控制着，整个社会被无限扩张的资本拖进了全面物化的时代，人类秩序异化为资本扩张的逻辑。一方面，一切事物的存在价值由增殖资本价值的大小来判定，不能实现价值增殖的“物”对资本家来说就是废物，不能实现价值增殖的“人”对资本家来说就是过剩人口，因为“工人仅仅为增殖资本而活着，只有在统治阶级的利益需要他活着的时候才能活着”①。另一方面，越来越多的社会成员在物化中丧失了变革社会的意识和意志，除非受到巨大的外力冲击，资本主义社会完全可能像奴隶社会、封建社会一样存在千年之久。由此看来，中国社会主义革命与建设事业的成功，实为人类之大幸，是“中国道路”、“中国制度”的成功让人类看到了仅有几百年历史却罪恶累累的资本主义已经走到了尽头。

广义的社会权力包括思想权力、政治权力和经济权力，资本的社会关系扩张包括资产阶级的“普世价值”和资本主义政治、经济体制的扩张。马克思指出资产阶级自由、平等的“普世价值”是虚伪的，“在现存的资产阶级社会的总体上，商品表现为价格以及商品的流通等等，只是表面的过程，而在这一过程的背后，在深处，进行的完全是不同的另一些过程，在这些过程中个人之间表面上的平等和自由就消失了”②。而资本主义的民主、自由不过是热闹的表演而已，正如列宁所指出的：“资产阶级民主同中世纪制度比较起来，在历史上是一大进步，但它始终是而且在资本主义制度下不能不是狭隘的、残缺不全的、虚伪的、骗人的民主，对富人是天堂，对穷人和被剥削者是陷阱和骗局。”③资产阶级常常指责封建世袭制，其实，经济财富更容易代代相传，资本控制力比政治控制力更为基本，又能相对间接地回避一些面对面的阶级矛盾，所以，资本权力更具有世袭性。西方资本主义国家自建立之始，控制国家经济、政治的大财阀基本上没有变过。总之，伴随资本扩张的只会是资本主义虚伪的“普世价值”和专制、独裁政治、经济体制的扩张和输出。

马克思还指出资本是在悖论中进行扩张的，主要有经济悖论、人口悖论与生态悖论。其一，资本扩张往往意味着生产扩大，但是资产阶级不可能与工人们共享劳动财富，由此形成生产过剩的经济悖论。其二，资本扩张，特别是生产资本扩张增加了就业，但是资本主义经济机制使得劳动者随时可能失业，收

① 《马克思恩格斯文集》第2卷，北京：人民出版社，2009年，第46页。
② 《马克思恩格斯全集》第30卷，北京：人民出版社，1995年，第202页。
③ 《列宁选集》第3卷，北京：人民出版社，1995年，第601页。

入低、开支大、就业不稳定，致使资本主义国家出现少子化趋势，由此形成了人口悖论。其三，自然资源资本化是低成本甚至零成本的资本扩张方式，造成了严重的环境破坏，最终妨碍资本扩张，由此形成了生态悖论。资本扩张的经济悖论破坏了资本主义国家的经济运行秩序。资本扩张的人口悖论动摇了资本主义国家的统治秩序。资本扩张的生态悖论破坏了整个人类的生存秩序。因此，资本扩张悖论既使资本只能在混乱中实行扩张，这是资本无序扩张的重要表现，同时给整个人类制造了更大的秩序混乱。

何以走出资本扩张悖论呢？消灭资本是最彻底的方式，节制资本无序扩张是退而求其次的选择。只是这些办法对资产阶级而言都是要命的办法。资产阶级实际上主要是通过进一步的扩张来摆脱资本扩张悖论，结果“因为每一个这样的限制都是同资本的使命相矛盾的，所以资本的生产是在矛盾中运动的，这些矛盾不断地被克服，但又不断地产生出来”①，这样的方式只会给人类，也给他们自己制造更大麻烦。

其一，资产阶级主要沿着开发今日市场、挤占未来市场、制造非本真市场的市场经济发展逻辑来摆脱经济悖论。当虚假需要无法制造时，实现资本扩张的国内经济手段也就用完了，只能依靠清理空间这一手段。对此，凯恩斯主义从宏观经济流量的需求侧着眼，主张政府制造需求以解决有效需求不足的问题。供给学派从宏观经济流量的供给侧着眼，主张制止政府干预以增加有效供给。二者的主张似乎根本对立，却在关键问题上达成了共识：一是共同性地忽略了“资本的生产过程”才是产生过剩的源头；二是均内含了通过清理空间，让资本继续扩张的意思，凯恩斯明确提出战争、瘟疫是摆脱经济危机的好办法，供给学派反对政府干预流通领域与分配领域，实际是想让贫困者自生自灭。可见一切维护资本逻辑的经济学均无法指引资本主义国家走出资本扩张的经济悖论。

其二，资产阶级试图以机器代替人的方式摆脱人口悖论。问题是很多情况下机器根本无法代替人，人的很多需要只有通过人，在人际关系中才能实现，当发达资本主义国家国内人口不足时，资产阶级不得不引进外国务工人员。大规模引入外国人员，会改变本国的种族、民族结构，引发新的社会矛盾，甚至会从根本上改变资本主义国家的民族性质。另一方面，知识改变命运，资产阶级为了维护统治地位必然要控制优质的教育资源，由人口占比少的资产阶级子弟们独享之，发达资本主义国家因此产生了优秀科研人才不足的问题。为弥补本国优秀科研人才的不足，资产阶级会低成本地收割其他国家的精英人才。这样的外国人才主要来自第三世界国家，它们有可能通过发展走向发达，吸引人才归国。西方资本主义国家情急之下可能拒收国外优秀学生留学，

① 《马克思恩格斯文集》第 8 卷，北京：人民出版社，2009 年，第 91 页。

这固然对发展中大国的科技进步有一定的阻碍作用,但同时也意味西方资本主义国家在自断掠夺他国智力资源之路。

其三,资产阶级主要通过资本的国际扩张摆脱生态悖论。资本扩张首先造成了西方资本主义国家的生态问题,资产阶级也无法独善其身,所以他们会将重污染产业转移至发展中国家。发展中国家,特别是发展中的大国发展起来后,人们也要追求美好生活。资产阶级认为这样的国家是在与其争夺自然资源,破坏其生存空间,当他们感觉到全球生态危机、能源危机危及自身安全时,不会自我反省,而是嫁祸于人,使用最歹毒的手段,如挑起战争、制造基因武器、传播人工病毒甚至是气候武器,有计划地消灭发展中国家的人口。当今世界,资本扩张最厉害的美国就是一个以战养国的国家,美国的生化武器研发基地散布全球,却从不对外公开和接受人们的检查。

虽然资本扩张具有一定的历史意义,马克思也对此给予了肯定,"资产阶级在它的不到一百年的阶级统治中所创造的生产力,比过去一切时代创造的全部生产力还要多、还要大"①,"由于开拓了世界市场,使一切国家的生产和消费都成为世界性的了"②。但是资本是带着"原罪"来到人间的,资本扩张意味资本的"罪恶"扩散。如资本扩张之下,劳动者沦为追求资本增殖的"单面人",向来受人尊崇和令人敬畏的职业不再有神圣光环,本来温情脉脉的家庭关系变成了纯粹的金钱关系,整个社会经济动荡、社会不安,人与人关系愈加不平等。更重要的是,资本必然要扩张,资本必然是无序扩张,因而必然会从根本上破坏人类存在、发展的基本秩序,马克思对此痛斥道:"我们看到,机器具有减少人类劳动和使劳动更有成效的神奇力量,然而却引起了饥饿和过度的疲劳。财富的新源泉,由于某种奇怪的、不可思议的魔力而变成贫困的源泉。技术的胜利,似乎是以道德的败坏为代价换来的。随着人类愈益控制自然,个人却似乎愈益成为别人的奴隶或自身的卑劣行为的奴隶。甚至科学的纯洁光辉仿佛也只能在愚昧无知的黑暗背景上闪耀。"③为了人类的整体福祉,必须推翻"资本至上"的资本主义制度,结束资本逻辑的统治。

在我国,随着改革开放推进、市场经济发展,资本逐渐取得了合法地位,资本扩张造成的无序特征日益显现。贯彻公共意志的公有资本,特别是贯彻国家意志的国有资本基本上不会无序扩张。事实上,"毫不动摇地巩固和发展公有制经济"的提法本身就说明了公有资本的主体地位已受到了无序扩张的私有资本的冲击。一是来自西方垄断资本的冲击。西方垄断资本趁我国对外开放之机大举进入,为我国经济发展提供了资金,但其初衷绝非帮助我国发展,而是为了实现本国资本的国际扩张,为过剩资本找出路,进而影响、控制我国

① 《马克思恩格斯文集》第2卷,北京:人民出版社,2009年,第36页。
② 《马克思恩格斯文集》第2卷,北京:人民出版社,2009年,第35页。
③ 《马克思恩格斯文集》第2卷,北京:人民出版社,2009年,第580页。

经济发展，最终达到瓜分、控制我国的目的。只是由于中国共产党领导的中国人民根本不吃他们设计的“那一套”，此阴谋才无法得逞。相反，从改革开放“富起来”到进入新时代“强起来”，中国人民成功做到了既积极利用资本，又有效防治资本。二是来自国内私有资本无序扩张的冲击。目前，最典型的就是互联网平台公司，如：无偿使用公民个人和机构的数据信息，实为盗用行为和独占行为；独占大数据，封锁屏蔽竞争对手的行为恶化了商业生态，暴富了互联网资本巨头，加剧了社会两极分化；运用资本优势挤走竞争对手的行为恶化了我国的创新环境；更严重的是，财大气粗的它们开始冲击文教卫事业，腐蚀共产党的执政基础。可见，防止西方垄断资本及国内私有资本无序扩张已经成为我们不得不做的国之大事。

二、时、空是资本扩张的根本维度，脱“实”向“虚”是资本扩张的必然趋势

在哲学中，时间与空间是表述物质运动持续性和广延性的概念。时间就是生命，人总是在一定的空间中进行生命活动，所以时间与空间对人类而言是具有价值意蕴的概念。如海德格尔所言：“此在的存在在时间性中有其意义。”①时间与空间是物质运动的基本形式，也是资本扩张逻辑的根本维度。物质运动的时间与空间维度是统一的，资本扩张的时空维度也是统一的。其一，资本在时间与空间上的扩张互为前提。空间上扩张的基础是资本的实力增长，资本实力增长需要时间，资本花费一定的时间才能在空间上实行扩张。其二，资本在时间与空间上的扩张同时进行，资本在国内空间扩张，主要是剥削国内劳动者的生命时间，向国际空间扩张时，主要是剥削国外劳动者的生命时间。

资本时间、空间扩张的统一性使得资本无序扩张必然从时间、空间两大维度同时挤压人们的生命存在、生活质量。资本在时间上扩张意味着劳动者停留在生活空间的自由时间不充分，“资本由于无限度地盲目追逐剩余劳动，像狼一般地贪求剩余劳动，不仅突破了工作日的道德极限，而且突破了工作日的纯粹身体的极限。它侵占人体的成长、发育和维持健康所需要的时间。它掠夺工人呼吸新鲜空气和接触阳光所需要的时间。”②资本在空间上扩张就是压缩人民享用生命自由的空间，“大量的工人在同一个工场里集中，一方面是资本家利润增长的源泉，另一方面，如果没有劳动时间的缩短和特别的预防措施作为补偿，也是造成生命和健康浪费的原因”③。

① 〔德〕海德格尔：《存在与时间》，陈嘉映、王庆节译，北京：三联书店，2006 年，第 23 页。
② 《马克思恩格斯文集》第 5 卷，北京：人民出版社，2009 年，第 306 页。
③ 《马克思恩格斯文集》第 7 卷，北京：人民出版社，2009 年，第 106 页。

人类的生命时间大体可分为生产时间与生活时间。生活时间大体又可分为满足本能需要必须进行的生理活动时间与自觉意识支配下的自由(休闲)活动时间。生产时间大体可分为为自己(家庭)必须进行生产劳动的必要劳动时间和为社会存在、发展进行生产劳动的剩余劳动时间。在剥削社会,劳动人民的生产时间过长和剥削阶级的自由时间过长是社会成员生命时间实现不公的基本表现。奴隶社会,奴隶主占有奴隶的全部生命时间。封建社会,地主占有农民全部剩余劳动时间和部分必要劳动时间。资本主义社会,资本家主要是占有工人的剩余价值,即剩余劳动时间。资本在时间上的扩张实际上是资本家占有更多的剩余价值,即更多的剩余劳动时间。劳动创造财富,资本家占有劳动者的劳动时间表现为占有劳动者生产的财富,占有劳动时间与占有劳动创造的财富实际是资本在时间上扩张的一体两面。前一方面的占有主要契合了资本在社会关系上的扩张,后一方面的占有主要契合了资本在"物"方面的扩张,可见资本扩张的实质与表现在时间维度上是统一的。

在马克思政治经济学中,价值量由社会必要劳动时间决定。从马克思强调劳动是劳动者付出生命时间的过程的论述可知,时间成为价值量计算标准的重要原因就在于时间就是生命。马克思还指出时间是客观的,这里所谓的客观意指虽然人们的生命长短不同,但时间本身不会因人而异,就此而言,时间又是一个充满平等意蕴的概念。鲁迅指出:浪费别人的时间就是谋财害命,资本在时间上扩张表现为无偿占有更多劳动者的更多劳动时间,是残害人们生命的行为。不过资产阶级主要是占有劳动者的剩余劳动时间,而且主要是通过交换劳动力,实行雇佣劳动进行的,这就使得相对于奴隶主对奴隶、地主对农民(农奴)的全面剥削,资本家对劳动者的剥削是要文明些。马克思就说过:"资本的文明面之一是,它榨取剩余劳动的方式和条件,同以前的奴隶制、农奴制相比,都更有利于生产力的发展,有利于社会关系的发展,有利于更高级的新形态的各种要素的创造。"①

马克思指出,绝对剩余价值生产与相对剩余价值生产是资本实现价值增殖的两种基本方式。绝对剩余价值生产表现为延长劳动时间和提高劳动强度。前者是通过延长劳动时间增加劳动者的生命力付出,后者是通过加大劳动强度迫使劳动者在同样的时间内付出更多生命力,二者都是增加劳动者的生命力消耗。从时间维度看,前者意味劳动者的自由时间绝对减少,后者意味劳动者无法真正享用自由时间。所以,绝对剩余价值生产的"绝对"实质指资本绝对地挤压了劳动者的生命时间,其后果是损害劳动者的身心健康、折损劳动者的寿命,"不仅使人的劳动力由于被夺去了道德上和身体上正常的发展和活动的条件而处于萎缩状态,而且它靠缩短工人的寿命使劳动力本身未老先

① 《马克思恩格斯文集》第7卷,北京:人民出版社,2009年,第927—928页。

衰和过早死亡”①。劳动者的生理需要以及对基本自由时间的需要决定了通过绝对剩余价值生产实现资本扩张必定有限,扩大雇佣劳动者数量又受到劳动力供给的限制,所以,资本家会想方设法进行技术革新,提高劳动生产率,进行以降低劳动力价值为基础的相对剩余价值生产。但是资本主义相对剩余价值生产只是意味劳动者的必要劳动时间减少而不等于自由时间增加,相反,劳动者提供的剩余劳动时间成为资产阶级独享的自由时间,劳动者的自由时间实际上成为再生产资本家的可变资本的不自由时间。

资本在时间上扩张要有物质手段的基础,主要表现为雇佣更多的劳动力和运用新的科技手段,所以,资本在时间上扩张具有增加工人就业、促进科技发展的积极意义。前者意味可以让更多劳动者享有实现生命自由的劳动时间,后者意味可以减少劳动者的劳动时间,增加劳动者的自由活动时间。但是资产阶级更愿意通过延长单个工人的劳动时间和采用先进技术来减少雇佣工人的人数以达到增加剩余价值的目的,这样,资本时间上扩张的积极意义又在资本扩张中消解了。前一情况引发了激烈的阶级斗争,后一情况致使资本主义国家愈益缺失产业工人。对于资产阶级来说,工人阶级既是掘墓人又是供养人,减少国内雇佣工人虽然可以使资产阶级减少一些对付阶级斗争的烦恼,却也不得不通过资本的空间扩张来弥补时间扩张方面的损失。

关于资本在空间上扩张的主要形式,根据马克思所述,本文归类如下:

其一,资本由城市向乡村扩张。在资本主义国家,资本自然先在城市扩张,但很快会转向乡村。马克思指出资本下乡瓦解了乡村封建经济关系、社会关系,“资产阶级在它已经取得了统治的地方把一切封建的、宗法的和田园诗般的关系都破坏了。它无情地斩断了把人们束缚于天然尊长的形形色色的封建羁绊”②,促进了国家的政治、经济统一,“各自独立的,几乎只有同盟关系的,各有不同利益、不同法律、不同政府、不同关税的各个地区,现在已经结合为一个拥有统一的政府、统一的法律、统一的民族阶级利益和统一的关税的统一的民族”③,实质是通过掠夺乡村来进行城市化和发展市场经济,“一部分农村居民的被剥夺和被驱逐,不仅为工业资本游离出工人及其生活资料和劳动材料,同时也建立了国内市场”④,结果造成了城乡严重分化和对立,“一个民族内部的分工,首先引起工商业劳动同农业劳动的分离,从而也引起城乡的分离和城乡利益的对立”⑤。

其二,资本由国内向国际扩张。马克思指出:“不断扩大产品销路的需要,

---

① 《马克思恩格斯文集》第5卷,北京:人民出版社,2009年,第307页。
② 《马克思恩格斯文集》第2卷,北京:人民出版社,2009年,第33—34页。
③ 《马克思恩格斯文集》第2卷,北京:人民出版社,2009年,第36页。
④ 《马克思恩格斯文集》第5卷,北京:人民出版社,2009年,第857页。
⑤ 《马克思恩格斯文集》第1卷,北京:人民出版社,2009年,第520页。

驱使资产阶级奔走于全球各地。它必须到处落户,到处开发,到处建立联系。"[①]由此产生的直接后果是:"过去那种地方的和民族的自给自足和闭关自守状态,被各民族的各方面的互相往来和各方面的互相依赖所代替了"[②],最终后果是整个人类世界受资本逻辑的统治,"各国人民日益被卷入世界市场网,从而资本主义制度日益具有国际的性质"[③]。当然,这也激发了落后国家反抗资本扩张的革命行动,"随着那些掠夺和垄断这一转化过程的全部利益的资本巨头不断减少,贫困、压迫、奴役、退化和剥削的程度不断加深,而日益壮大的、由资本主义生产过程本身的机制所训练、联合和组织起来的工人阶级的反抗也不断增长"[④]。这实际是资产阶级在国际上培养自己的掘墓人。

其三,资本向自然空间扩张。马克思指出,"一方面,土地为了再生产或采掘的目的而被利用;另一方面,空间是一切生产和一切人类活动的要素"[⑤],控制自然空间等于控制了一切,资本向自然空间扩张的干劲自然实足。这样的扩张到了一定程度,必然造成生态环境问题。从历史演变看,生态问题首先发生在最先工业化的西方资本主义国家,这些国家的城乡环境先被破坏:"它一方面聚集着社会的历史动力,另一方面又破坏着人和土地之间的物质变换,也就是使人以衣食形式消费掉的土地的组成部分不能回归土地,从而破坏土地持久肥力的永恒的自然条件。"[⑥]工农大众先受其苦,"这样,它同时就破坏城市工人的身体健康和农村工人的精神生活"[⑦],资产阶级也会被殃及,这是促使资本国际扩张的重要原因,由此造成全球性的生态危机。所以,虽然马克思对资本扩张造成的全球性生态危机并无详论,但其资本批判思想为分析此问题提供了科学的方法论指导,那就是,"要探讨生态危机的根源,必须联系生产方式的探讨以及人类对自然的看法和伦理态度的讨论,把历史观和自然观有机结合起来"[⑧],"这类问题提出的愈多,就愈加明确地说明资本主义在生态、经济、政治和道德方面是不可持续的,因而必须取而代之"[⑨]。人类要摆脱生态危机,只能如马克思所说的,推翻资本主义生产方式,"这个领域内的自由只能是:社会化的人,联合起来的生产者,将合理地调节他们和自然之间的物质变换,把它置于他们的共同控制之下,而不让它作为一种盲目的力量来统治自己;靠消耗最小的力量,在最无愧于和最适合于他们的人类本性的条件下来进

---

① 《马克思恩格斯文集》第2卷,北京:人民出版社,2009年,第35页。
② 《马克思恩格斯文集》第5卷,北京:人民出版社,2009年,第307页。
③ 《马克思恩格斯文集》第5卷,北京:人民出版社,2009年,第874页。
④ 《马克思恩格斯文集》第5卷,北京:人民出版社,2009年,第874页。
⑤ 《马克思恩格斯文集》第7卷,北京:人民出版社,2009年,第875页。
⑥ 《马克思恩格斯文集》第5卷,北京:人民出版社,2009年,第579页。
⑦ 《马克思恩格斯文集》第5卷,北京:人民出版社,2009年,第579页。
⑧ 王雨辰:《论生态共同体话语与生态文明理论建构的两条路径》,《云梦学刊》2021年第7期。
⑨ 〔美〕福斯特:《生态危机与资本主义》,耿建新、宋兴无译,上海:上海译文出版社,2006年,第61页。

行这种物质变换”①。

其四,人们的生活空间资本化。马克思主要论及了资本主义社会人们生活空间资本化的两种基本形式:一是资本家压缩工人生产领域的生活的空间,以降低生产成本。马克思指出:“生产过程的条件大部分也就是工人的能动生活过程的条件”②,本来“工人的结合和协作,使机器的大规模使用、生产资料的集中、生产资料使用上的节约成为可能”③,为扩大人们的生活空间奠定了基础,资产阶级为了节约成本,却迫使工人在狭小空间进行生产,“大量的共同劳动在室内进行,并且在那种不是为工人健康着想,而是为便利产品生产着想的环境下进行”④。二是资产阶级将人们的居住空间资本化,主要是炒作房地产市场。这样的空间资本化致使房价涨、房租贵、生活开支大,广大无产阶级根本无法安居。

马克思指出资产阶级在空间上进行资本扩张的主要目的:一是在经济上回避市场竞争,或占据市场竞争新的制高点;二是通过资本的国际扩张将源于资本时间上扩张产生的矛盾,即把资本家剥削工人剩余价值而产生的国内阶级矛盾转移至国外,以及通过向自然空间扩张获得稳定、高额的利润,相对减缓对国内工人阶级剩余价值的剥削。但是竞争迟早会在新的空间展开,这样,随着资本空间扩张,资产阶级缓解国内矛盾和危机的手段越来越少,马克思早就断定说:“这不过是资产阶级准备更全面更猛烈的危机的办法,不过是使防止危机的手段越来越少的办法。”⑤只是这样的过程必定会使资本扩张造成的“无序”在更大的空间中蔓延,资本实际是在拉整个人类为其无序扩张买单。

从资本扩张的时间简史看,资本扩张已经历了生产现实市场需要、生产未来市场需要和生产虚假市场需要三大阶段。第一阶段大体从18世纪60年代到20世纪30年代,生产力基本上用于生产满足人们现实基本生活必需品上,此时的生产过剩是相对无产阶级基本需要得不到满足的过剩。第二阶段大体从20世纪30年代到70年代,资产阶级鼓励民众“消费明天”,将危机转嫁到未来,满足非本真需要的商品已显端倪。第三阶段大体起始于20世纪70年代后期,资产阶级主要通过制造虚假需求支撑的虚假市场来续命。这是资本主义发展的最后阶段,到此阶段,资本已无维持时间扩张的市场基础了。

从资本扩张的空间范围看,资本从挤占城市空间向乡村空间扩张,从挤占国内空间向国际空间扩张。挤占完国际空间,或国际空间扩张受阻时,资本实际上已无空间可扩张了。此时,西方垄断资本能做的:一是设法保护自己的国

① 《马克思恩格斯文集》第7卷,北京:人民出版社,2009年,第928—929页。
② 《马克思恩格斯文集》第7卷,北京:人民出版社,2009年,第101页。
③ 《马克思恩格斯文集》第7卷,北京:人民出版社,2009年,第106页。
④ 《马克思恩格斯文集》第7卷,北京:人民出版社,2009年,第106页。
⑤ 《马克思恩格斯文集》第2卷,北京:人民出版社,2009年,第37页。

内空间，这就是现阶段西方资本主义国家，特别是美国，开始带头“逆全球化”的重要原因，“资本主义国家主导的经济全球化，目的并不是为了促进各国经济的共同发展，而是为了解决国内需求不足的矛盾。基于这一目的，此时难以再通过国外市场解决过剩产品的资本主义国家的态度发生转变，开始设置贸易壁垒，逆经济全球化的一系列现象开始出现”①。二是在这一手段还不够奏效时，他们会采用最歹毒的一招，即通过清除“垃圾人口”的方式为自己保存空间。马克思指出资本来到地上流着血和肮脏的东西，事实就是如此，今天地广人稀的资本主义大国，如“美国政府对本国贫困落后的弱势族群进行种族灭绝，使美国政府一举甩掉了本应承担的沉重的包袱和责任，又能无偿地征用他们的多达几百万平方公里的地产和无以计数的自然资源，从而使美国毫无负担地发展经济”②。

如前文所指，无形资本更容易实行扩张，流通领域比生产领域更适宜资本扩张。随着资本在时间、空间上的不断扩张，资产阶级会把生产领域的有形资本转移至国外，资本主义国家产业日益空心化、经济日益虚拟化，经济上会呈现脱“实”向“虚”的总体趋势。马克思说资产阶级培养了自己的掘墓人，即无产阶级，马克思此言当然在理，但也应看到随资本在时空维度上深层地扩张，事情已发生了一些变化，那就是，经济上的脱“实”向“虚”使得西方资本主义国家无产阶级人数在减少，革命性在丧失。资产阶级自信可以依赖军事强实力维持着政治硬实力，以此确保用别国的“实”来维护自己的“虚”。军事强实力源于高科技的领先力，所以保持高科技的绝对领先地位成为西方垄断资本能够继续扩张的根本保障，这也是脱“实”向“虚”趋势可以延续的物质基础，如在当代社会，互联网技术成为虚拟资本运行的重要技术基础，“在互联网技术条件下，资本最理想的运动形式‘G—G′’在一定程度上得到实现，货币资本成为产业资本的唯一代表形式，而生产是需要预付大量资本的和周转缓慢的‘倒霉事’”③。这就意味当西方资本主义国家丧失高科技领先地位时，其资本扩张也就走到尽头了，所以，美国资本集团举全国之力打压我国高科技发展恰恰说明它已严重衰弱了。

马克思指出：“对资本主义生产的否定，是它自己由于自然过程的必然性而造成的。”④脱“实”向“虚”就是资本主义否定自己的自然过程，只是这一过程因资本能够继续扩张可能会拖得很长。人类应积极行动，促成资本主义自然灭亡的进程，在时间上加快结束资本扩张的逻辑。对资本扩张逻辑进行深

① 白暴力、傅辉煌：《经济全球化的资本主义边界与发展趋势——当前形势与我国的对策》，《经济纵横》2021 年第 1 期。

② 胡懋仁：《种族主义源于资本主义的罪恶》，《政治经济学研究》2021 年第 2 期。

③ 李策划：《互联网时代的资本主义经济金融化——资本关系的变异与资本积累方式的转变》，《西部论坛》2019 年第 11 期。

④ 《马克思恩格斯文集》第 5 卷，北京：人民出版社，2009 年，第 874 页。

刻、深入的批判还是有赖于社会主义国家。在实践上,广大发展中国家,特别是中国要加快实现国家富强、人民幸福,积极引领构建人类命运共同体,以此增强全世界人民,特别是西方资本主义国家的人民对社会主义制度"真的好"、资本主义制度"真的坏"的认知和信念。结束资本在时间上扩张,无论是理论上的革命还是实践上的革命,在空间上均发生了位移,已从西方发达资本主义国家转到发展中国家,主要是转到我们中国。

在我国,私有资本沿时间、空间两个维度的无序扩张同样应该引起我们的高度警惕。在时间维度方面,我国不少私营企业依然主要采用绝对剩余价值生产方式来剥削工人的剩余价值,劳动者劳动时间长、劳动强度大的情况仍存在。工人"连跳自杀"、过劳猝死等事件时有发生。在空间维度方面,通过破坏生态环境提高生产效率是私营企业,除城市生态环境恶化,不少乡村地区也因资本下乡,青山绿水变成穷山恶水。另外,城市房地产市场已成为私有资本重点投资领域,造成房价飞涨。私有资本脱"实"向"虚"的趋势日益明显:房地产市场成为一些地方的支柱产业;文教卫成为资本逐利的新兴产业;染指甚至取代国家金融已成为一些金融新贵付诸行动的梦想;互联网金融公司运用无实物抵押的方式引诱人们,特别是年轻人超前消费、奢侈消费,对消费主义文化在我国狂行推波助澜。

三、有效防治资本无序扩张是中国道路的重要特色与优势

显然,最彻底防治资本无序扩张的办法就是消灭资本,对此,人们往往以马克思消灭生产资料私有制的思想为依据,"共产党人可以把自己的理论概括为一句话:消灭私有制"[①]。在此思想指导下,一些国家(地区)的人们进行了社会主义革命和建设事业,但20世纪80—90年代,社会主义革命与建设事业受挫,人们对资本主义必然灭亡和社会主义必然胜利的"两个必然"产生了动摇,连带伤及了马克思的资本批判思想:其一,马克思明确指出,"无论哪一个社会形态,在它所能容纳的全部生产力发挥出来以前,是决不会灭亡的;而新的更高的生产关系,在它的物质存在条件在旧社会的胎胞里成熟以前,是决不会出现的"[②];资本主义私有制灭亡,"同事实上已经以社会的生产经营为基础的资本主义所有制转化为社会所有制比较起来,自然是一个长久得多、艰苦得多、困难得多的过程"[③]。可是社会主义制度却首先在俄国、中国等东方落后国家建立,虽然马克思的东方社会理论提及了落后国家可以跨越卡夫丁峡谷,但这毕竟只是马克思的理论设想,建国70年后,苏联的社会主义制度解体了,

① 《马克思恩格斯文集》第2卷,北京:人民出版社,2009年,第45页。
② 《马克思恩格斯全集》第31卷,北京:人民出版社,1985年,第413页。
③ 《马克思恩格斯文集》第5卷,北京:人民出版社,2009年,第875页。

社会主义中国则适时进行改革开放，走上了充分利用资本的市场经济道路。一些人认为这是在补资本主义的课，因此发出了“何必当初”的质疑。而当代资本主义国家发生的巨大变化，特别是西方资本主义国家在冷战取胜，似乎说明它已经走出了马克思所谓的资本扩张之悖论。其二，一些人认为市场经济的基础是生产资料私有制，社会主义与市场经济二者不可得兼。他们或是以改革开放后市场经济发展中出现的社会矛盾否定发展社会主义市场经济的必要性，或是认为既然搞市场经济，就不应提建设社会主义市场经济，而应提建设现代市场经济，免得西方人不承认我国的市场经济地位。同时，增强“四个自信”要求我们令人信服地论证：“正是马克思主义的现代性批判理论为中国的社会主义现代化道路、为中国特色的社会主义道路的合理性与合法性提供了理论依据。而中国特色社会主义道路事实上的成功，则为这一理论的合理性与合法性给予了实践上的证明。”[①]

无疑，单从理论本身看，在资本主义社会，生产资料基本上以资本形式存在，所谓废除资本主义私有制也可以理解为废除资本私有制。但是无论就事实还是就理论逻辑本身而言，均不应把消灭资本主义等同于消灭资本。从事实看，随着社会主义市场经济发展，资本在我国已取得合法地位，非公有经济的生产资料以资本形式存在，公有经济的生产资料也以资本形式存在。从理论逻辑看，马克思提出：“把资本变为属于社会全体成员的集体财产，并不是把个人财产变为社会财产。这里所改变的只不过是所有制的社会性质。”[②]马克思在这里并未说明“集体财产”不能以“集体资本”形式存在。马克思还提出利用资本消灭资本的主张，“这些限制在资本发展到一定阶段时，会使人们认识到资本本身就是这种趋势的最大限制，因而驱使人们利用资本本身来消灭资本”[③]。利用资本消灭资本的前提自然是承认资本存在，而且是承认国内资本存在。

如何做到利用资本消灭资本呢？前文已论证马克思主张消灭资本主义私有制就是主张消灭资本主义私有资本，所以，在承认资本存在的情况下，利用资本消灭资本的基本方式就是把私有资本变为社会主义劳动者联合控制，共同使用的公有资本，即马克思所言的：“为了有效地进行生产，劳动工具不应当被垄断起来作为统治和掠夺工人的工具”[④]；而且“工人们不是在口头上，而是用事实证明：大规模的生产，并且是按照现代科学要求进行的生产，没有哪个雇用工人阶级的雇主阶级也能够进行”[⑤]。但是社会主义初级阶段生产力发

---

① 陈学明：《从马克思的现代性批判理论看中国道路的合理性》，《马克思主义与现实》2018年第6期。

② 《马克思恩格斯文集》第2卷，北京：人民出版社，2009年，第46页。

③ 《马克思恩格斯文集》第8卷，北京：人民出版社，2009年，第91页。

④ 《马克思恩格斯文集》第3卷，北京：人民出版社，2009年，第12页。

⑤ 《马克思恩格斯文集》第3卷，北京：人民出版社，2009年，第12页。

展不充分、不平衡的实际情况决定了现阶段我国还不能完全消灭私有资本，而要鼓励、支持其发展，这一点是不是只是体现“利用”资本而不体现“消灭”资本呢？实际上，我国对私有资本发展的方针还有“引导”的要求。所谓“鼓励”、“支持”当然是针对国内诚实的私有资本，而不是国外垄断资本及国内不良资本。而“引导”显然意味要治理资本无序扩张。所以，鼓励、支持、引导私有资本发展也是利用资本消灭资本的一种方式，即发展诚实资本消灭不良资本。

那么，如何理解马克思提出的两个“决不会”论述呢？我们认为生产力在最根本、最基础的意义决定着生产关系。具体社会在一定的生产力基础上形成的具体生产关系，必然受到该社会的历史传统、社会结构、政治团体的特性的影响。落后国家进行社会主义革命不违背马克思的如上论断：首先，资本能够扩张本身就说明资本主义生产方式能容纳的全部生产力还没有完全发挥出来，资本扩张就是资本得以续命的重要条件；其次，只要不是局限于一国之内，而是从资本扩张的国际视域看，社会主义革命，至少是中国的社会主义革命本来就发生在资本主义生产关系比较成熟的阶段；再次，资本主义灭亡的长期性不是无期性，在世界范围是长期的不等于在所有国家均是长期的。马克思指出社会主义革命的重要前提是：“资产阶级不能统治下去了，因为它甚至不能保证自己的奴隶维持奴隶的生活，因为它不得不让自己的奴隶落到不能养活它反而要它来养活的地步。”①又特别指出：“如果不就内容而就形式来说，无产阶级反对资产阶级的斗争首先是一国范围内的斗争。每一个国家的无产阶级当然首先应该打倒本国的资产阶级。”②把这两个论断连起来理解就是：如果资本主义社会还没有走到“它甚至不能保证自己的奴隶维持奴隶的生活”的那一步，那么“就内容”而言，未必就是“无产阶级反对资产阶级的斗争首先是一国范围内的斗争。每一个国家的无产阶级当然首先应该打倒本国的资产阶级”了。所以，不但落后国家的人民进行反对资本主义的社会主义革命契合了马克思社会主义革命理论的“内容”，而且当代西方资本主义国家的工人阶级的革命取向不强的现状虽不在马克思意料之中——马克思论述过社会主义革命首先发生在欧美发达资本主义国家，却也不在其理论逻辑之外。

综上所析，实行马克思利用资本消灭资本思想的基本路径是：其一，既然资本扩张是资本主义社会得以续命的重要条件，落后国家进行革命，阻隔西方资本的扩张之路，就是促成资本主义生产关系灭亡的重要条件；其二，既然生产力从根本上决定着社会生产关系变迁，在资本既是促进生产力发展的活跃因素，又极具破坏作用的情况下，社会主义国家就应实行市场经济，在充分利用资本时积极防治资本。在我国，这样的路径是中国共产党领导中国人民历经百年奋斗，在实

① 《马克思恩格斯文集》第 2 卷，北京：人民出版社，2009 年，第 43 页。
② 《马克思恩格斯文集》第 2 卷，北京：人民出版社，2009 年，第 43 页。

现“站起来”、“富起来”、“强起来”的历史主题中形成的，其中，建立新中国，实行计划经济使得中国人民在政治、经济上“站起来”，防阻了西方资本在我国无序扩张，体现的是第一路径，而进行改革开放，实行社会主义市场经济体制，既激发资本活力，又防止资本无序扩张，体现的是第二条路径。

需要说明的是，落后国家进行反帝的社会革命是历史的必然，但是落后国家未必会进行社会主义革命，因而未必能真正“站起来”。这或是因国家太小而缺乏摆脱西方资本控制，真正“站起来”的力量，或是因为缺乏辉煌且统一的国家历史而缺乏“站起来”的历史使命感，更或是因为缺乏将马克思主义基本原理与国情相结合，意志坚定、领导有力的无产阶级政党领导人民“站起来”。中国人民之所以能够结束“尚未成功”的资本主义民主革命，成功实现了社会主义革命，重要原因就是因为有了中国共产党的坚强领导。实践证明，只有中国共产党领导的社会主义才能救中国，建立新中国。中国共产党能够领导中国人民抒写波澜壮阔、气势恢宏的中华民族百年奋斗史，重要原因就在于中国共产党坚持“人民至上”的价值理念，始终践行着为中国人民谋幸福、为中华民族谋复兴的初心和使命。

马克思指出无产阶级夺取政权后应建立社会主义公有制，“无产阶级将利用自己的政治统治，一步一步地夺取资产阶级的全部资本，把一切生产工具集中在国家即组织成为统治阶级的无产阶级手里，并且尽可能快地增加生产力的总量”①，实行计划经济，“按照共同的计划增加国家工厂和生产工具，开垦荒地和改良土壤”②。马克思此论断对落后国家特别适用，若国家初建，便匆忙允许、鼓励私有资本存在并大力扩张，对外，“那将会使作为后发展的大国成为全球资本扩张悖论的转嫁之所，从而陷入最深重的资本主义危机”③；对内，私有资本必然要走剥削广大劳动人民的老路。只有实行以生产资料公有制为基础的计划经济，才能集中力量实现现代工业化，实现追赶战略目标。在这一历史进程中，中国人民节衣缩食、省吃俭用，而且还发生过“大跃进”和“文化大革命”的巨大挫折，但奠定了中国人民在经济上“站起来”的基础，使得我国实行改革开放时具备了既利用又节制资本的实力，不承认这一点就是经济学中的历史虚无主义。我们不必否定亚洲个别原先落后的小国(地区)并不实行社会主义制度，后来也相对发达了。其实，它们的相对发达是合乎西方垄断资本实现国际扩张需要的，而且毫无道义感的西方垄断资本，主要指美国垄断资本，随时在它们身上“剪羊毛”，更何况它们的发展方向由美国牢牢控制着，如日本、韩国的国防权就在美国人手中，从这个意义讲，这些所谓的发达国家(地区)并没有真正“站起来”，不过是美国垄断资本的新的半殖民地而已。

---

① 《马克思恩格斯文集》第2卷，北京：人民出版社，2009年，第52页。
② 《马克思恩格斯文集》第2卷，北京：人民出版社，2009年，第52页。
③ 鲁品越：《鲜活的资本论》，上海：上海人民出版社，2016年，第245页。

从马克思利用资本的思想看，在社会主义计划经济完成国家在经济上“站起来”的历史使命后，为了实现“富起来”、“强起来”的目标，应该适时进行改革、开放，允许资本以适当方式适度地扩张，以利用其发展经济的活力。但在积极利用资本时要坚持社会主义道路，积极防治资本无序扩张。这里的“防治”，对外主要是讲“防”，即力防西方垄断资本向我国无序扩张，对内主要讲“治”，即治理国内私有资本无序扩张。

对外“防”，主要因为强大的西方垄断资本必然会利用自己的优势来迫使我国不设防地让其无序扩张。对外有效地“防”，首先要在政治上“站起来”，建立人民当家做主的社会主义制度，而不是资本当家做主的资本主义制度。政治上“站起来”后，中国人民在经济上也要“站起来”，进而“富起来”、“强起来”，这就必须保障国家的经济安全，特别是保障国家粮食安全、金融安全、产业安全。保障国家粮食安全，基本要求是确保中国人的饭碗盛的是中国人产的粮食。美国政治家基辛格公开提出：谁要是控制了粮食，谁就控制了人类。此话本身就暴露了西方垄断资本控制全球粮食生产的企图心。基辛格还公开说：谁要是控制了货币，谁就控制了人类经济。此言警醒我们，金融不独立，经济就无法真正独立，金融不安全，经济不可能真正安全，西方垄断资本之所以力压我国全面开放金融市场，真正的意图就在于凭借金融手段兵不血刃地掠夺我国人民的财富，进而制造我国的社会混乱，再伺机全面控制我国。面对西方垄断资本的疯狂扩张，我们必须保障民族（国民）的产业安全，民族产业安全（国民产业安全）“是指在国际交往和竞争中由该国国民所有和控制的产业，其地位和权益可能受到外国产业影响和危害的状态”；保障民族（国民）的产业安全，我国要加快建立控股（资本）、控牌（品牌）和控技（技术）的“三控型”民族企业集团。①

对内“治”，主要指治理国内私有资本无序扩张。在社会主义初级阶段，我国存在公有和私有两大类资本，公有资本占主体地位，“公有制与私有制在国民经济中的地位和作用都是不一样的。既然公有制是主体，那么私有制只能是作为重要组成部分的辅体，而不可能都是主体，或者私有制成为主体”②。扩张是资本的必然逻辑，公有资本受公共意志支配，特别是受国家意志支配，基本上不会无序扩张。“资本至上”的私有资本追求个体利益最大化，本能上要无序扩张，如“蚂蚁”们疯狂地攫取巨额财富，严重破坏了我国的经济生态、社会生态、商业生态。更严重的是，目前我国主要互联网平台公司，如阿里等，背靠的都是华尔街的美元资本，华尔街正企图在我国利用互联网平台把美元

① 程恩富、朱富强：《经济全球化与中国的对策思路——兼论“三控型民族经济”与对半式双赢》，《上海行政学院学报》2020年第4期。

② 程恩富：《改革开放以来新马克思经济学综合学派的十大政策创新》，《河北经贸大学》2021年第5期。

转化为资本。可见，对内治理私有资本无序扩张是事关坚持社会主义的大事。当然，对内讲“治”并不是要禁止、扼杀国内一切私有资本扩张，相反，对于家国情怀厚重、诚实合法经营的私有资本，特别是“三控型”民族企业集团，如华为，非但不要禁，还要为其扩张提供便利的条件，这也是治理国内私有资本无序扩张的重要内容和意义所在。

参考文献

[1]《马克思恩格斯文集》第 5 卷，北京：人民出版社，2009 年。

[2]鲁品越：《鲜活的资本论》，上海：上海人民出版社，2016 年。

[3]程恩富、朱富强：《经济全球化与中国的对策思路——兼论“三控型民族经济”与对半式双赢》，《上海行政学院学报》2020 年第 4 期。

[4]陈学明：《从马克思的现代性批判理论看中国道路的合理性》，《马克思主义与现实》2018 年第 6 期。

[5]贾利军、陈恒烜：《建党百年来党的发展理念的历史演进、逻辑与启示》，《当代经济研究》2021 年第 6 期。

The Logic of Capital Expansion and the Prevention Measures

—Reviewing Marx's Critical Thought of Capital

He Hanhun

Abstract Expansion is the fundamental logic of capital, and disorder is the fundamental feature of capital expansion. The essence of capital expansion is to realize the expansion of social power by controlling production factors. In the capitalist society of "capital first", the disorderly expansion of capital has brought grave disasters to mankind. Time and space are the fundamental dimensions of capital expansion. Capital expansion squeezes people's life from two dimensions of time and space. The Communist Party of China has led the Chinese people to establish the socialist system with Chinese characteristics and formed a Chinese road that not only actively makes use of capital, but also effectively prevents and controls the disadvantages of capital expansion. Based on the great changes unprecedented in the world in a century, reviewing Marx's critical thought of capital is of great significance to demonstrate why Marxism does "work", why the socialist system with Chinese characteristics is "good" and why the Communist Party of China is "capable".

Key Words Capital Expansion; Logic; Marx

海派经济学
第 20 卷第 1 期,2022 Journal of Economics of Shanghai School No. 20,1,2022

列宁新经济政策对科学社会主义的理论贡献

石锐杨

内容提要 列宁的新经济政策对科学社会主义的理论贡献主要表现在:第一,丰富和发展了马克思的过渡时期理论,提出落后国家不能直接过渡到社会主义,而只能采取特殊的办法实行“迂回”过渡;第二,丰富和发展了马克思的社会主义建设理论,提出落后国家的无产阶级在夺取政权后,还不能马上消灭资本主义,在一定时期和一定范围内还有必要利用资本主义来建设社会主义;第三,丰富和发展了马克思的无产阶级专政理论,提出新经济政策是一种特殊形式的阶级斗争,要重视与劳动群众建立更紧密的联系。

关键词 迂回过渡;新经济政策;国家资本主义;无产阶级专政

中图分类号 A2—1

1917 年十月革命胜利后,列宁带领布尔什维克党展开了落后国家向社会主义过渡道路的艰辛探索,新经济政策集中体现了列宁和布尔什维克党对落后国家社会主义建设道路的认识成果。习近平同志指出:“尽管我们所处的时代同马克思所处的时代相比发生了巨大而深刻的变化,但从世界社会主义 500 年的大视野来看,我们依然处在马克思主义所指明的历史时代。”① 马克思主义所指明的历史时代,就是由十月革命开辟的人类社会从资本主义向社会主义过渡的历史大时代。② 中国特色社会主义是列宁开辟的社会主义道路的继续。因此,进一步深入认识列宁新经济政策对科学社会主义的理论贡献,对于在新时代建设好中国特色社会主义,坚定不移地走中国特色社会主义道路具有非常重要的现实意义。

作者简介:石锐杨,中国社会科学院大学马克思主义学院博士生。

基金项目:本文系江苏省社科基金重点项目“习近平新时代中国特色社会主义思想与科学社会主义基本原则的内在逻辑研究”(18MLA001)的阶段性成果。

①《习近平谈治国理政》第 2 卷,北京:外文出版社,2017 年,第 66 页。

② 本刊记者:《我们依然处在马克思主义所指明的历史时代——访中国社会科学院党组成员、当代中国研究所所长姜辉》,《马克思主义研究》2019 年第 1 期。

一、新经济政策丰富和发展了马克思过渡时期理论

在马克思主义创始人的设想中，无产阶级夺取政权首先发生在发达资本主义国家。发达资本主义国家的工人阶级在夺取政权后，就应采取措施，逐步消灭私有制和商品经济，逐步消灭资本主义，直接过渡到无阶级的社会主义社会。在探索苏维埃政权建设的过程中，从最初的战时共产主义政策到后来的新经济政策，列宁在实践中逐步认识到，落后国家的无产阶级夺取政权后，还不能直接过渡到无阶级的社会主义，而只能采取一系列特殊的办法，实行迂回过渡，从而丰富和发展了马克思的过渡时期理论。①

(一)列宁对苏维埃建设初期直接过渡计划的反思

1918 年春实施余粮收集制，一方面是由于军事战争的原因，新生的苏维埃政权面临着 14 个帝国主义国家的武装进攻，遇到了前所未有的挑战；另一方面，也是由于思想认识方面的原因，打算按照马克思主义创始人的相关论述实行直接过渡。正如列宁在总结经验和教训时所说："由于这一些和其他一些情况，我们犯了错误：决定直接过渡到共产主义的生产和分配。当时我们认定，农民将遵照余粮收集制交出我们所需数量的粮食，我们则把这些粮食分配给各个工厂，这样，我们就是实行共产主义的生产和分配了。"②"我们计划(说我们计划欠周地设想也许较确切)用无产阶级国家直接下命令的办法在一个小农国家里按共产主义原则来调整国家的产品生产和分配。现实生活说明我们错了。"③

战时共产主义政策实际上是按照马克思主义创始人基于资本主义发展较为发达的国家基础上的设想来进行的直接过渡。可见，苏维埃政权的领导集体对当时俄国小农经济占优势的落后的农业国的基本国情缺乏足够认识，对经济文化落后国家向社会主义过渡的特殊性缺乏足够认识。虽然实行余粮收集制也取得了一定的成绩，打退了帝国主义的联合进攻，但是在战争结束后，新生的苏维埃政权也陷入了严重的危机，这使得列宁不得不重新思考落后国家向社会主义过渡的道路问题。

在《论粮食税》中，列宁分析了当时俄国存在的各种经济成分："(1)宗法式的，即在很大程度上属于自然经济的农民经济；(2)小商品生产(这里包括大多数出卖粮食的农民)；(3)私人资本主义；(4)国家资本主义；(5)社会主义。"④经过对苏维埃俄国国情的深刻分析，列宁逐步认识到："由于我国文化落后，我

① 石镇平：《重新解读列宁的新经济政策》，《烟台大学学报(哲学社会科学版)》2004 年第 3 期。
② 《列宁选集》第 4 卷，北京：人民出版社，2012 年，第 574 页。
③ 《列宁选集》第 4 卷，北京：人民出版社，2012 年，第 570 页。
④ 《列宁选集》第 4 卷，北京：人民出版社，2012 年，第 490 页。

们不能用正面攻击来消灭资本主义。”[①]“要从资本主义社会走上接近共产主义社会的任何一条通道，都需要有社会主义的计算和监督这样一个过渡，一个漫长而复杂的过渡（资本主义社会愈不发达，所需要的过渡时间就愈长）。”[②]这里的计算和监督实际上就是运用商品交换、市场规律、价值法则。

列宁通过对苏维埃建设初期直接过渡计划的反思，逐步认识到：从一个经济文化落后的、小农经济占优势的农业国过渡到社会主义社会，不能不利用商品生产和商品交换，为过渡到社会主义做必要的物质准备。从此，列宁和布尔什维克党开始探索新的、更加符合俄国国情的经济建设道路，开始逐步调整向社会主义过渡的战略策略。

（二）新经济政策实质是从资本主义向社会主义的“迂回”过渡

马克思认为无产阶级革命应当首先发生在资本主义发达国家，发达资本主义国家的无产阶级在通过革命夺取政权后，就可以采取措施逐步消灭私有制、消灭商品经济、消灭资本主义，直接过渡到社会主义。但是后来在实践中，无产阶级成功夺取政权并不是首先发生在发达资本主义国家，而是首先发生在经济文化相对比较落后的俄国。经济文化比较落后的国家，无产阶级在夺取政权后，如何过渡到社会主义，这是摆在列宁和布尔什维克党面前的崭新课题。[③] 列宁在探索建设苏维埃初期也打算实行直接过渡，但是随后发生的喀琅施塔得水兵暴乱和农民阶级的不满说明直接过渡的办法在当时的条件下不可行。实践证明，落后国家还不能马上消灭资本主义，而是仍然需要利用资本主义。这就是新经济政策的逻辑起点。经济文化比较落后的国家，在无产阶级夺取政权后，不是直接消灭私有制、消灭商品经济、消灭资本主义，而是仍然需要发挥资本主义的积极作用，利用资本主义来建设社会主义，这就是“迂回”过渡。列宁的“迂回”过渡思想是对马克思过渡时期理论的丰富和发展。[④]

列宁认识到了直接过渡的不切实际，不能不利用商品生产和商品交换，于是在经济战线上开始实行“退却”。在回答退向何处时，列宁指出：“退到国家资本主义（租让制）上去”，“退到合作制的资本主义上去”，“退到私人资本主义上去”。[⑤] 正如列宁在《新经济政策和政治教育委员会的任务》中所指出的那样：“我们苏维埃政权和共产党实行了多么急剧的转变，采取了一种被叫作‘新的’经济政策，所谓新，是对我们先前的经济政策而言的。可是实质上，它比我们先前的经济政策包含着更多的旧东西。”[⑥]

但要顺利实施新经济政策，必须首先消除人们思想上的困惑和疑虑，即社

① 《列宁选集》第4卷，北京：人民出版社，2012年，第584页。
② 《列宁选集》第4卷，北京：人民出版社，2012年，第574—575页。
③ 石镇平：《论落后国家向社会主义过渡的迂回道路》，《湖北社会科学》2006年第12期。
④ 石镇平：《重新解读列宁的新经济政策》，《烟台大学学报（哲学社会科学版）》2004年第3期。
⑤ 《列宁全集》第42卷，北京：人民出版社，1987年，第514页。
⑥ 《列宁选集》第4卷，北京：人民出版社，2012年，第573页。

会主义国家实行一个仍带有许多旧东西的经济政策是否合理。列宁首先对“苏维埃社会主义共和国”当时所处的发展阶段做了科学分析,他在《论粮食税》中十分明确地指出:“没有一个共产主义者否认过‘社会主义苏维埃共和国’这个名称是表明苏维埃政权有决心实现向社会主义的过渡,而决不是表明现在的经济制度就是社会主义制度。”[①]在这里,列宁其实已经十分清楚地说明了新经济政策的性质:新经济政策不仅不是社会主义社会的政策,而且也不是直接过渡即社会主义改造的政策,而是落后国家从资本主义向社会主义迂回过渡的政策。[②] 新经济政策时期的俄国,虽然无产阶级已经夺取政权,其发展方向是社会主义,但是还没有进入马克思主义创始人所说的无阶级的社会主义社会。“社会主义苏维埃共和国”只是表明苏维埃政权的发展方向。这就从根本上说明了苏维埃政权建立初期所处的发展阶段仍是向社会主义过渡的初期,而过渡时期既存在多种经济成分、商品生产和商品交换,又存在公有制经济成分;既存在资本主义经济成分,又存在社会主义经济成分。正如列宁所说:“这个过渡时期不能不兼有这两种社会经济结构的特点或特性。”[③]

长期以来,在对新经济政策的看法和解释上,部分学者习惯将列宁的新经济政策视作社会主义社会的经济政策。与此相关的糊涂观点有许多,比如,有人提出:马克思没有预料到社会主义社会仍然存在商品经济,所以马克思的社会主义是空想。甚至还有人根据列宁在新经济政策期间主张大力发展商品经济就得出结论:列宁已经有了社会主义市场经济思想。其实,这些都是对列宁新经济政策的误读。马克思说的共产主义第一阶段(即社会主义社会)是实现了全人类彻底解放的社会主义,是生产力已经得到充分发展、已经消灭了阶级和国家的社会主义,是只有在全世界范围内才能实现的社会主义。而新经济政策时期的俄国,仍然处在落后国家向社会主义迂回过渡阶段的初期。因此,在过渡时期,特别是落后国家的迂回过渡时期,仍然存在多种经济成分、商品交换和市场经济,与共产主义第一阶段(即无阶级的社会主义社会)不存在商品货币和市场经济,在逻辑上是不矛盾的。[④] 实际上,在对社会主义的看法上,列宁与马克思、恩格斯是完全一致的。[⑤]

既然是向社会主义过渡,列宁为什么会选择发展国家资本主义呢? 因为,在他看来,“国家资本主义在经济上大大高于我国现时的经济,这是第一。第二,国家资本主义中没有任何使苏维埃政权感到可怕的东西,因为苏维埃国家是工人和贫民的权力得到保障的国家”[⑥]。

① 《列宁选集》第 4 卷,北京:人民出版社,2012 年,第 490 页。
② 石镇平:《论落后国家向社会主义过渡的迂回道路》,《湖北社会科学》2006 年第 12 期。
③ 《列宁选集》第 4 卷,北京:人民出版社,2012 年,第 59 页。
④ 石镇平:《列宁著作中社会主义相关问题辨析》,《高校马克思主义理论研究》2021 年第 1 期。
⑤ 智效和:《列宁是否改变了马克思的社会主义观》,《政治学研究》2002 年第 2 期。
⑥ 《列宁选集》第 4 卷,北京:人民出版社,2012 年,第 493 页。

发展国家资本主义是为了在经济上站稳脚跟，巩固新生的苏维埃政权，为向社会主义过渡奠定坚实的物质基础。通过利用和发展国家资本主义来实现向社会主义的过渡，是列宁基于当时俄国各种社会经济成分客观分析基础上的正确决策。《论粮食税》中，在分析俄国现存的各种经济成分和阶级状况的基础上，列宁指出："在俄国目前占优势的正是小资产阶级资本主义，从这种资本主义无论走向国家大资本主义或者走向社会主义，都是经过同一条道路，都是经过同一个中间站，即我们所说的'对产品的生产和分配实行全民的计算和监督'。"①如果一味地"试图完全禁止、堵塞一切私人的非国营的交换的发展，即商业的发展，即资本主义的发展，而这种发展在有千百万小生产者存在的条件下是不可避免的"②，那是不现实的、是幼稚的，强行禁止只会阻止生产力的发展，不会给苏维埃政权带来任何好处。"不去试图禁止或堵塞资本主义的发展，而努力把这一发展纳入国家资本主义的轨道。这在经济上是可行的，因为凡是有自由贸易成分以至任何资本主义成分的地方，都已经有了这种或那种形式、这种或那种程度的国家资本主义。"③因此，利用和发展资本主义，将资本主义发展纳入国家资本主义的轨道，是由苏维埃俄国当时的具体国情决定的。

与之前的直接过渡相比，实行新经济政策是选择先"退"后"进"的"迂回"过渡方式，虽然过渡的方式变了，但过渡的目标始终没有变，那就是过渡到无阶级的社会主义社会。

二、新经济政策丰富和发展了马克思社会主义建设的理论

列宁在实践探索中发现：经济文化落后的国家还不能马上消灭多种经济成分和商品经济、消灭资本主义，还不得不利用商品货币关系、利用资本主义来建设社会主义。列宁认为可以通过租让、自由贸易以及合作社等方式把资本主义纳入国家资本主义的轨道，从而达到利用资本主义建设社会主义的目的。

（一）租让

列宁在《论粮食税》中提出用租让的方式"培植"国家资本主义。列宁指出，租让制本身是"苏维埃政权即无产阶级的国家政权为反对小私有者的（宗法式的和小资产阶级的）自发势力而和国家资本主义订立的一种合同、同盟或联盟。承租人就是资本家，他按照资本主义方式经营，是为了获得利润"④。

---

① 《列宁选集》第4卷，北京：人民出版社，2012年，第494页。
② 《列宁选集》第4卷，北京：人民出版社，2012年，第504页。
③ 《列宁选集》第4卷，北京：人民出版社，2012年，第504页。
④ 《列宁选集》第4卷，北京：人民出版社，2012年，第505页。

同时,“苏维埃政权获得的利益,就是生产力的发展,就是立刻或在最短期间增加产品数量。”[①]关于实行租让制的意义,列宁指出:“苏维埃政权‘培植’租让制这种国家资本主义,就是加强大生产来反对小生产,加强先进生产来反对落后生产,加强机器生产来反对手工生产,增加可由自己支配的大工业产品的数量(即提成),加强由国家调整的经济关系来对抗小资产阶级无政府状态的经济关系。”[②]列宁同时也清醒地指出:“租让在什么程度上和什么条件下对我们有利而无害,这要取决于力量的对比,取决于斗争,因为租让也是一种斗争形式,是阶级斗争在另一种形式下的继续,而决不是用阶级和平来代替阶级斗争。”[③]可见,列宁虽然承认苏维埃俄国在一定程度上恢复资本主义发展的积极作用,但他并未忘记,恢复资本主义是为了利用资本主义来发展苏维埃的经济、发展社会主义。因此,列宁认为,在利用资本主义的同时,一定要把资本主义纳入国家资本主义轨道,限制在无产阶级专政的掌控之中。

(二)自由贸易

经过 1918—1920 年的国内战争和 14 个帝国主义国家的武装干涉,苏维埃俄国的经济遭到严重破坏,加之 1920 年农作物歉收和 1921 年春严峻的经济形势,迫切要求苏维埃政府采取果断措施来改善农民的生活状况。列宁指出:“要做到这点,就非认真改变粮食政策不可。这种改变就是用粮食税来代替余粮收集制,而这种代替是与交完粮食税之后的贸易自由,至少是与地方经济流转中的贸易自由相联系的。”[④]列宁认为:“第一,地方流转在目前具有头等意义;第二,有可能通过私人资本主义(更不用说国家资本主义)来促进社会主义。”[⑤]因此,在列宁看来,“只有经过这种办法才能做到既改善工人生活状况,又巩固工农联盟、巩固无产阶级专政”[⑥]。

列宁认为允许自由贸易实际上是学习和利用资本主义的办法。他多次明确指出:“新经济政策就是以实物税代替余粮收集制,就是在很大程度上转而恢复资本主义……把企业租给私人资本家,这些都是直接恢复资本主义……在这种自由贸易的土壤上不可能不滋长资本主义。这是经济学初级读本教给我们的最基本的经济常识。”[⑦]“什么是流转自由呢?流转自由就是贸易自由,而贸易自由就是倒退到资本主义。”[⑧]“现在不但容许而且还发展由国家调节的自由贸易和资本主义,而另一方面,国营企业也在改行所谓经济核算,实际

---

① 《列宁选集》第 4 卷,北京:人民出版社,2012 年,第 505 页。
② 《列宁选集》第 4 卷,北京:人民出版社,2012 年,第 505 页。
③ 《列宁选集》第 4 卷,北京:人民出版社,2012 年,第 506 页。
④ 《列宁选集》第 4 卷,北京:人民出版社,2012 年,第 501 页。
⑤ 《列宁选集》第 4 卷,北京:人民出版社,2012 年,第 514 页。
⑥ 《列宁选集》第 4 卷,北京:人民出版社,2012 年,第 501 页。
⑦ 《列宁选集》第 4 卷,北京:人民出版社,2012 年,第 576—577 页。
⑧ 《列宁选集》第 4 卷,北京:人民出版社,2012 年,第 448 页。

上就是在相当程度上实行商业的和资本主义的原则。”[①]在无产阶级领导的社会主义国家内部，为什么要发展资本主义呢？列宁认为：“同社会主义比较，资本主义是祸害。但同中世纪制度、同小生产、同小生产者涣散性引起的官僚主义比较，资本主义则是幸福。既然我们还不能实现从小生产到社会主义的直接过渡，所以作为小生产和交换的自发产物的资本主义，在一定程度上是不可避免的，所以我们应该利用资本主义（特别是要把它纳入国家资本主义的轨道）作为小生产和社会主义之间的中间环节，作为提高生产力的手段、途径、方法和方式。”[②]

《论粮食税》中，在对俄国现存经济结构的分析基础上，列宁还批评了那些只知道简单重复一些背得烂熟的词句的空想家们，他们只是一味陶醉于“鲜明”的革命性，只关心共产主义的纯洁性，天真地设想在现有条件下纯粹地发展社会主义经济，却从来不考虑俄国目前的具体特点，这样做不会给全俄共产主义事业带来任何益处。因此，“（最后一种可行的和唯一合理的政策）不去试图禁止或堵塞资本主义的发展，而努力把这一发展纳入国家资本主义的轨道”[③]。

列宁领导的布尔什维克党在当时经济条件下实行国家资本主义是符合马克思主义辩证法的基本逻辑的，这是把马克思主义基本原理同苏维埃俄国实际情况相结合的产物，是落后国家探索向社会主义过渡的一次成功尝试。实行粮食税之后，1921 年春的危机很快消除，生产稳步恢复，受到广大工人、农民的拥护，工农联盟得到加强，苏维埃政权日益巩固。

（三）合作社

列宁新经济政策期间的合作社思想与罗伯特·欧文等空想社会主义者的合作社思想是有着根本区别的。正如列宁所说：旧日合作社工作者“没有估计到阶级斗争、工人阶级夺取政权、推翻剥削者阶级的统治这样的根本问题，而梦想用社会主义来和平改造现代社会。因此我们有理由把这种‘合作’社会主义看作彻头彻尾的幻想，把以为只要实行居民合作化就能使阶级敌人变为阶级朋友、使阶级战争变为阶级和平（所谓国内和平）的梦想，看作浪漫主义的，甚至庸俗的东西。”[④]而现在“国家政权既已掌握在工人阶级手里，剥削者的政权既已推翻，全部生产资料（除工人国家暂时有条件地自愿租让给剥削者的一部分生产资料外）既已掌握在工人阶级手里，情况就不大一样了”[⑤]。因此，列宁得出结论：“现在我们有理由说，对我们来说，合作社的发展也就等于（只有

① 《列宁选集》第 4 卷，北京：人民出版社，2012 年，第 620 页。
② 《列宁选集》第 4 卷，北京：人民出版社，2012 年，第 510 页。
③ 《列宁选集》第 4 卷，北京：人民出版社，2012 年，第 504 页。
④ 《列宁选集》第 4 卷，北京：人民出版社，2012 年，第 772 页。
⑤ 《列宁选集》第 4 卷，北京：人民出版社，2012 年，第 773 页。

上述一点'小小的'例外)社会主义的发展,与此同时我们不得不承认我们对社会主义的整体看法根本改变了。这种根本的改变表现在:从前我们是把重心放在而且也应该放在政治斗争、革命、夺取政权等等方面,而现在重心改变了,转到和平的'文化'组织工作上去了。"①因此,列宁认为,在当前国家政权已经掌握在无产阶级手中,我们要解决的任务的确就只剩下实现居民合作化了。②

针对当时很多人并不了解合作社对苏维埃俄国的巨大意义,列宁强调指出:"在我国,人们还轻视合作社,还不了解:第一,在原则方面(生产资料所有权掌握在国家手中);第二,在采用尽可能使农民感到简便易行和容易接受的方法过渡到新制度方面,这种合作社具有多么重大的意义。"③关于合作社到底有什么重要意义,列宁反复强调:"如果把租让(顺便说一句,租让在我国并未得到多大的发展)单独划开,那么在我国的条件下合作社往往是同社会主义完全一致的。"④"在生产资料公有制的条件下,在无产阶级对资产阶级取得了胜利的条件下,文明的合作社工作者的制度就是社会主义的制度。"⑤

三、新经济政策丰富和发展了马克思无产阶级专政的理论

列宁在《无产阶级专政时代的经济和政治》一文中指出:"在资本主义和共产主义之间有一个过渡时期,这在理论上是毫无疑义的。这个过渡时期不能不兼有这两种社会经济结构的特点或特性。这个过渡时期不能不是衰亡着的资本主义与生长着的共产主义彼此斗争的时期,换句话说,就是已被打败但还未被消灭的资本主义和已经诞生但还非常幼弱的共产主义彼此斗争的时期。"⑥在无产阶级还未夺取政权时,通过暴力革命的手段夺取政权无疑被视为阶级斗争;在无产阶级夺取政权并成为统治阶级以后,阶级斗争是否已经结束了呢?列宁依据无产阶级专政条件下新的实践科学回答了这个新的问题。

(一)在无产阶级专政条件下阶级斗争并未消失

关于无产阶级专政条件下阶级斗争的新情况,列宁指出:"社会主义就是消灭阶级。为此,无产阶级专政已做了它能做的一切。但是要一下子消灭阶级是办不到的。在无产阶级专政时代,阶级始终是存在的。"⑦"在无产阶级专政条件下,阶级斗争并不消失,只是采取了别的形式。"⑧

在《论粮食税》中,列宁首先分析了当时俄国存在的5种社会经济成分:宗

① 《列宁选集》第4卷,北京:人民出版社,2012年,第773页。
② 《列宁选集》第4卷,北京:人民出版社,2012年,第767页。
③ 《列宁选集》第4卷,北京:人民出版社,2012年,第768页。
④ 《列宁选集》第4卷,北京:人民出版社,2012年,第772页。
⑤ 《列宁选集》第4卷,北京:人民出版社,2012年,第771页。
⑥ 《列宁选集》第4卷,北京:人民出版社,2012年,第59页。
⑦ 《列宁选集》第4卷,北京:人民出版社,2012年,第66页。
⑧ 《列宁选集》第4卷,北京:人民出版社,2012年,第67页。

法式的，即在很大程度上属于自然经济的农民经济；小商品生产（这里包括大多数出卖粮食的农民）；私人资本主义；国家资本主义；社会主义。① 并指出："在一个小农国家内，不言而喻是小农'结构'，即部分是宗法式的、部分是小资产阶级的'结构'占着优势。"②

在此基础上，列宁进一步分析了各个阶级在无产阶级专政条件下发生的新变化。列宁指出："无产阶级在推翻资产阶级、夺得政权以后，成了统治阶级：它掌握着国家政权，支配着已经公有化的生产资料，领导着动摇不定的中间分子和中间阶级，镇压着剥削者的日益强烈的反抗。"③原来的"剥削者阶级，即地主和资本家阶级，还没有消失，也不可能一下子消失。剥削者已被击溃，可是还没有被消灭。他们还有国际的基础，即国际资本，他们是国际资本的一个分支。他们还部分地保留着某些生产资料，还有金钱，还有广泛的社会联系。正是由于他们遭到失败，他们反抗的劲头增长了千百倍。管理国家、军事和经济的'艺术'，使他们具有很大很大的优势，所以他们的作用比他们在人口中所占的比重要大得多"④。"农民和任何小资产阶级一样，在无产阶级专政下也处于中间地位：一方面，他们是由劳动者要求摆脱地主资本家压迫的共同利益联合起来的、人数相当多的（在落后的俄国是极多的）劳动群众；另一方面，他们又是单独的小业主、小私有者、小商人。这样的经济地位必然使他们在无产阶级与资产阶级之间摇摆不定。"⑤

通过对上述各阶级在无产阶级专政条件下的现实状况的客观分析，列宁总结指出："无产阶级推翻资产阶级就是朝着消灭阶级的方向迈进了最有决定意义的一步，而无产阶级要完成这一事业，就应当利用国家政权机关来继续进行阶级斗争，就应当对被推翻了的资产阶级和动摇不定的小资产阶级采用斗争、影响、诱导等不同的方法来继续进行阶级斗争。"⑥

（二）新经济政策是一种特殊形式的阶级斗争，必须依靠广大群众的支持

在列宁看来，经济建设本身就是在无产阶级专政条件下阶级斗争的继续，斗争的实质没有变，变化的只是形式。列宁还把新经济政策看做是一种特殊形式的阶级斗争。他指出："租让也是一种斗争形式，是阶级斗争在另一种形式下的继续，而决不是用阶级和平来代替阶级斗争。"⑦列宁清醒地认识到实行新经济政策的危险性。在他看来，新经济政策固然是退却，但这种退却是有限度的、有秩序的、有原则的、适时将转入反攻的退却，决不是无底线的退却，

① 《列宁选集》第 4 卷，北京：人民出版社，2012 年，第 490 页。
② 《列宁选集》第 4 卷，北京：人民出版社，2012 年，第 503 页。
③ 《列宁选集》第 4 卷，北京：人民出版社，2012 年，第 67 页。
④ 《列宁选集》第 4 卷，北京：人民出版社，2012 年，第 67 页。
⑤ 《列宁选集》第 4 卷，北京：人民出版社，2012 年，第 67 页。
⑥ 《列宁选集》第 4 卷，北京：人民出版社，2012 年，第 69 页。
⑦ 《列宁选集》第 4 卷，北京：人民出版社，2012 年，第 506 页。

更不是逃跑。针对新经济政策时期不断有人写条子或打电话来问:“既然我们实行了新经济政策,我们这里能不能也改组一下?”①列宁批评指出:“现在是中止神经过敏、大喊大叫和无谓奔忙的时候了。”②“够了!退却所要达到的目的已经达到了。这个时期就要结束或者已经结束。现在提出的是另一个目标,就是重新部署力量。”③

列宁的新经济政策实际上包含两个方面:一是要给资本主义一定程度的自由,学习和利用资本主义的某些办法促进经济的发展,改善工农群众的生活,为向社会主义过渡创造必要的物质基础。二是强调又不能给资本主义完全自由,在利用资本主义的同时要对资本主义进行监督、监管和斗争,要把“资本主义的发展纳入国家资本主义的轨道”④、限制在无产阶级专政能够掌控的范围内。列宁还专门给国家资本主义下了一个定义:“国家资本主义,就是我们能够加以限制、能够规定其范围的资本主义。”⑤而“国家就是我们,就是无产阶级,就是工人阶级的先锋队”⑥。

列宁不仅认为新经济政策本身就是一种阶级斗争,而且认为阶级斗争必须紧紧依靠群众。新经济政策的实质和目的,就在于找到大工业和小农经济的结合点,巩固工农联盟,巩固苏维埃政权,为向社会主义过渡奠定物质基础。列宁在《俄共(布)第十次代表大会文献》结尾处提道:“代表大会正用这种办法来调整无产阶级和农民之间的关系,并且相信,用这种办法一定能够在无产阶级和农民之间建立起牢固的关系。”⑦这种办法指的就是以实物税代替余粮收集制,就是新经济政策。在《论粮食税》中,列宁明确指出:“我们将采用一切方法来和尚未接触过政治的劳动群众建立更紧密的联系。”⑧他认为:“工农群众需要立即改善自己的生活状况……粮食税以及与之相关的种种措施,定能有助于这一点。”⑨在《论合作社》中,列宁认为,合作社之所以重要,就在于它不仅有利于广大群众的直接参与,而且能够最广泛地巩固群众基础。

综上所述,列宁的新经济政策对科学社会主义的理论贡献主要有以下三个方面。第一,新经济政策丰富和发展了马克思过渡时期理论,列宁的理论贡献在于:落后国家不能直接过渡到社会主义,而只能实行“迂回”过渡;第二,新经济政策丰富和发展了马克思社会主义建设的理论,列宁的理论贡献在于:落后国家的无产阶级在夺取政权后,不能马上消灭资本主义,而是要利用资本主

① 《列宁选集》第4卷,北京:人民出版社,2012年,第676页。
② 《列宁选集》第4卷,北京:人民出版社,2012年,第676页。
③ 《列宁选集》第4卷,北京:人民出版社,2012年,第672页。
④ 《列宁选集》第4卷,北京:人民出版社,2012年,第504页。
⑤ 《列宁选集》第4卷,北京:人民出版社,2012年,第670页。
⑥ 《列宁选集》第4卷,北京:人民出版社,2012年,第670页。
⑦ 《列宁选集》第4卷,北京:人民出版社,2012年,第459页。
⑧ 《列宁选集》第4卷,北京:人民出版社,2012年,第522页。
⑨ 《列宁选集》第4卷,北京:人民出版社,2012年,第523页。

义发展社会主义;第三,新经济政策丰富和发展了马克思无产阶级专政的理论,列宁的理论贡献在于:新经济政策就是一种特殊形式的阶级斗争,要重视与劳动群众建立更紧密的联系。

参考文献

[1]《列宁选集》第4卷,北京:人民出版社,2012年。

[2]《习近平谈治国理政》第2卷,北京:外文出版社,2017年。

[3]程恩富:《要高度重视马克思主义的阶级分析方法》,《天府新论》2017年第1期。

[4]智效和:《列宁是否改变了马克思的社会主义观》,《政治学研究》2002年第2期。

[5]石镇平:《重新解读列宁的新经济政策》,《烟台大学学报(哲学社会科学版)》2004年第3期。

[6]石镇平:《论落后国家向社会主义过渡的迂回道路》,《湖北社会科学》2006年第12期。

Theoretical Contributions of Lenin's New Economic Policy to Scientific Socialism

Shi Ruiyang

Abstract The theoretical contributions of Lenin's New Economic Policy to scientific socialism are mainly as follows: first, it has enriched and developed Marx's transition period theory, proposing that backward countries cannot directly transition to socialism, but can only implement a "roundabout" transition; second, it has enriched and developed Marx's theory of socialist construction, and proposed that the proletariat in backward countries cannot eliminate capitalism immediately after seizing power, but must use capitalism to build socialism in a certain period and within a certain range; third, it has enriched and developed Marx's theory of the dictatorship of the proletariat, proposing that the establishment of the dictatorship of the proletariat is not the end of the class struggle, but the continuation of the class struggle in the new situation and importance should be given to establishing closer ties with the working masses.

Key Words Roundabout Transition; New Economic Policy; State Capitalism; Dictatorship of the Proletariat

海派经济学
第 20 卷第 1 期,2022 Journal of Economics of Shanghai School No. 20,1,2022

论马克思“消灭私有制”的三重正义维度

王筱涵

内容提要 学术界认为马克思提出的“消灭私有制”是一个科学论断,其正义性是不证自明的。造成这种误解的原因不是学者们没有从历史观解读“消灭私有制”,而是大多数学者没有从历史观角度准确地把握马克思对“消灭私有制”的正义性理解。马克思对“消灭私有制”的正义性认识实质上蕴含在他对“消灭私有制”的历史性认识中,从“消灭私有制”的历史性中理解“消灭私有制”的正义性是理解马克思“消灭私有制”正义性理论的基本思路。从历史观角度,我们具体可以从以下三个维度来把握“消灭私有制”的正义性:从历史正义维度来说,它是生产力与生产关系矛盾运动的必然环节;从生产正义维度来说,它是生产资料占有方式否定之否定运动的必然结果;从人的发展正义维度来说,它是人向合乎人性的人的必然复归。

关键词 消灭私有制;正义性;历史性;生产方式;人的发展

中图分类号 F0—0

马克思在《共产党宣言》(以下简称《宣言》)中指出:“共产党人可以把自己的理论概括为一句话:消灭私有制。”①“消灭私有制”的正义性似乎有不证自明的理由。而我们知道,在马克思的历史观视野中,私有制并非如资产阶级经济学家所宣扬的是一种永恒的历史前提,马克思对私有制的回答也并不是作为一个道德说教者对私有制的善恶给予评判,更不会简单地基于道德标准或抽象价值提出“消灭私有制”的论断,而是把私有制置入历史观的视野中,在生产力与生产关系的矛盾运动中认识私有制的历史性,从私有制的历史性阐释“消灭私有制”的正义性,这种正义性体现“消灭私有制”不仅是社会经济形态合乎规律演进的历史事实,而且是生产资料占有方式否定之否定的运动过程,是人向合乎人性的人的必然复归。“消灭私有制”的正义性不仅指“消灭私有制”是一种历史必然性,而且反映人们对合理正义制度的价值诉求,是历史维度与价值维度的辩证统一。

作者简介:王筱涵,华中师范大学马克思主义学院博士研究生。

①《马克思恩格斯文集》第 2 卷,北京:人民出版社,2009 年,第 45 页。

一、“消灭私有制”的历史正义之维：生产力与生产关系矛盾运动的必然环节

在马克思的历史观视野中，正义是一个历史范畴，具有历史的性质。一种正义观之所以能占据主导和支配地位，是因为这种正义观代表了历史发展的方向，符合历史发展的规律，具有历史正当性。据此分析，马克思提出的“消灭私有制”的正义性是建立在“消灭私有制”这一历史事实本身具有历史现实性和历史必然性之上的。而在大多数人的认知当中，私有制作为一种历史现象具有历史必然性和现实性容易被人理解而接纳，而“消灭私有制”的历史现实性和历史必然性如何理解，却是让人费解甚至质疑的问题。原因在于：一是私有制本身作为复杂的历史现象，其正义性与非正义性是一个历史性问题，需要历史地对待；二是“消灭私有制”不是一个完成时态的概念，极难从现实性进行把握，但也不能因此否定“消灭私有制”的正义性。按学界共识，马克思关于“消灭私有制”的理论是建立在生产力与生产关系及其矛盾运动基础之上，是把社会作为一个不断变化和发展的过程来考察，在社会经济形态合乎规律的演进中得出的科学的结论。但这只是对马克思关于“消灭私有制”理论宏观层面的认识，而正是这种宏观层面的解读，遮蔽了私有制从正义到非正义的历史演变过程，让“消灭私有制”的正义性缺少了逻辑的说服力。这主要表现在我们该如何说明“消灭私有制”中私有制的非正义性？如何理解不同形式私有制的正义与非正义？如何判断每一种私有制形式的正义与非正义？回答这些问题，理解马克思关于私有制的正义理论，进而真正理解“消灭私有制”的正义性还需要深入到私有制的微观层面，对不同形式的私有制、不同阶段的私有制及其本质进行具体分析，才能真正解释“消灭私有制”为何是正义的。

关于私有制的概念，学术界有多种解释。既有对原始社会末期个体家庭私有制进行解释，也可以对资本主义私有制进行解释。而从马克思的历史观和正义观来看，这两种所有制形式虽然都是私有制，但两者的历史正义性质却是相反的。产生于原始社会末期的个体家庭私有制较原始公有制是一种历史的进步，是符合历史正义的产物，而后者作为私有制“最后而最完备”的表现形式，却是历史发展的桎梏，是非正义的社会代表。为什么会出现这种情况？解决这一问题，我们需要首先了解马克思关于社会制度正义的判断标准。

在马克思的历史观视野中，判断一个社会制度的正义与否，并非简单地以社会制度的性质（公有或私有）而论，也并非以社会制度的德性（即善恶）进行衡量，而是把社会制度置入历史观的视野中，考察每一种制度形式作为社会经济形态，其生产关系是否与该社会的生产力相适应，从而历史辩证地认识社会制度的正义与非正义性。这是因为对一个社会而言，其存在的现实性与合理

性主要表现在它是否具有历史必然性，是否代表着历史发展的进步方向，而生产力标准是衡量社会进步的根本尺度。按照这个逻辑推理，生产力标准也是我们判断社会制度正义与否的基本标准和尺度。由此，我们不难理解恩格斯为何对私有制的产生持如此积极的评价。恩格斯曾对奴隶社会私有制代替原始社会公有制有过这样的评价："只有奴隶制才使农业和工业之间的更大规模的分工成为可能，从而使古代世界的繁荣、使希腊文化成为可能。……我们永远不应该忘记，我们的全部经济、政治和智力的发展，是以奴隶制既成为必要又得到公认这种状况为前提的。在这个意义上，我们有理由说：没有古希腊罗马的奴隶制，就没有现代的社会主义。"①可以看出，恩格斯是在高度评价私有制产生的历史意义和历史进步性。而恩格斯对私有制产生的评价里面实质上也蕴含了对私有制产生的正义性肯定。但私有制产生的正义性并非恩格斯强加的，而是恩格斯基于私有制产生及其所创造的人类文明给予的客观性评价。恩格斯在《家庭、私有制和国家的起源》中从社会基础、经济特征和社会特征对私有制产生的进步性进行了详细的分析和论证，指出私有制的产生一方面成为"阶级矛盾的根源和破坏古老公社的杠杆"②，另一方面在私有制关系下产生的卑劣的贪欲又是文明时代的动力，它带来生产力的巨大发展，造成科学技术和文化艺术的高度繁荣。正是从这个意义上，恩格斯肯定私有制的产生是人类历史的巨大进步或者说私有制的产生是人类社会向着历史正义的方向发展了。然而，值得思考的是，既然私有制的产生具有历史进步性，是合乎正义的产物，而马克思为何又要提出"消灭私有制"的论断？解答这个二律背反的问题，还需要我们对"消灭私有制"中的私有制进行进一步的分析。

马克思关于"消灭私有制"理论中的私有制概念有着特定的内涵。在《宣言》中，他指出："共产主义的特征并不是要废除一般的所有制，而是要废除资产阶级的所有制。"③并进一步补充："废除先前存在的所有制关系，并不是共产主义所独具的特征。"④换言之，马克思认为"消灭私有制"是要"废除资产阶级的所有制"，而对要"废除的资产阶级所有制"，他也有明确的界定。一是对"消灭私有制"中的私有制的性质进行了界定。在《资本论》第3卷中，马克思指出："政治经济学在原则上把两种极不相同的私有制混同起来了。其中一种以生产者自己的劳动为基础，另一种以剥削他人的劳动为基础。它忘记了，后者不仅与前者直接对立，而且只是在前者的坟墓上成长起来的。"⑤马克思实际上指出了"废除资产阶级的所有制"的含义所指，即是"以剥削他人的劳动为基础"的私有制。很明显，这种"以剥削他人的劳动为基础"的私有制的特点在

① 《马克思恩格斯文集》第9卷，北京：人民出版社，2009年，第188页。
② 《马克思恩格斯全集》第36卷，北京：人民出版社，1974年，第143—144页。
③ 《马克思恩格斯文集》第2卷，北京：人民出版社，2009年，第45页。
④ 《马克思恩格斯文集》第2卷，北京：人民出版社，2009年，第45页。
⑤ 《马克思恩格斯文集》第5卷，北京：人民出版社，2009年，第876页。

于它具有剥削性，“消灭私有制”中的私有制正是指这种具有剥削性的资产阶级所有制。二是明晰了“消灭私有制”中的私有制的形式。马克思提出“废除资产阶级的所有制”是因为它是“最后而又最完备”的形式，而其他形式的私有制“用不着我们去消灭，工业的发展已经把它消灭了，而且每天都在消灭它”①。而资本主义私有制作为“最后而又最完备”的形式是“消灭私有制”的主要对象。由此，我们可以得出这样的结论，即在马克思看来，“最后而又最完备”的资本主义私有制是非正义的制度形式，是“消灭私有制”的实际对象所指。那么，马克思为什么要特别指出“消灭私有制”是指消灭资本主义私有制，资本主义私有制的非正义性究竟在哪里？

不少人认为马克思所指的消灭资本主义私有制是因为资本主义私有制具有剥削性，因而它是非正义的，所以要消灭。如果仅根据资本主义私有制的剥削性质就认为它是非正义的，那么，该如何解释同样具有剥削性质的奴隶社会私有制和封建社会私有制在马克思的历史观视野中却是符合历史正义的，是历史发展的必然产物。马克思在《宣言》中指出，“农奴曾经在农奴制度下挣扎到公社成员的地位，小资产者曾经在封建专制制度的束缚下挣扎到资产者的地位”②。在马克思看来，奴隶制和封建制的压迫阶级至少会保证农奴或小资产者有能够勉强维持它奴隶般的生存的条件，从这一点来说，奴隶制和封建制生产关系在一定程度上能够容纳其生产力的发展，在当时的历史条件下它们具有存在的合理性，是符合历史正义的。由此看来，具有剥削性质并不是资本主义私有制的非正义所在，剥削性只是资本主义私有制非正义的表象，了解资本主义的非正义性还必须深入到资本主义私有制的本质。

在马克思的历史观视野中，私有制作为一种生产关系其本质表现为人类历史阶段的自主活动形式。在人类的物质生产活动中，生产力作为人的物质生产活动的结果，表现为人的本质力量的外化；而人的物质生产活动的展开需要一定的社会组织形式，生产关系则表现为物质生产活动中的社会组织形式，是人的自主活动的条件。一般说来，人类社会历史一定阶段的生产关系与该社会生产力发展相适应则促进社会进步发展，具有历史正义性；反之，阻碍社会发展，则是一种历史非正义的表现。随着人的物质生产活动的不断深入和拓展，表现为人的本质力量的生产力也不断地发展和进化，也同时要求作为生产关系的自主活动形式不断地变化以适应生产力的发展。因此，私有制作为一种生产关系在历史发展过程中其表现形式及本质始终处于一种动态变化中。处于原始社会末期的个体家庭私有制，适应氏族制度解体过程中家户经济的发展，因而它开启了人类文明时代。而“最高而又最完备”的资本主义私

① 《马克思恩格斯文集》第 2 卷，北京：人民出版社，2009 年，第 45 页。
② 《马克思恩格斯文集》第 2 卷，北京：人民出版社，2009 年，第 43 页。

有制，虽然其本身是生产方式和交换方式一系列变革的产物，曾经在历史上起过非常革命的作用，但现在“它的生存不再同社会相容了”①。这表现在现代工人的地位“并不是随着工业的进步而上升，而是越来越降到本阶级的生存条件以下。工人变成赤贫者，贫困比人口和财富增长得还要快”②。资产阶级已发展到不能保证自己的奴隶维持奴隶的生活，反而要它来养活的地步。资本主义社会生产力与生产关系的矛盾已发展到尖锐的程度，资本主义生产关系已成为社会化大生产的桎梏，从而也成为人的自主活动的桎梏。私有制的本质已从人的自主活动形式演变为人自主活动的束缚。正是在这个意义上，马克思指出“消灭私有制”、重建适应共产主义发展的“社会所有制”(全民所有制)是重构历史正义的必然环节。

二、“消灭私有制”的生产正义之维：生产资料占有方式否定之否定运动的必然结果

不同于资产阶级政治经济学家把分配作为主要研究对象，马克思把资本主义的生产作为揭秘资本主义的主要场域，通过批判资本主义生产的非正义性指证资本主义私有制的非正义性，是马克思主张“消灭私有制”的生产正义逻辑。在《资本论》第1卷中，马克思阐述了他的生产正义标准，即“生产当事人之间进行的交易的正义性在于：这种交易是从生产关系中作为自然结果产生出来的。……这个内容，只要与生产方式相适应、相一致，就是正义的；只要与生产方式相矛盾，就是非正义的。”③依照这一标准，马克思认为：“在资本主义生产方式的基础上，奴隶制是非正义的；在商品质量上弄虚作假也是非正义的。”④可以看出，马克思基于资本主义生产方式批判构建的正义实际上包含了两层意思：一是资本主义生产正义性的标准在于是否与生产方式的发展相适应；二是指出需要透过资本主义生产中的假象，深入到具体的生产环节中认识资本主义生产的非正义。马克思正是从这两个层次揭示了资本主义生产的非正义性，指出了资本主义生产的非正义是资本主义制度非正义性的根源，论证了“消灭私有制”的正义性。

在《〈政治经济学批判〉导言》中，马克思分析了生产、消费、分配、交换之间的关系，得出结论：“一定的生产决定一定的消费、分配、交换和这些不同要素相互间的一定关系。”⑤马克思的这一结论实际上指出了生产在整个社会生产中所起的支配作用，意在指出应该从生产去理解社会生产的其他要素，包括理

① 《马克思恩格斯文集》第2卷，北京：人民出版社，2009年，第43页。
② 《马克思恩格斯文集》第2卷，北京：人民出版社，2009年，第43页。
③ 《马克思恩格斯文集》第7卷，北京：人民出版社，2009年，第379页。
④ 《马克思恩格斯文集》第7卷，北京：人民出版社，2009年，第379页。
⑤ 《马克思恩格斯文集》第8卷，北京：人民出版社，2009年，第23页。

解生产本身。在他看来，生产既是社会生产的起始点，也是人们思考正义问题的出发点。在《哥达纲领批判》中，他指出要从生产正义理解分配正义，而不是“在分配问题上大做文章”[①]，围绕分配兜圈子，因为“在社会生产关系的结构中，是社会的生产决定社会的分配，社会的物质财富是如何生产出来的，社会财富就应如何分配……是社会的生产方式决定社会的分配方式”[②]，换言之，生产方式的正义决定分配方式的正义，也决定整个社会生产的正义。因此，资本主义社会是否正义应该首先从资本主义生产方式中寻找答案。

资本主义的生产方式不同于以往的生产方式，就在于资本主义生产方式具有二重性。在《宣言》中，马克思对资本主义生产方式表现出的二重性有生动的描绘：一是资本主义生产方式确立的正义性，表现在它是对以往一切生产方式的变革和超越，创造了机器大工业时代，促进了社会生产力的高度发展，“无情地斩断了把人们束缚于天然尊长的形形色色的封建羁绊”，比奴隶制生产方式和封建农奴制生产方式更大地推动了历史的进步；二是资本主义生产方式发展的非正义性，表现在资本主义社会再也无法容纳以资本逻辑为发展基础的生产方式，它使人的异化更加彻底，“把人的尊严变成交换价值”[③]，使人和人之间的关系表现为冷酷无情的“现金交易”，“使阶级对立简单化”[④]，使整个社会日益分裂为两大互相对立的阶级。资本主义生产方式的非正义使资本主义社会的发展失去往日的理性，正是在这个意义上，马克思指出，“消灭私有制”最根本的是要消灭资本主义生产方式。而资本主义生产方式为何会由确立时的正义性转变为发展中的非正义？这就需要对资本主义生产方式本身进行分析。

马克思在谈及资本的原始积累时，指出资本的历史起源于“以自己劳动为基础的私有制的解体”，即以雇佣劳动为基础的私有制的确立。而“以自己劳动为基础的私有制”和以“非雇佣劳动为基础的私有制”虽然都属于私有制，但两者的生产方式却有着本质的不同。前者是资本主义以前的小生产经济生产方式，这种生产方式的特点是“以土地和其他生产资料的分散为前提”，生产资料属于劳动者自己所有，“排斥对自然的社会统治和调节，排斥社会生产力的自由发展”。而后者是资本主义生产方式，其特点是生产资料与劳动者相分离，被非劳动者占有，社会化大生产是这种生产方式的基础。可以看出，这两种生产方式无论本质和发展形态都是相反的。而马克思认为“私有制作为社会的、集体的所有制的对立物”[⑤]，只有前者即小生产经济生产方式得到充分发展，才获得“适当的典型的形式”。按马克思对私有制的理解，可以认为资本

① 《马克思恩格斯文集》第 3 卷，北京：人民出版社，2009 年，第 436 页。
② 林剑：《应正确理解与阐释马克思分配正义思想》，《哲学动态》2014 年第 7 期。
③ 《马克思恩格斯文集》第 2 卷，北京：人民出版社，2009 年，第 34 页。
④ 《马克思恩格斯文集》第 2 卷，北京：人民出版社，2009 年，第 32 页。
⑤ 《马克思恩格斯文集》第 5 卷，北京：人民出版社，2009 年，第 872 页。

主义生产方式则是这种“适当的典型的形式”的一种异化形式。随着历史不断向前发展，这种“适当的典型的形式”发展到一定程度，也会因生产力与生产关系的矛盾而走向没落，创造出消灭它自身的物质手段。而资本主义生产方式作为这种“适当的典型的形式”的异化，反而更适应“个人的分散的生产资料转化为社会的积聚的生产资料……多数人的小财产转化为少数人的大财产”①的生产条件，并逐渐取代“靠自己劳动挣得的私有制”，极大地促进了社会生产力的发展。此时的资本主义生产方式按马克思上述当事人之间的生产正义标准就是符合正义的，具有生产发展的正当性，而这种生产正当为何演变成生产非正当？这就需要对资本主义生产方式的异化本质进行进一步的分析。

为了指证资本主义生产方式是一种异化的生产方式，马克思深入到资本主义具体的生产环节中论证资本主义生产的非正义性。这体现在《资本论》中马克思对资本主义剩余价值的产生及其运动规律的揭示。以往的政治经济学告诉我们，劳动是一切财富的泉源，是一切价值的尺度，所以两件物品在生产上花费了同样的劳动时间，就具有同样的价值，因为只有具有相等价值的物品才能互相交换。但与此同时，它又告诉我们，存在一种积蓄的劳动，这种劳动叫作资本，可以使活劳动的生产效率增加几百倍乃至几千倍，因此工人的劳动在这种资本的条件的支撑下往往能生产出高额的利润。但是事实情况是，积蓄死劳动的利润越变越大，资本家的资本也变得越来越大，而活劳动的工资却越来越少，工人越来越穷。这是资本主义生产矛盾的集中表现。为什么会产生这种矛盾？这个矛盾该怎样解决？马克思认为以往的经济学家只是指出这个矛盾，或做出一些毫无意义的解释。例如，有人把这种高额利润认为是资本家所冒风险的补偿，是一种经营所得；还有一些人（如以浦鲁东为代表的空想社会主义者）认为这种利润是资本家“盗窃”的结果。马克思认为这两种带有阶级立场和情感色彩的解释并不能解决资本主义生产中的实际矛盾。那么，马克思是如何解决这一矛盾的呢？

马克思通过对资本主义的现实生产过程的分析，指出资本主义剩余价值的产生过程就是资本不断增殖扩张的过程，也是资本主义生产非正义的确证。马克思在阐述资本时，是从最简单的事实出发，这就是资本家通过交换增殖了他的资本价值，这个增殖的部分，马克思称为剩余价值。而剩余价值从哪里来？马克思认为按经济学家的假设，只有相等价值的商品才能相互交换，而相等价值的商品相互交换就不可能产生任何剩余价值。另外，剩余价值也不能靠商家和买家的相互欺诈而产生，因为欺诈产生不了任何剩余价值。既然剩余价值不可能在流通环节中产生，也不可能在交换环节中产生，那么只能在生产环节中产生。对于剩余价值如何在生产环节中产生，马克思对此作了详细

① 《马克思恩格斯文集》第5卷，北京：人民出版社，2009年，第873页。

的论证。这个论证是以他发现了资本主义商品经济中存在着一种特殊的商品（即工人的劳动力）为支点，劳动力作为商品的特点是“它的使用是新价值的泉源”①。为什么工人的劳动力会产生新的价值？马克思指出这是因为按照劳动价值理论，“每一个商品的价值，都是由生产该商品所必需的劳动来计算的”②，而工人的劳动力价值是指为维持他自己的生存以及维持工人后代（保证死后劳动力的延续）的生活资料所需要的必要劳动时间。但资本家却是按劳动力的价值购买工人劳动的使用权，也就是说，资本家如果按一周支付工人的劳动力价值，却获得的是对工人劳动一周的使用权，工人劳动力创造的价值远超过劳动力本身的价值，而“工人这种超过补偿工资所必要的时间以外的剩余劳动，便是剩余价值的、利润的泉源，是资本继续不断增大的泉源”③。这也正是资本增殖扩张的秘密所在。可见，马克思对资本主义生产的批判，是从分析资本家如何获取剩余价值以及如何在资本主义雇佣劳动制度支撑下通过资本获取高额利润这个基础上进行的。这就使得马克思的生产正义理论并非仅局限于对生产过程的批判，而是更深层次指向对资本主义制度的批判。

马克思在《宣言》中指出：“所有制问题是运动的基本问题。”④资本主义生产不合理的根源就在于资本主义生产方式中劳动者与生产资料相分离即资本主义生产资料私有制，这也是资本主义生产运动非正义的根源。马克思通过对资本主义生产运动的分析，指出一方面资本主义私有制是资本主义生产运动赖以存在的前提，另一方面资本主义私人占有与资本主义社会化大生产之间的矛盾却是资本主义私有制自身无法克服的矛盾，“生产资料的集中和劳动的社会化，达到了同它们的资本主义外壳不能相容的地步”⑤。换言之，由资本主义生产方式产生的资本主义占有方式造成对资本主义自身的否定，按马克思关于生产当事人之间正义性判断标准的阐述，资本主义生产方式就是一种非正义的生产方式。正是基于这一结论，马克思指出，唯有“消灭私有制”，实行生产方式变革，即改变生产资料与劳动者相分离的状态，实现生产资料与劳动者的统一，才能真正实现生产正义。

三、“消灭私有制”的人的发展正义之维：人向合乎人性的人的必然复归

破除人的异化，实现人的自由全面发展是“消灭私有制”，实现人的发展正义逻辑。在《1844 年经济学哲学手稿》中，马克思把共产主义的实现等同于私

---

① 《马克思恩格斯文集》第 3 卷，北京：人民出版社，2009 年，第 81 页。
② 《马克思恩格斯文集》第 3 卷，北京：人民出版社，2009 年，第 81 页。
③ 《马克思恩格斯文集》第 3 卷，北京：人民出版社，2009 年，第 82 页。
④ 《马克思恩格斯文集》第 2 卷，北京：人民出版社，2009 年，第 66 页。
⑤ 《马克思恩格斯文集》第 5 卷，北京：人民出版社，2009 年，第 874 页。

有财产（私有制）的积极扬弃，指出私有财产的积极扬弃，“是通过人并且为了人而对人的本质的真正占有，因此，它是人向自身也就是向社会的即合乎人性的复归”①。马克思的这句话实质上阐述了私有财产的积极扬弃，即“消灭私有制”的最终指向是人的自由全面发展。而我们知道私有制“作为社会的、集体的所有制的对立物，只是在劳动资料和劳动条件属于私人的地方才存在”②，“劳动者对他的生产资料的私有权是小生产的基础，而小生产又是发展社会生产和劳动者本人的自由个性的必要条件”③，按照马克思对私有制的界定，私有制在本质上就是崇尚人的自由个性发展，私有制的生产方式也为人的自由全面发展提供了有利的条件，因此，理论上而言，私有制是有利于人的个性发展与人的解放。而马克思又指出，私有制的积极扬弃是实现人向合乎人性的人的复归，实质上是否定了私有制对人的发展的有利方面，那么，马克思为何在私有制与人的发展关系上会产生这样的悖论？如何理解私有制的积极扬弃才是人向合乎人性的人的复归？

在《〈政治经济学批判〉导言》中，马克思划分社会形态时把人的发展也分为三个阶段：“人的依赖关系”阶段、“以物的依赖性为基础的人的独立性”阶段以及“建立在个人全面发展和他们共同的社会生产能力成为他们的社会财富这一基础上的自由个性”阶段。“人的依赖关系”是原始社会、奴隶社会、封建社会人的发展的主要特点，而“以物的依赖性为基础的人的独立性”属于资本主义社会人的发展的独有的特点，“建立在个人全面发展和他们共同的社会生产能力成为他们的社会财富这一基础上的自由个性”④，则指的是共产主义社会人的自由全面发展。从马克思对人的发展阶段的划分来看，他认为私有制社会人的发展经历了两个阶段：一是奴隶社会和封建社会人的依赖性关系阶段；二是资本主义社会以物的依赖性关系为基础的阶段。马克思的意思很明显，他认为奴隶社会、封建社会、资本主义社会虽然都为私有制社会，而人的发展在资本主义社会却有了质的变化，由人的依赖性转变为对物的依赖性，这实则是指明资本主义社会本身的独特性是导致人的发展质变的原因。而这种独特性很明显指向区分社会形式的生产方式，资本主义的生产方式不同于奴隶社会、封建社会的生产方式就在于雇佣劳动制。雇佣劳动制最明显的特点是生产资料和劳动者相分离，使劳动者的劳动很大一部分成为被资本家无偿占有，而劳动者本身则因失去生产资料而不得不靠出卖自己的劳动力依附于资本家，工人的劳动无法成为发展自身自由个性的中介，反而成为资本家攫取剩余价值的工具，使人的本质在资本主义社会物象化。劳动的非正义导致人的

① 《马克思恩格斯文集》第1卷，北京：人民出版社，2009年，第185页。
② 《马克思恩格斯文集》第5卷，北京：人民出版社，2009年，第872页。
③ 《马克思恩格斯文集》第5卷，北京：人民出版社，2009年，第872页。
④ 《马克思恩格斯文集》第8卷，北京：人民出版社，2009年，第52页。

发展的非正义，是资本主义人的发展非正义的生成逻辑，因而分析资本主义社会人的发展的非正义，首先要弄清楚资本主义社会劳动的非正义。

众所周知，古典政治经济学的劳动价值论是资产阶级用来标榜资本主义社会“劳动正义”的理论根据。在资产阶级看来，资产阶级凭借自己的“物质资产”实现资本与劳动的平等交换，是完全符合劳动价值论中等价交换的价值规律的，因此，与资本交换的劳动从形式上看来是一种“天然的正义”，这种“天然正义”表面的合理性在于，“资本家换来劳动本身，这种劳动是创造价值的活动，是生产劳动；也就是说，资本家换来这样一种生产力，这种生产力使资本得以保存和倍增，从而变成了资本的生产力和再生产力，一种属于资本本身的力”①。换言之，作为劳动者本质力量的劳动在资本家那里成为资本本身的力了，这种假象足以让人们相信是资本自身实现了增殖，与工人的劳动毫无关系，工人劳动的非正义被“资本正义”的假象彻底遮蔽。而实质上“资本……会在与它相适应的社会生产过程中，从直接生产者即工人身上榨取一定量的剩余劳动，这种剩余劳动是资本未付等价物而得到的，并且按它的本质来说，总是强制劳动，尽管它看起来非常像是自由协商议定的结果”②。马克思指出，剩余劳动被资本家无偿占有才是资本主义劳动非正义的实质所在。在资本主义私有制条件下，资本家控制资本的占有、使用和支配，劳动者因为失去对自己劳动产品的所有权而没有与资本家进行等价交换的权利，工人表面上以工资为酬的劳动获得的与资本的交换，是用形式上的平等遮掩了实质上的不平等，工人与资本家之间的劳动与资本交换不可能真正平等，沦为虚妄的“平等交换”只是资本主义掩盖其剥削本质的遮羞布。

劳动非正义实质上是对作为劳动主体的人的本质的否定，因为劳动是人的本质，人的劳动过程是“人的自我确证”的过程。资本主义劳动的非正义从根本上说明资本主义的劳动过程就是人的自我异化的过程。这种异化表现在“当他为了自己的生活目的对自然物实行个人占有时，他是自己支配自己的。后来他成为被支配者。单个人如果不在自己的头脑的支配下使自己的肌肉活动起来，就不能对自然发生作用”③。即劳动者对自然物个人占有时，劳动者是自己支配自己，劳动者的劳动能充分发展人的自由个性，而资本主义劳动过程中劳动者处于被支配状态，人的大脑与人自己的肌肉在劳动过程中是处于敌对状态的，这种人的自我的敌对状态与人的自由个性发展完全相悖，是人的本质的异化。而要恢复劳动作为人之自由自觉的本性，马克思认为只有“雇佣劳动，也像奴隶劳动和农奴劳动一样……注定要让位于带着兴奋愉快心情自

① 《马克思恩格斯全集》第46卷(上)，北京：人民出版社，1979年，第231页。
② 《马克思恩格斯文集》第7卷，北京：人民出版社，2009年，第927页。
③ 《马克思恩格斯文集》第5卷，北京：人民出版社，2009年，第582页。

愿进行的联合劳动”[①]才有可能，换言之，只有建立在劳动者也享有自由平等权利基础上的劳动才可能破除人的异化，实现人的自由全面发展。由此可以看出，人的自由全面发展针对的是资本主义雇佣劳动制下的人的异化状态，消灭资本主义的雇佣劳动制，使劳动成为人的一种自由自觉的活动，成为个人的自我实现，是人的发展正义的必然逻辑。

从劳动的非正义到人的发展的非正义，马克思把人的发展的非正义矛头最终指向资本主义私有制，“消灭私有制”即废除资本主义雇佣劳动制，是破除异化、实现人的自由全面发展的必然环节。在《1844年经济学哲学手稿》中，马克思称私有财产是异化劳动或自我异化的物化形态，指出“私有财产的意义——撇开私有财产的异化——就在于本质的对象——既作为享受的对象，又作为活动的对象——对人的存在”[②]，换言之，他认为只有扬弃私有财产即共产主义的实现才是解决物质世界与人本世界之间矛盾的有效途径，因为扬弃私有财产就是扬弃异化劳动、扬弃人的异化本质，也是对人的本质的重新而全面的真正占有，而这种“对人的本质的全面的真正占有”并非是通过设定否定而预设人的存在的社会形态，也就是说，他认为介于私有制与共产主义之间的社会还不是从真正的人开始，只有当“社会主义是人的不再以宗教的扬弃为中介的积极的自我意识，正像现实生活是人的不再以私有财产的扬弃即共产主义为中介的积极的现实一样”[③]，即人不再以私有制的眼光看问题、对待事物，而是“人以一种全面的方式，就是说，作为一个完整的人，占有自己的全面的本质”[④]，才是“人向自身也就是向社会的即合乎人性的人的复归”[⑤]，这是“‘消灭私有制’，实现人的自由全面发展”的含义所指，也是人的发展正义所指。

从马克思早期对“扬弃私有财产”的理解，可以看出他的“扬弃私有财产”与“消灭私有制”所关涉的人的发展问题实际上具有同一性，可以认为是同一个概念。“消灭私有制”即扬弃私有财产或扬弃私有制也是人向合乎人性的必然复归，且这种复归是建立在私有制本身的辩证运动过程中。从历史上私有制发展的两个阶段来看，两个阶段的私有制在人的发展问题上的对立性正是人的发展的阶段性问题，以“人的依赖性关系”为主的私有制经济，虽然能充分发展人的自由个性，但因这种经济形式的生产方式局限于小生产经济，“排斥对自然的社会统治和调节，排斥社会生产力的自由发展”[⑥]，随着社会化大生产和商品经济的发展，而终被“以物的依赖性”为主的资本主义生产方式所否

① 《马克思恩格斯文集》第3卷，北京：人民出版社，2009年，第12—13页。
② 《马克思恩格斯文集》第1卷，北京：人民出版社，2009年，第242页。
③ 《马克思恩格斯文集》第1卷，北京：人民出版社，2009年，第197页。
④ 《马克思恩格斯文集》第1卷，北京：人民出版社，2009年，第189页。
⑤ 《马克思恩格斯文集》第1卷，北京：人民出版社，2009年，第185页。
⑥ 《马克思恩格斯文集》第5卷，北京：人民出版社，2009年，第872页。

定，而以“物的依赖性”为主的资本主义生产方式虽然适应社会化大生产，但是这种经济形式是以“劳动者对生产资料的共同占有和非劳动者对生产资料的私人所有权”为基础，使劳动者与生产资料相分离而造成人的发展的异化，故马克思认为要克服这一矛盾，就需要对私有制第一阶段发展中的正题与私有制第二阶段发展中的反题进行否定的否定，在社会化大生产条件下实现劳动者与生产资料占有的统一即完成私有制运动的合题，才能真正实现人向合乎人性的复归，实现人的自由全面发展，从而实现人的发展正义。

参考文献

[1]萧诗美等：《马克思所有权概念的三大基本特征》，《求索》2020 年第 2 期。

[2]韩立新：《劳动所有权与正义——以马克思的“领有规律的转变”理论为核心》，《马克思主义与现实》2015 年第 2 期。

[3]张文喜：《马克思所有权批判及其相关的公平正义观》，《中国社会科学》2016 年第 8 期。

[4]汪亭友：《岂能如此曲解〈共产党宣言〉关于“消灭私有制”的思想》，《马克思主义研究》2012 年第 5 期。

[5]白雪秋：《从“消灭私有制”到“重建个人所有制”——马克思的人类社会发展模式解析》，《海派经济学》2009 年第 4 期。

[6]潘石：《科学对待私有制与剥削》，《当代经济研究》2005 年第 6 期。

On Marx's Triple Justice Dimensions of "Eliminating Private Ownership"

Wang Xiaohan

Abstract Academia believes that Marx's "elimination of private ownership" is a scientific judgment, and its justice is self-evident. The reason for this misunderstanding is not that scholars did not interpret "eliminating private ownership" from the perspective of history, but that most scholars did not accurately grasp Marx's just understanding of "eliminating private ownership" from the perspective of history. Marx's understanding of the justice of "eliminating private ownership" is essentially contained in his historical understanding of "eliminating private ownership". Understanding the justice of "eliminating private ownership" from the history of "eliminating private ownership" is the basic idea to understand Marx's justice theory of "eliminating private ownership". From the perspective of historical view, we can grasp the justice of "eliminating private ownership" from the following three dimensions: first, in terms of its historical justice dimension, it is an inevitable link of the contradictory movement between productive forces and productive relations; second, in terms of its dimension of production justice, it is the inevitable result of the negation of the negation of the mode of possession of means of production; third, in terms of the dimension of human development justice, it is the inevitable return of human beings to human beings conforming to human nature.

Key Words Eliminate Private Ownership; Justice; Historic; Production Mode; Human Development

建党百年"三农"经济思想的演进与政策轨迹

贺 城　　谢 地

内容提要　把农业、农村、农民概括地统称为"三农"是当代中国独创的话语。建党百年来党的"三农"思想演进和实践轨迹始终包含一个内在的逻辑,即从中国实际出发,通过农村生产关系及其具体形式的调整以促进农业生产力发展,探索农业发展、农村进步、农民富裕的中国道路。梳理党的"三农"经济思想和政策实践史,对于进一步探索农业发展、农村进步、农民富裕的中国道路,推动实施乡村振兴战略具有重要的理论价值和现实意义。

关键词　中国共产党;三农;乡村振兴;农业;农村;农民

中图分类号　F0—0

农业是一切发展的开端,是人类社会赖以生存和持续发展的基础。中华民族的历史,首先就是一部农业文明史。历代统治者为了维护统治的需要,曾经在不改变地主阶级土地私有制的前提下进行过调整农业生产关系和农村经济制度的尝试。从西周时期的"井田制",到春秋战国时期商鞅"坏井田,开阡陌",再到明代的"一条鞭法"、清代的"地丁合一税"等,农村生产关系调整及经济制度变迁不可不谓之剧烈,但始终没能从根本上改变农民苦、农村穷和农业落后的命运。中国共产党诞生以来,从中国的实际出发采取了一条以农村包围城市的革命道路,始终抱有深厚的农民情怀,始终关注农业、农村、农民问题,并作为革命、建设、改革、发展的重中之重。虽然把农业、农村、农民概括统称为"三农"是当代中国独创的话语,但党的"三农"理论却由来已久。

众所周知,马克思对土地私有制进行了尖锐的批评,它使"在苏格兰拥有土地所有权的土地所有者,可以在君士坦丁堡度过他的一生",资本主义"把土

作者简介:贺城,辽宁大学经济学院博士研究生,沈阳药科大学马克思主义学院讲师;谢地(通讯作者),辽宁大学经济学院院长、教授、博士生导师。

基金项目:本文系国家社会科学基金重大项目"中国特色社会主义经济学学科体系建构与推动我国经济高质量发展研究"(18ZDA036)的阶段性成果。

地所有权变为荒谬的东西"[①]。土地私有权垄断"是合理农业的最大障碍之一,因为租地农场主避免进行一切不能期望在自己的租期内完全收回的改良和支出"[②]。据此,马克思主张未来社会要实行土地国有化,让联合起来的农民去耕作属于国家的土地,从而彻底地改变劳动与资本的关系,消除城市和乡村的差别。"大规模的耕种(即使在目前这种使耕作者本身沦为役畜的资本主义形式下),从经济的观点来看,既然证明比小块的和分散的土地耕作远为优越,那么要是采用全国规模的耕作,难道不会更有力地推动生产吗?"[③]中国共产党坚持马克思主义关于未来社会土地改革的思想,对中国农业、农村、农民问题进行了积极探索,始终恪守科学社会主义的原则:在新民主主义革命时期主要是剥夺地主的土地,实行"耕者有其田"的农民土地私有制;新中国成立以后,通过农业合作化运动改造个体农民土地私有制,建立土地集体所有制;改革开放以后,在坚持土地集体所有制的前提下,调整农村生产关系的具体形式,实行家庭联产承包责任制,进而实行农地集体所有权、承包权和经营权的"三权分置"改革,发展新型农业经营主体以促进农业生产力的进一步发展;党的十八大以来,中国共产党积极探索城乡融合发展,党的十九大以后实施乡村振兴战略,发展新型农村集体经济,走共同富裕道路,在"三农"理论和实践上又迈出了重要步伐。

从经济思想史和经济史相结合的角度梳理党的"三农"思想演进和实践进程,学界已有很多研究。例如,杜润生分析了农民自发探索与党群之间的互动关系,梳理和解读了毛泽东在新中国成立前后经济决策的变化和有关论点,并进行了概括和总结[④];刘守英对改革开放40年土地制度改革进程和主要内容进行了回顾性评论[⑤];蒋永穆梳理了新中国成立70年来乡村治理的演进历程[⑥];周振、孔祥智论述了新中国成立70年来农业经营体制的历史变迁与演变主线[⑦];罗玉辉梳理了新中国成立70年来农村改革的历史脉络[⑧];黄茂兴、叶琪总结了新中国成立70年来我国农村经济发展的历史演变[⑨];等等。这些成果主要围绕新中国成立后党的"三农"政策及实践展开研究,对新民主主义革命时期党的"三农"思想及政策实践的梳理较少,而把中国共产党成立一百

---

① 《马克思恩格斯文集》第7卷,北京:人民出版社,2009年,第696—697页。
② 《马克思恩格斯文集》第7卷,北京:人民出版社,2009年,第699—670页。
③ 《马克思恩格斯文集》第3卷,北京:人民出版社,2009年,第231页。
④ 杜润生:《对中国农村改革的回顾》,《中共党史研究》1998年第5期。
⑤ 刘守英:《中国土地制度改革:上半程及下半程》,《国际经济评论》2017年第5期。
⑥ 蒋永穆:《新中国70年乡村治理:变迁、主线及方向》,《求是学刊》2019年第5期。
⑦ 周振、孔祥智:《新中国70年农业经营体制的历史变迁与政策启示》,《管理世界》2019年第10期。
⑧ 罗玉辉:《新中国成立70周年中国农村改革历史脉络、经验总结和未来发展》,《现代经济探讨》2019年第10期。
⑨ 黄茂兴、叶琪:《新中国70年农村经济发展:历史演变、发展规律与经验启示》,《数量经济技术经济研究》2019年第11期。

年来，即从新民主主义革命时期到社会主义革命和建设时期，再到改革开放以来至党的十八大前以及十八大以后联系起来作为一个整体进行的研究就更少了。

回顾建党百年来党对“三农”问题的思想演进和政策轨迹可以发现，党的“三农”思想演进和实践轨迹始终包含一个内在的逻辑，那就是从中国实际出发，通过农村生产关系及其具体形式的调整以促进农业生产力发展，探索农业发展、农村进步、农民富裕的中国道路。中国共产党百年历史也是从中国实际出发探寻农业发展、农村进步、农民富裕的中国道路的奋斗史。梳理这一历史，对于在“两个一百年”的交汇期，在开启全面建设社会主义现代化国家新征程的新起点，进一步探索农业发展、农村进步、农民富裕的中国道路，推动实施乡村振兴战略具有重要的理论价值和现实意义。

一、新民主主义革命时期党的“三农”思想演进和政策实践(1921—1949 年)

(一)中国共产党创立和大革命时期(1921—1927 年)

中国共产党的早期主要领导人陈独秀对中国农业、农民问题已有具体阐述，他认为，“农业是中国国民经济之基础，农民至少占全人口百分之六十以上……自然是工人阶级最有力的友军，为中国共产党所不应忽视的”①。党的另一位主要创始人李大钊关于农民问题也有过重要论述，他提出：“国民革命政府成立后，苟能按耕地农有的方针，建立一种新土地政策，使耕地尽归农民，使小农场渐相联结而为大农场，使经营方法渐由粗放的以向集约的，则耕地自敷而效率益增，历史上久久待决的农民问题，当能谋一解决。”②

从中国共产党成立初期农民运动的实践来看，党所领导的农民运动主要集中在浙江萧山、广东海陆丰和湖南衡山等地区，其中由“农运大王”彭湃所领导的广东海陆丰农民运动是党成立初期影响力最大的。到 1923 年 5 月，在海丰、陆丰、惠阳三县已有 70 多个、约 1 500 个乡建立农会，会员达到 20 多万人。③

真正意义上深入农村调查研究，从理论和实践上观察、认识和分析、凝练中国农村、农业、农民问题并做出杰出贡献的是毛泽东。在《中国社会各阶级的分析》一文中，毛泽东初步分析了农民的构成和生产资料占有情况。④ 1927 年 3 月，在对湖南湘潭、湘乡、衡山、醴陵、长沙五县农民运动进行实地考察后，

① 陈独秀：《中国共产党对于目前实际问题之计划》(1922 年 11 月)，中共中央文献研究室等编：《建党以来重要文献选编》第 1 册，北京：中央文献出版社，2011 年，第 198 页。

② 《李大钊全集》第 5 卷，北京：人民出版社，2006 年，第 83 页。

③ 《中国共产党历史第一卷(1921—1949)》上册，北京：中共党史出版社，2011 年，第 96 页。

④ 《毛泽东选集》第 1 卷，北京：人民出版社，1991 年，第 6—7 页。

毛泽东发表了《湖南农民运动考察报告》一文,他指出:"一切革命同志须知:国民革命需要一个大的农村变动。辛亥革命没有这个变动,所以失败了。……农村革命是农民阶级推翻封建地主阶级的权力的革命。农民若不用极大的力量,绝不能推翻几千年根深蒂固的地主权力。"①在文章中,毛泽东详细阐述了农民在"农民协会"领导下所做的"十四件大事",其中已有关于农业合作社方面内容的初步说明。在毛泽东的领导下,湖南农民运动开展得如火如荼,到1927年1月,湖南"农民协会"组织已有200万会员。

总的来讲,我们党在成立初期已十分重视农民运动。但由于受共产国际的影响,加之党的力量还较为弱小,同时对中国国情和中国革命的特殊性还缺乏深刻认识,党在成立初期工作的中心主要还是集中于北京、上海、武汉、长沙等大城市,农村经济理论和农民运动的发展还处于萌芽阶段。

(二)土地革命时期(1927—1937年)

大革命失败后,在毛泽东、朱德等人的领导下,中国共产党将马克思列宁主义与中国具体实践相结合,逐步摸索出一条农村包围城市、武装夺取政权的革命道路。农村革命根据地的建立和发展为土地革命的展开奠定了基础,并开始在根据地实行"耕者有其田"的土地制度。

1928年12月,毛泽东亲自主持制定井冈山《土地法》,变更封建地主所有制。从实践来看,井冈山《土地法》是我党颁布的第一部土地法。但由于进行土地革命的时间尚短,对一些农村问题尚缺乏足够的清晰认识,因而也导致这部土地法存在一些原则性的错误,如规定没收一切土地,而不仅仅是地主土地。这点在随后毛泽东主持制定的兴国县《土地法》中发生改变,即改为"没收一切公共土地及地主阶级的土地"。

在土地革命的实践中,中国共产党逐步总结出农村土地革命的方法和原则,如"依靠贫农、联合中农、限制富农、消灭地主阶级,变封建的土地所有制为农民的土地所有制;以乡为单位,按人口平均分配土地,在原耕地基础上,抽多补少,抽肥补瘦"②。根据这一土地政策,深受压迫的贫困农民才在真正意义上翻身做主,生产积极性大大提高,生活水平不断改善,参军、拥军的热情极为高涨。在农业生产的组织形式上,我党带领农民也进行了初步探索。到1933年,兴国县、瑞金县已开始组织劳动互助组。苏维埃政府投入资金和组织人力,开垦荒地、兴修水利。粮食产量,在赣南闽西区域,1933年比1932年增加了15%,在闽浙赣区增加了20%。③

(三)全面抗日战争时期(1937—1945年)

全面抗日战争时期,以毛泽东为代表的党的第一代领导集体进一步思考

① 《毛泽东选集》第1卷,北京:人民出版社,1991年,第16—17页。
② 《中国共产党历史第一卷(1921—1949)》上册,北京:中共党史出版社,2011年,第286页。
③ 《中国共产党历史第一卷(1921—1949)》上册,北京:中共党史出版社,2011年,第363页。

和完善了党的"三农"思想,并制定、实施了一系列涉农政策。在《中国革命和中国共产党》中,毛泽东分析了中国农民阶级的具体构成,即富农、中农、贫农。他指出:"贫农是没有土地或土地不足的广大的农民群众,是农村中的半无产阶级,是中国革命的最广大的动力"①。毛泽东重点强调了贫农和中农对于中国革命的动力作用,因此我们党所执行的农村经济政策一定要符合和维护贫农、中农的利益,这样才能调动起贫农、中农的革命动力,使之成为无产阶级进行新民主主义革命最稳固的联盟。在《新民主主义论》中,毛泽东论述了新民主主义的经济,他指出:"这个共和国将采取某种必要的方法,没收地主的土地,分配给无地和少地的农民,实行中山先生'耕者有其田'的口号,扫除农村中的封建关系,把土地变为农民的私产。"②同时,他也强调这一阶段还不适宜建立起社会主义农业,但可以结合农村实际情况发展各种具有社会主义性质的合作经济。在《"农村调查"的序言和跋》一文中,毛泽东强调全面抗日战争时期我们的土地政策是与土地革命时期不同的,各级工作者要深入实际调查研究,在经济和政治方面,对于一切不反对抗日的地主要给予同工农一样的权力。

为了更好地团结更多的抗日阶层以打击日本侵略者,中国共产党结合实际情况,延缓农村土地革命的步伐,灵活地实行了减租减息的基本政策。具体来讲,即对地主减租减息,但农民要交租交息。实际上是在维护和保证农民的利益基础上,团结更多的地主、富农,避免这些阶层走向敌对一面。减租的办法是"二五减租",减息的办法是规定年利率一般为一分(即10%),最高不得超过一分半(15%)。③ 但在实际工作中,部分地区工作人员并未严格按照政策执行。为改变执行状况,做到"又联合又斗争,以斗争求团结",将统一战线与农民问题有机结合起来,中共中央于1942年1月28日和2月16日相继发出《关于抗日根据地土地政策的决定》和《关于如何执行土地政策决定的指示》,明确减租减息政策的具体执行办法。同时,在陕甘宁边区和各个抗日根据地相继开展大生产运动,一方面开垦荒地,学习传播耕作技术,提高粮食、军火、纺织物等各种物资的产量;另一方面注重在农业生产组织形式上谋求创新。发挥互助合作的优势,在自愿互利的原则下将农民组织起来,从而有效提高生产效率,以改善农民的生活状况。

(四)解放战争时期(1945—1949年)

为进一步得到广大农民的支持和拥护,夺取解放战争的全面胜利,党在解放战争时期的"三农"思想和政策都有了进一步的发展和变化。1946年5月4日,中共中央发布《关于土地问题的指示》(即《五四指示》),决定不再继续实施

① 《毛泽东选集》第2卷,北京:人民出版社,1991年,第643页。
② 《毛泽东选集》第2卷,北京:人民出版社,1991年,第678页。
③ 《中国共产党历史第一卷(1921—1949)》下册,北京:中共党史出版社,2011年,第562页。

抗日战争以来的减租减息政策，改为实现“耕者有其田”的政策，这是我党土地政策的一项重要改变。根据《五四指示》的精神和具体执行办法，我党组织大量工作人员深入农村发动农民群众，对地主、中农、富农以及豪绅、汉奸、恶霸等农村的不同阶层，分别采取不同政策和方法，进行细致的规定。1947年10月10日，中共中央正式颁布《中国土地法大纲(草案)》，大纲明确规定：“废除封建性及半封建性剥削的土地制度，实行耕者有其田的土地制度；废除一切地主的土地所有权。”①大纲颁布后，各解放区结合自身实际情况，深入贯彻大纲精神，开始了轰轰烈烈的土地改革运动。在一亿人口的解放区，数千年来深受地主阶级剥削的农民，终于占有了生产生活资料，在真正意义上站了起来，拥有了支配自身命运的权利和追求幸福美好生活的希望。生产关系的根本性改变，极大解放和发展了农村生产力，亿万农民迸发出极大的拥军、参军热情。晋冀鲁豫解放区参军农民累计148万人，山东解放区不仅有56万青年参军，还有700万山东民工随军征战。正如陈毅元帅所说：“淮海战役的胜利，是人民群众用小车推出来的。”②

二、新中国成立到改革开放前党的“三农”思想演进和政策实践(1949—1978年)

(一)国民经济恢复时期的土地改革(1949—1953年)

根据国家统计局的数据，土地改革前，仅占农村人口7%比例的地主、富农阶层却拥有50%以上的耕地，而占农村人口57%比例的贫农、雇农却仅拥有14%的耕地。在取得全国政权、开始恢复发展国民经济的历史背景下，为彻底改变封建地主土地所有制，保证新民主主义顺利过渡到社会主义，党的“三农”思想又有了进一步发展，“三农”政策也有所调整。毛泽东在中国共产党七届二中全会上指出：“中国还有大约百分之九十左右的分散的个体的农业经济和手工业经济，这是落后的，这是和古代没有多大区别的。”③1950年6月30日，毛泽东签署命令，颁布《中华人民共和国土地改革法》(以下简称《土地改革法》)。与之前的《中国土地法大纲(草案)》相比，《土地改革法》有了新的变化，诸如保存富农经济、没收地主“五大财产”、保护中农的土地及其财产不受侵犯等。为保证《土地改革法》能够正确有效实施，克服一部分地主阶级人士为阻挠土地改革制造的障碍，一方面，政务院制定相关法规、政策与之匹配，明确农村成分的划分标准，为基层工作者指明工作方向和策略；另一方面，中

① 《中国共产党历史第一卷(1921—1949)》下册，北京：中共党史出版社，2011年，第755页。

② 盛玉雷，《永不脱离群众，永葆政治本色——百年大党何以风华正茂》，https://www.12371.cn/2021/07/01/ARTI1625096565936471.shtml.

③ 《毛泽东选集》第4卷，北京：人民出版社，1991年，第1430页。

央人民政府成立中央土地改革委员会，各大区、省、专区、县人民政府也相应成立土地改革委员会，中央和地方组织大量工作人民经系统学习和培训后，组成土改工作队，深入农村帮助农民进行土地改革，取得了显著成效。

到1952年底，新解放区和老解放区完成土地改革的农业人口已占90%以上。整个土改过程中，7亿亩土地被征收没收后分给3亿农民，免除了土改前3 000万吨以上农民需交给地主的地租。经过土地改革后，占农户比重92.1%的贫农、中农，占有91.4%的耕地；占农户比重7.9%的地主、富农，只占有8.6%的耕地。[①] 此外，在土地改革中，广大农民还获得了牲畜、农具、房屋、粮食等大量的生产资料和生活资料。党和政府此时还不断提高水利工程方面的投资，如“蓄泄兼筹”的淮河工程、荆江分洪工程、官厅水库等一系列大型水利基础设施。政府在供销合作社内部附设信用部，扩大对农业的贷款，以提供资金给农民去购买生产工具。党和政府制定实施合理的农业税收和粮食收购政策，用以保障农业、农村、农民的生产和发展。

经过这一时期的努力，数千年来中国农民“耕者有其田”的理想终于在中国共产党的领导下实现了。

(二)社会主义改造时期(1953—1956年)

经由土地改革后，农民获得了土地，生产积极性得到极大提高，农村粮食产量和农民收入也有了很大增加。人均收入从1949年的14.9元增长为1952年的26.8元，增长了79.9%。[②] 但从农村生产的实际来看，一是农村出现了阶层分化，多数农民由于掌握的生产工具较少，技术水平有限，小农生产难以抵抗自然灾害；二是部分富农通过雇工或放高利贷成为新富农，自然也有部分农民因抵押借贷而失去土地。这种情况引起党中央的重视，提出采用农业生产互助合作的方式来改变这种情况。

早在《论人民民主专政》一文中，毛泽东就已经论述了农业社会化的必要性。他指出：“农民的经济是分散的……没有农业社会化，就没有全部的巩固的社会主义。”[③]而如何把如此多的农民组织起来走上互助合作的道路，这是我们党在农村经济发展过程中面临的大问题。小农经济本身具有私有性、分散性、灵活性的特点，广大中国农民又刚刚从地主手里分得土地，无论是从情感上还是理智上走互助合作道路都存在顾虑，需要大量的工作铺垫才能完成。

面对这一实际情况，中共中央在1953年4月编成下发了《当前农村工作指南》一书，阐述了当时党的工作人员在农村工作需要掌握的理论知识、政策原则和工作方法。时任中共中央农村工作部部长邓子恢指出：“党在农村工作的任务，是领导农民走组织起来的道路，走互助合作、共同上升、大家富裕的道

① 《中国共产党历史第二卷(1949—1978)》上册，北京：中共党史出版社，2011年，第100页。
② 《中国共产党历史第二卷(1949—1978)》上册，北京：中共党史出版社，2011年，第127页。
③ 《毛泽东选集》第4卷，北京：人民出版社，1991年，第1477页。

路。互助合作运动必须采取稳步前进的方针，绝不能操之过急。”①在正确分析农村阶级和阶层状况的基础上，党中央制定正确的阶级政策，坚持积极领导、稳步前进的方针，采取循序渐进的步骤，互助合作的优越性吸引越来越多的农民参与进来。经由具有社会主义萌芽性质的互助组、半社会主义性质的初级社和完全社会主义性质的高级社的发展阶段，最终到1956年底基本完成农业的社会主义改造，全国96.3%的农户加入了合作社，其中87.8%的农户加入了高级社。② 农民收入有了很大提高，平均消费水平提高27.4%。③

虽然在农业社会主义改造过程中，部分地区存在工作不够细致、速度过快、形式简单划一，导致在长期遗留了一些问题。但总的来看，社会主义改造是一场伟大的胜利，在农村实现了农民土地所有制向集体土地所有制的转变。正如邓小平所指出：“我们的社会主义改造是搞得成功的，很了不起。这是毛泽东同志对马克思列宁主义的一个重大贡献。”④

(三)社会主义革命和建设时期(1957—1978年)

1957年以后，迫于国际国内形势的变化，党的指导思想出现了“左”的错误，在经济生活领域集中表现为“大跃进”和“人民公社化运动”，导致出现严重的浮夸风和“放卫星”现象。虽然“大跃进”和“人民公社化运动”体现了我们党想要带领人民早日改变贫穷落后面貌的迫切愿望，试图依靠人民群众的热情和干劲创造奇迹，也建立了许多至今仍在发挥重要作用的水利基础设施工程。但急于求成，忽视了不同地区不同的生产力状况，在农村生产关系上盲目求纯求快，产生了诸如吃“大锅饭”的平均主义现象，损害了农村生产力的健康发展。这种状况引起了党和国家的高度重视，1962年，中共中央发出《中共中央关于改变农村人民公社基本核算单位问题的指示》，调整农村政策，将基本核算单位定为“三级所有，队为基础”的体制，即公社、大队、生产队，生产队是基本核算单位，负责具体的生产组织、协调工作。

回顾这段历史可以发现，基于我国人口多、底子薄、经济文化落后的国情，面对帝国主义的封锁和遏制以及中苏交恶后的严峻形势，在资本原始积累严重不足的条件下，我国当时不得不通过工农业产品价格“剪刀差”将农业剩余转移到工业领域，以加快国家工业化建设，形成独立完整的国民经济体系和工业体系，保障国家安全和维护民族独立。而“一大二公”的农村生产关系无疑有利于集中力量办大事，有利于在当时的历史条件下实现城乡统筹，是在极端困难的条件下加快国家工业化进程的一种制度安排，也是我国农业、农村、农

① 《中国共产党历史第二卷(1949—1978)》上册，北京：中共党史出版社，2011年，第223页。

② 《中国共产党的九十年——社会主义革命和建设时期》，北京：中共党史出版社，2016年，第455页。

③ 《中国共产党的七十年》，北京：中共党史出版社，1991年，第338页。

④ 《邓小平文选》第2卷，北京：人民出版社，1994年，第302页。

民为国家工业化做出的巨大历史贡献。

三、改革开放以来至十八大前党的“三农”思想演进和政策实践(1978—2012 年)

我国农业、农村、农民发展的历史经验表明，人民公社这种“一大二公”集体所有和经营方式不利于当时农村生产力发展。一方面，生产资料归集体所有，农民缺乏生产的自主权，生产什么、生产多少都不能由农民自身支配，整个农村的生产缺乏活力和创新性。另一方面，人民公社体制下农民集体劳动，采取记工分的方式对大家的劳动成果进行区分。而实际上，农业生产的监督是十分困难的，因此现实中评判的标准主要以农民的年纪和性别去制定。这就导致了“出工不出力”“多干少干一个样”的现象出现，农业生产严重缺乏激励机制。

(一)家庭联产承包责任制的探索和确立(1978—1993 年)

早在 1962 年，邓小平就曾对调整农村生产关系有过精彩的阐述，他指出：“生产关系究竟以什么形式为最好，恐怕要采取这样一种态度，就是哪种形式在哪个地方能够比较容易比较快地恢复和发展农业生产，就采取哪种形式；群众愿意采取哪种形式，就应该采取哪种形式，不合法的使它合法起来。”[①]改革开放以来，我党对“三农”问题进行了新的理论思考和实践探索。

1978 年 11 月，安徽凤阳小岗村 18 户农民开创“包产到户”的改革实践，是农民首创精神的重要体现。本着“保证国家的，留足集体的，剩下都是自己的”朴素思想，揭开了农村改革的序幕。最初，“包产到户”仅在小范围内推行，党的十一届四中全会通过的《中共中央关于加快农业发展若干问题的决定》规定，“不许包产到户”，将“包产到户”限制在“某些副业生产特殊需要和边远山区”和“交通不便的单家独户”范围内。[②] 之所以仅在小范围内推行，主要还是围绕“包产到户”的争论较大。有部分同志担心，这种生产关系的转变会影响集体经济的发展，可能会动摇社会主义制度的基础。为了转变大家的想法，解放和发展农村生产力，邓小平指出：“可以肯定，只要生产发展了，农村的社会分工和商品经济发展了，低水平的集体化就会发展到高水平的集体化，集体经济不巩固的也会巩固起来。”[③]1980 年 9 月，中共中央《关于进一步加强和完善农业生产责任制的几个问题》肯定“包产到户”的作用，表示其仍然属于社会主义经济。这之后，“包产到户”“包干到户”等多种形式的承包责任制逐步推广，

① 《邓小平文选》第 1 卷，北京：人民出版社，1994 年，第 323 页。

② 《中国共产党的九十年——改革开放和社会主义现代化建设新时期》，北京：中共党史出版社，2016 年，第 689 页。

③ 《邓小平文选》第 2 卷，北京：人民出版社，1994 年，第 315 页。

到1982年实行家庭联产承包责任制的农户已占全国生产队86.7%。[①] 家庭联产承包责任制极大解放和发展了农村生产力。

(二)农村土地流转机制的建立和完善(1992—2005年)

邓小平认为:"第一个飞跃,是废除人民公社,实行家庭联产承包责任制。……第二个飞跃,是适应科学种田和生产社会化的需要,发展适度规模经营,发展集体经济。"[②]党的十五大报告上,江泽民强调:"坚持把农业放在经济工作的首位,稳定党在农村的基本政策,深化农村改革,确保农业和农村经济发展、农民收入增加。"[③]1998年10月,党的十五届三中全会通过《中共中央关于农业和农村工作若干重大问题的决定》指出:"农村出现的产业化经营……是我国农业逐步走向现代化的现实途径之一。"[④]全会还强调,要坚持贯彻土地承包期再延长30年的政策。党的"三农"思想与政策的发展和完善,为广大农民继续稳定生产、加大投入注入了强劲动力。

在家庭联产承包责任制继续得到巩固的同时,探索农村土地流转和促使农业规模化经营是农村经济理论发展的重要方面。1995年国务院在对农业部的《关于稳定和完善土地承包关系的意见》中,为农村土地流转作出了新的探索,允许农村土地在不改变土地所有制和农业用途的条件下,可在承包期内由承包方以转包、转让等形式进行土地流转。在坚持农村改革市场化的方向下,党和政府大胆探索农村公有制的多种实现形式。党的十六大报告进一步指出,"有条件的地方可按照依法、自愿、有偿的原则进行土地承包经营权流转,逐步发展规模经营"[⑤]。进入21世纪以来,为了促进和完善农村土地制度的流转,党和政府陆续出台诸如《中共中央关于做好农户承包地使用权流转工作的通知》(2001年12月)、《中华人民共和国农村土地承包法》(2003年)、《中共中央国务院关于推进社会主义新农村建设的若干意见》(2006年2月)、《中华人民共和国物权法》(2007年)等法律、法规和政策,对土地承包和流转进行规定和保障。

(三)社会主义新农村建设(2005—2012年)

通过改革开放20多年的发展,在绝大多数农民温饱问题得到解决、农村生产力持续发展、农村经营体制逐步完善的背景下,为推动农村全面小康建设进程,党的十六届五中全会明确提出建设社会主义新农村。所谓社会主义新

---

① 《中国共产党的九十年——改革开放和社会主义现代化建设新时期》,北京:中共党史出版社,2016年,第692页。

② 《邓小平文选》第3卷,北京:人民出版社,1994年,第355页。

③ 《江泽民文选》第2卷,北京:人民出版社,2006年,第24页。

④ 《中国共产党的九十年——改革开放和社会主义现代化建设新时期》,北京:中共党史出版社,2016年,第815页。

⑤ 《江泽民文选》第3卷,北京:人民出版社,2006年,第546页。

农村，是指“生产发展、生活宽裕、乡村文明、村容整洁、管理民主”①。2006 年，我国政府全面取消了农业税，中国历史上存续数千年的税种自此告别了历史舞台。根据中华人民共和国中央人民政府网站的数据，与 1999 年相比，2006 年全国农民共减轻负担约 1 250 亿元，人均减负约 140 元。2006 年，有 7.2 亿农民得到了国家财政的各项补贴共 310.5 亿元，农业综合开发共投入资金 366.4 亿元。② 在农村义务教育阶段实行普遍的“两免一补”政策，建立起新型合作医疗制度及农村最低生活保障制度，并对水、电、路、气等农村基础设施建设持续投入资金。

四、十八大以来党的“三农”思想演进和政策实践(2012 年至今)

党的十八大以来，党的“三农”工作取得了积极进展。根据国家统计局的数据，2020 年农村居民人均可支配收入达到 17 131 元，相比 2013 年增长了 81.7%；2020 年粮食产量达到 66 949 万吨，确保了我国的粮食安全，中国人的饭碗牢牢端在自己的手中；2020 年农村居民家庭恩格尔系数下降到 32.7%；国家财政农林水事务支出，从 2012 年的 11 973.88 亿元增长为 2019 年的 22 862.8 亿元，增长了 90.9%；2020 年农村居民家庭汽车拥有量增长 15.5%，已经连续 5 年明显高于城镇的增长水平。教育方面，国家统筹布局规划、改善农村办学条件、加强经费投入，实施了乡村教师支持计划、特岗教师计划，2021 年全国计划再招聘特岗教师 84 330 名；截至 2020 年底，从全国来看，医疗保险参保人数达 136 100 万人，参保覆盖面稳定在 95%以上③，已经建立了基本覆盖乡村的社会保障体系和医疗体系。

党的十八大以来，以习近平同志为核心的党中央坚持以人民为中心的发展思想，把人民对美好生活的向往作为奋斗目标，关于“三农”发展又提出了一系列新思想、新论断。

(一)实施乡村振兴战略

2013 年 12 月，在党中央同时召开的中央农村工作会议和城镇化工作会议上，习近平总书记强调：“依托现有山水脉络等独特风光，让居民望得见山、看得到水、记得住乡愁”“粗放扩张、人地失衡、举债度日、破坏环境的老路不能再走了，也走不通了”“如果城镇化路子走偏了，存在的问题得不到及时化解，

① 《胡锦涛文选》第 2 卷，北京：人民出版社，2016 年，第 412 页。
② 《中华人民共和国简史》，北京：人民出版社，2021 年，第 294 页。
③ 数据来源：根据国家统计局官方网站搜索整理，https://data.stats.gov.cn.

则可能积重难返,带来巨大风险”。[①] 习近平总书记指出:“当前,农业基础还比较薄弱,农民年龄知识结构、农村社会建设和乡村治理存在的问题则更为突出,村庄空心化、农户空巢化、农民老龄化不断加剧。这些问题带有普遍性,不仅中西部地区有,沿海发达地区也存在。”[②]“如果在现代化进程中把农村4亿多人落下,到头来‘一边是繁荣的城市、一边是凋敝的农村’,这不符合我们党的执政宗旨,也不符合社会主义的本质要求。这样的现代化是不可能成功的!”[③]“在现代化进程中,如何处理好工农关系、城乡关系,在一定程度上决定着现代化的成败。从世界各国现代化历史看,有的国家没有处理好工农关系、城乡关系,农业发展跟不上,农村发展跟不上,农产品供应不足,不能有效吸纳农村劳动力,大量失业农民涌向城市贫民窟,乡村和乡村经济走向凋敝,工业化和城镇化走入困境,甚至造成社会动荡,最终陷入‘中等收入陷阱’。”[④]所以,“农业强不强、农村美不美、农民富不富,决定着亿万农民的获得感和幸福感,决定着我国全面小康社会的成色和社会主义现代化的质量。如期实现第一个百年奋斗目标并向第二个百年奋斗目标迈进,最艰巨最繁重的任务在农村,最广泛最深厚的基础在农村,最大的潜力和后劲也在农村”[⑤]。据此,“农业农村农民问题是关系国计民生的根本性问题,必须始终把解决好‘三农’问题作为全党工作重中之重”[⑥]。2020年12月28日,在中央农村工作会议上,习近平总书记强调:“从中华民族伟大复兴战略全局看,民族要复兴,乡村必振兴。”[⑦]在党的十九大上,乡村振兴战略作为新时代“三农”工作的总抓手,被提高到党和国家战略高度的位置。

为推进乡村振兴战略的实施,党中央明确提出“产业兴旺、生态宜居、乡风文明、治理有效、生活富裕”的总要求,围绕产业振兴、人才振兴、文化振兴、生态振兴、组织振兴综合施策。坚持农业农村优先发展,以建立健全城乡融合发展体制机制和政策体系作为制度保障,持续缩小城乡教育、医疗、收入等各个方面的差距。协调推进农业现代化和农村现代化,改进农业生产技术,提高农业生产效率,建设现代化的农业强国。深化农村土地制度和集体产权制度改革,保持土地承包关系稳定并长久不变,实行土地所有权、承包权、经营权“三权分置”,继续完善农村土地流转制度;核清农村集体资产数额,继续探索农村集体经济发展模式,推广农村集体经济发展的成功经验,使农村集体经济不断

---

① 习近平:《在中央城镇化工作会议上的讲话》(2013年12月12日),《十八大以来重要文献选编》(上),北京:中央文献出版社,2014年,第589—607页。

② 《习近平关于“三农”工作论述摘编》,北京:中央文献出版社,2019年,第9页。

③ 《习近平谈治国理政》第3卷,北京:外文出版社,2020年,第257页。

④ 习近平:《把乡村振兴战略作为新时代“三农”工作总抓手》,《求是》2019年第11期。

⑤ 《习近平关于“三农”工作论述摘编》,北京:中央文献出版社,2019年,第11页。

⑥ 《习近平谈治国理政》第3卷,北京:外文出版社,2020年,第25页。

⑦ 中华人民共和国中央人民政府网站,http://www.gov.cn/xinwen/2020-12/29/content_5574955.htm.

发展壮大。此外，在构建现代农业体系、促进农村三大产业融合发展、加强农村基层基础工作、锻造一批优秀的“三农”工作干部等各个方面，党中央都作出了全面部署。①

(二)决胜脱贫攻坚

中华民族奋斗的历史，就是一部与贫困斗争的历史。党的十八大以来，党中央带领全国各族人民在脱贫攻坚战役上取得了全面的胜利，现行标准下9 899万农村贫困人口全部脱贫，832个贫困县全部摘帽，12.8万个贫困村全部出列②，完成了又一个彪炳史册的丰功伟业。

脱贫攻坚充分体现了我们党全心全意为人民服务的宗旨，体现了以人民为中心的发展思想，更体现了社会主义的本质。党的十八大以来，平均每年1 000多万人脱贫，相当于一个中等国家的人口。习近平总书记指出：“全面建成小康社会、实现第一个百年奋斗目标，农村贫困人口全部脱贫是一个标志性指标。……我说小康不小康，关键看老乡，关键看贫困老乡能不能脱贫。全面建成小康社会，是我们对全国人民的庄严承诺，必须实现，而且必须全面实现，没有任何讨价还价的余地。”③

在农村决胜脱贫攻坚，是建党百年来“三农”思想发展和政策实践的一个新阶段，其主要表现：一是坚持党的领导，为农村经济发展提供组织保证和理论支持；二是坚持精准扶贫、精准脱贫，充分运用现代科学技术手段，对贫困人口进行充分的信息备案，因村因户因人施策，才能做到“精准”扶贫、脱贫；三是坚持从严要求，在实践中逐步构建一套行之有效的考核评估体系，使党的脱贫攻坚事业经得起人民和历史的检验；四是坚持人民群众主体地位，扶贫既要“扶智”，也要“扶志”；五是既要靠国家投入的大量资金去支持这项事业，也需要有一批优秀的共产党员和国家公职人员去用好这批资金，执行好国家的政策，调动起广大人民群众的积极性和创造性。

决胜脱贫攻坚是全面贯彻新发展理念的生动实践。习近平总书记指出：“理念是行动的先导，一定的发展实践都是由一定的发展理念来引领的。发展理念是否对头，从根本上决定着发展成效乃至失败。”④在整个脱贫攻坚的过程中，坚持创新是引领经济发展的第一动力，创新脱贫攻坚中的理论和政策，逐步形成一套体系严密的工作方法；坚持协调是持续健康发展的内在要求，将马克思经典作家的有关消除城乡差距、工农差距的理论结合中国实际进行创新发展，统筹、促进城乡协调发展，走出一条中国特色农业现代化道路；坚持绿

① 《习近平谈治国理政》第3卷，北京：外文出版社，2020年，第25页。

② 习近平：《在全国脱贫攻坚总结表彰大会上的讲话》，http://www.cidca.gov.cn/2021－03/03/c_1211049410.htm.

③ 习近平：《在中央扶贫开发工作会议上的讲话》(2015年11月27日)，《十八大以来重要文献选编》(下)，北京：中央文献出版社，2018年，第29—30页。

④ 《习近平谈治国理政》第2卷，北京：外文出版社，2017年，第197页。

色是永续发展的必要条件，乡村的振兴是“人与自然和解”的富裕，是“绿水青山就是金山银山”的富裕，农业的发展也绝不能停留在依靠化肥、农药的大量投入而提高产量的层次，提供更多的生态产品，提高农业全要素生产率，才是绿色农业的未来；坚持开放是国家繁荣发展的必由之路，确保中国粮食安全牢牢掌握在自己手中并不是要闭关自守，反而要坚持互利共赢的开放战略，积极借鉴学习如荷兰、美国、德国等农业强国的发展经验和科学技术，结合中国自身农业发展现状，继续探索土地集体所有基础上农村土地流转制度，提高农村规模化、集约化种植水平；坚持共享是中国特色社会主义的本质要求，《淮南子·氾论训》有言“治国有常，而利民为本”。习近平总书记也说：“人民对美好生活的向往，就是我们的奋斗目标。”[①]脱贫攻坚工作本身就是为了共同富裕，满足人民对美好生活的向往，让大家共享中国发展带来的福利。

（三）发展新型农村集体经济，走农业合作化道路

早在1992年，时任宁德地委书记的习近平同志就指出：“一些农村在实行家庭联产承包制时，没有很好理解统一经营和‘归大堆’的区别，放松‘统’的这一方面，需要统的没有统起来，不该分的却分了，其结果是原有的‘大一统’变成了‘分光吃净’，从一个极端走向另一个极端。”[②]他进一步指出：“有的同志说，只要农民脱贫了，集体穷一些没有关系。我们说，不对！不是没有关系，而是关系很大。加强集体经济实力是坚持社会主义方向，实现共同富裕的重要保证。”[③]党的十八大以来，习近平总书记更加关注农村集体经济，明确提出坚持农村土地集体所有制，发展新型集体经济，走共同富裕道路的要求。2013年，习近平总书记在中央农村工作会议上指出，“坚持农村土地农民集体所有，这是坚持农村基本经营制度的‘魂’”。2017年，中共中央组织部把“发展壮大薄弱村空壳村集体经济”列入年度基层党建工作重点任务。2016年4月25日，习近平在安徽省凤阳县小岗村——大包干发源地——主持召开农村改革座谈会时强调，“不管怎么改，都不能把农村土地集体所有制改垮了，不能把耕地改少了，不能把粮食生产能力改弱了，不能把农民的利益损害了”[④]。2021年《中共中央国务院关于全面推进乡村振兴加快农业农村现代化的意见》指出，“发展壮大新型农村集体经济”。

根据国家统计局的数据，2020年城镇居民人均可支配收入为43 834元，农村居民人均可支配收入为17 131元。现实的问题表明，中国城镇与农村之间仍旧存在着较大的差距。以问题为导向，实现农村现代化，缩小城乡之间的差距，消灭工农之间的差别，实现真正意义上的城乡之间的融合发展，我国既

---

① 《习近平谈治国理政》第1卷，北京：外文出版社，2014年，第4页。

② 习近平：《摆脱贫困》，福建：人民出版社，1992年，第192—193页。

③ 习近平：《摆脱贫困》，福建：人民出版社，1992年，第193页。

④ 《习近平在安徽省凤阳县小岗村主持召开农村改革座谈会并发表重要讲话》，http://china.cnr.cn/news/20160429/t20160429_522017410.shtml.

要形成工农互促、城乡互补、协调发展、共同繁荣的新型工农城乡关系，也要农村经济自身迸发出新的发展活力、创新机遇、前进动力。而发展新型集体经济，走农业合作化道路是必然的选择。按照否定之否定、螺旋式上升的事物发展规律，我国农村土地产权制度安排也要经历一个从曲折发展的过程，即农民拥有完整土地所有权、使用权、经营权、处置权和收益权（土改后、合作化运动前的农民土地私有制），到集体拥有土地所有权，农民只有使用权，没有处置权和收益权（合作化运动后、承包制前的农村土地集体所有制），再到集体拥有所有权，农民拥有使用权、处置权和收益权（大包干迄今的农地所有制状况），再回归到赋予农民具有物权化性质的土地财产权，通过新型农业合作化道路发展新型农村集体经济。这种回归不是重建农民土地私有制，而是按照社会主义的理念和原则建立真正意义的以农民为中心的、借助于合作社等载体的新型农村集体经济组织。

习近平总书记指出："当前和今后一个时期，要突出抓好农民合作社和家庭农场两类农业经营主体发展，赋予双层经营体制新的内涵，不断提高农业经营效率。"[①]但是，考虑到我国广大农村地区的巨大差异，"走好农业合作化的道路。我们要总结经验，在全国不同的地区实施不同的农业合作化道路"[②]。

五、结　语

回顾一百年中国共产党对"三农"问题的思想演进和政策轨迹可以发现，党围绕农业、农村、农民问题的理论与政策，始终坚持科学社会主义的一般原则，但同时紧密结合中国革命、建设、改革、发展的实际进行创造性转化、创新性发展，逐步形成了一条具有中国特色的关于农业发展、农村进步和农民富裕的道路。从新民主主义革命时期"耕者有其田"的主张和实践，到通过土地改革剥夺地主土地建立农民土地私有制，再到过渡时期通过对农业的社会主义改造，建立农村集体经济，始终都是按照农业、农村、农民发展的问题导向不断进行的艰辛探索。改革开放以来，在坚持农村土地集体所有制的前提下，从集体土地所有权与家庭承包经营权的"两权分离"，到土地集体所有权、承包权和经营权的"三权分置"，是对农业发展、农村进步和农民富裕问题做出的全新的理论探索和政策实践。特别是党的十八大以来，以习近平同志为核心的党中央围绕"三农"工作又提出了一系列新思想、新论断，特别是把乡村振兴战略作为新时代"三农"工作的总抓手，以农村为重点、决胜脱贫攻坚、发展新型集体经济等，表明党对于在中国这样一个社会主义大国如何实现农业发展、农村进

① 《习近平谈治国理政》第 3 卷，北京：外文出版社，2020 年，第 260 页。

② 习近平：《因地制宜 走好农业合作化道路》，https://www.12371.cn/2020/07/23/VIDE1595468760819643.shtml.

步、农民富裕问题的探索进入了一个全新阶段，达到一个全新的境界。党的“三农”思想演进和实践轨迹始终包含一个内在的逻辑，那就是从中国实际出发，通过农村生产关系及其具体形式的调整以促进农业生产力发展，探索农业发展、农村进步、农民富裕的中国道路。

参考文献

[1]谢地、李梓旗：《“三权分置”背景下农村土地规模经营与服务规模经营协调性研究》，《经济学家》2021年第6期。

[2]谢地、李雪松：《新中国70年农村集体经济存在形式、载体形式、实现形式研究》，《当代经济研究》2019年第12期。

[3]谢地：《马克思、恩格斯土地与住宅思想的现代解读——兼及中国土地与住宅问题反思》，《经济学家》2012年第10期。

[4]刘守英、王佳宁：《长久不变、制度创新与农地“三权分置”》，《改革》2017年第12期。

[5]蒋永穆、祝林林：《扎实推动巩固拓展脱贫攻坚成果同乡村振兴有效衔接》，《马克思主义与现实》2021年第5期。

Evolution and Policy Track of Economic Thought of “Agriculture, Rural Areas and Farmers” in the Century after the Founding of the Party

He Cheng　Xie Di

Abstract　In the past one hundred years since the thought of “agriculture, rural areas and farmers” was first established, its theoretical evolution and practice has always maintained an internal logic, that is, based on the actual situation of China, by adjusting the relations and forms of production in rural areas to promote the development of agricultural productivity and explore the way to achieve agricultural development, rural progress and farmers’ prosperity in China. Sorting out the development context and policy practice history of the agriculture, rural areas and farmers has important theoretical value and great practical significance for China to further explore the path of agricultural development, rural progress and farmers’ prosperity, and promote the implementation of the rural revitalization strategy.

Key Words　The Communist Party of China; Agriculture, Rural Areas and Farmers; Rural Revitalization; Agriculture; Rural Areas; Farmers

建党百年来的所有制变革和中国特色社会主义基本经济制度理论探索

王永兴　王　芳

内容提要　所有制是生产关系的基础,是任何社会制度的“底层”制度安排,其发展和演进契合生产力的发展对于顺利实现中华民族伟大复兴具有至关重要的意义。十九届四中全会进一步发展了我国的基本经济制度理论,表明中国特色社会主义政治经济学理论研究又取得了重大进展。本文的研究贡献包括:(1)对建党百年来所有制变革的阶段性演进特征进行了解析;(2)通过对建党至新中国成立前、改革开放前、改革开放“新时期”以及“新时代”四个阶段所有制变革历程的客观描述和梳理,总结了我国所有制变革的主要经验。

关键词　所有制;中国特色社会主义;基本经济制度
中图分类号　F0—0

党的十九大报告指出,“我们党深刻认识到,实现中华民族伟大复兴,必须建立符合我国实际的先进社会制度”①。而生产资料所有制是生产关系的基础,所有制变革体现生产关系的深层变革。根据马克思主义的基本原理,人类社会的历史演进与自然界的发展一样,都要遵循基本的客观规律,因此我们不能以割裂的态度看待历史,不能脱离实际。研究我国所有制的变革问题也必须遵循这一准则,只有通过对建党百年来所有制变革的历史事实进行客观描述和梳理,才能不断加深对中国特色社会主义基本经济制度的理解。

一、中国共产党成立至新中国成立前的所有制变革和理论探索

中共一大通过的共产党纲领明确了实施无产阶级专政、消灭资本家私有

作者简介:王永兴,南开大学副教授;王芳,南开大学硕士研究生。

基金项目:本文系国家社科基金一般项目“新时代中国共产党经济治理能力建设研究”(19BJL0008)和中央高校基本科研业务费项目“推进供给侧结构性改革研究——基于马克思主义政治经济学的视角”(63202015)的阶段性成果。

① 习近平:《决胜全面建成小康社会 夺取新时代中国特色社会主义伟大胜利——在中国共产党第十九次全国代表大会上的报告》,北京:人民出版社,2017 年。

制、没收生产资料归社会公有等目标，中共三大已经意识到在当时的条件下中国要经历资产阶级民主革命阶段，中共四大又一次明确了资产阶级性质的民主革命是中国革命必须经历的第一步。从时间维度上划分，1927—1949年是中国半殖民地半封建经济崩溃和新民主主义经济产生、发展、壮大以及在全国范围内取得胜利的阶段，大致可分为：全面抗日战争前（1927—1937年）；全面抗日战争时期（1937—1945年）；解放战争时期（1945—1949年）。中国共产党根据中国经济社会的主要矛盾运动适时推动所有制变革和经济形态转变。

（一）农业的所有制变革和理论探索

“土地制度的改革，是中国新民主主义革命的主要内容。”①土地革命将地主土地所有制变为农民土地所有制，这也是一个不断探索、修正的过程。1927年开始发动群众“打土豪分田地”，1928年6月中共六大决议提出“没收一切地主阶级的土地”，这一政策在1929年以后的多数土地革命地区得以实施。1928年12月颁布《井冈山土地法》并于1941年进行修订，1929年颁布了《兴国土地法》，均规定“没收公共土地及地主阶级土地”，并对之前“没收一切土地”的政策做出修正。

在所有制问题上经历由土地国有向农民私有的转变。上述两个土地法均规定了没收土地为国家所有，而农民只有使用权，且禁止土地买卖。这不符合当时农民对土地所有权的要求，不利于土地生产力的发挥。因此，在1930年9月中共六届三中全会上提出“不禁止土地买卖”的政策，承认了农民对土地的所有权。1931年2月，毛泽东提出过去分好的田即算分定，为农民私有，不可侵犯，处置自由，产出也归农民私有，这进一步肯定了农民对土地的私有权。在土地的分配问题上，1929年通过了《土地问题决议案》，明确规定“抽多补少、抽肥补瘦”的原则。

土地革命后，农民分得土地。但由于生产力低下、生产工具不足，农村开始开展互助合作运动。土地所有制的变革和互助合作运动的开展使得根据地的农业生产得到迅速发展。

全面抗战开始后，为团结全民族各阶层共同抗日，停止土地改革，实行减租减息。1937年8月，在《抗日救国十大纲领》中提出实行减租减息政策。同时，要求农民交租交息。减租减息削弱了封建剥削，同时维持了地主一定的经济地位，有利于形成抗日民族统一战线。解放区的各阶级的土地占有关系和经济地位发生变化，地主官僚的户数和占有土地的比例减少，贫雇农的经济地位上升，总体呈现中农化趋势。这一政策提高了农民的经济和政治地位，调动了革命和生产积极性，对抗战胜利和生产发展发挥了积极作用。但这一政策没有触及土地所有制的变革。

① 《毛泽东选集》第4卷，北京：人民出版社，1991年，第1313页。

抗战胜利后，中国共产党于 1946 年 5 月 4 日发出“五四指示”，重新掀起土地革命的浪潮，消灭封建剥削的土地所有制。“五四指示”是一个“由减租减息到彻底平分土地的过渡政策”。与 1927—1935 年的土地革命的内容和方式有所不同。这个阶段的土地革命给予中小地主更多的照顾，不动富农土地。最终实现乡村全部人口获得同等土地。

1947 年中国共产党召开全国土地会议，制定《中国土地法大纲》，提出废除封建性以及半封建性剥削的土地制度，实行“耕者有其田”的土地制度，分配方式上实行按人口平均分配的办法。这个过程也出现了侵犯中农利益、破坏工商业等乱象。1948 年毛泽东提出了“依靠贫农、团结中农、有步骤、有分别地消灭封建剥削制度，发展农业生产”这一土地革命的总路线和总政策。在区分富农和富裕中农的基础上实行完全不动中农土地政策和“中间不动两头平”的土地分配办法，在土地革命中严格保护地主、富农经营的工商业。这一阶段在保护私营经济的同时，实现了土地所有制的改革，土地归农民私有，消除封建剥削。

农村的土地所有制变革经历从“没收一切土地”到“没收一切地主阶级土地”的修正和从政府所有到农民私有的探索，最大限度地满足了当时农民“耕者有其田”的愿望，实现了消除封建地主土地所有制的第一步跨越，还未实现社会主义的土地所有制。

(二)工商业的所有制变革和理论探索

抗日战争前，根据地工业主要包括三种形式：社会主义性质的公营工业、半社会主义性质的合作社工业以及私营工业。[①] 共产党公营事业以军事工业为起点，开办兵工厂、被服厂、印刷厂、造纸厂、纺织厂以及交通、邮电等产业。合作社经济以手工业生产合作社为主，党对合作社经济的政策是“办生产合作社，由苏维埃出本钱，叫工人来工作”[②]。合作社拥有信贷和低价承接产业的优先权。1932 年颁布的《合作社暂行组织条例》规定政府要在各个方面帮助合作社发展。毛泽东提出“合作社经济和国营经济配合起来，将成为经济方面的巨大力量”[③]，社会主义性质的经济成分雏形形成。在对待私人经济的态度上，共产党内部存在分歧。李立三、王明等持“左”倾路线观点，提出无条件没收一切工厂商店，毛泽东、瞿秋白等人坚持不没收中国资本家的企业和手工业，并支持鼓励工业发展和私人投资。毛泽东在 1934 年第二次全国工农代表大会上总结了对私营工商业的政策和态度，认为“对于私人经济，只要不出于政府法律范围之外，不但不加阻止，而且要加以提倡和奖励”[④]。“尽可能地发

① 孙健：《中国经济通史》中卷，北京：中国人民大学出版社，2000 年，第 1144 页。
② 许毅：《革命根据地财政经济史长编》(上)，北京：人民出版社，1982 年，第 725 页。
③ 《毛泽东选集》第 1 卷，北京：人民出版社，1991 年，第 133—134 页。
④ 《毛泽东选集》第 1 卷，北京：人民出版社，1991 年，第 133 页。

展国营经济和大规模地发展合作社经济，应该是与奖励私人经济发展同时并进的。”[①]1927—1935年解放区初创，“左”倾路线下私人工商业几乎消失，为此解放区政府陆续组织公营商业和合作社商业，合作社商业在这个阶段发展较快，包括消费合作社、粮食合作社、购买合作社和贩卖合作社，成为较为普遍的商业形式。因此，在抗日战争前，中国共产党根据地开始出现国营经济、合作经济等社会主义性质的经济形态，但同时对私人工商业采取支持鼓励的态度。

抗战时期重点发展国营经济的同时，还注意发展合作社工业和私人工业。发展私营工业是边区发展工业总方针的组成部分，党和政府对私营工商业一直采取保护和扶持的政策。[②]

解放战争时期根据地和解放区中党和政府的商业政策是：大力发展公营商业和合作社商业，保护私营商业。与此同时没收官僚资本，接管帝国主义在华企业。1949年3月，毛泽东在共产党第七届二中全会的报告中指出：“最大的和最主要的资本是集中在帝国主义者及其走狗中国官僚资产阶级手中。没收这些资本归无产阶级领导的人民共和国所有，就是人民共和国掌握了国家的经济命脉，使国营经济成为国民经济的领导成分。这一部分，是社会主义性质的经济。”[③]在这个过程中强调严格区分官僚资本和民族资本，注重保护民族工商业。这一系列政策消灭了帝国主义在中国的特权、消除了官僚资本的剥削压迫，同时壮大了国营经济，掌握国家经济命脉。

总结上述工商业经济的发展历程，中国共产党秉持对新民主主义经济形态的理解，在新民主主义革命过程中建立和发展了国营经济、合作经济等社会主义性质的经济形态，与此同时鼓励支持私人资本主义经济和个体经济存在和发展。国营经济壮大并占主导地位，为新民主主义经济形态向社会主义经济形态过渡准备了条件。

二、新中国成立至改革开放前的所有制变革和理论探索

改革开放前的所有制变革是我国整体制度变迁中的重要一环，构成了改革的基本初始条件，具有明显的阶段性演进特征。具体而言，我们可以把改革开放前的所有制变革和理论探索具体划分为“新民主主义向社会主义过渡时期”、“全面建设社会主义时期”和“文化大革命时期”三个主要阶段，每一个阶段变革的重心、特征和效果均存在较大差异，透过这些差异可以清晰地刻画出我国改革开放前所有制变革的轨迹。

① 《毛泽东选集》第1卷，北京：人民出版社，1991年，第134页。
② 孙健：《中国经济通史》中卷，北京：中国人民大学出版社，2000年，第1274页。
③ 《毛泽东选集》第4卷，北京：人民出版社，1991年，第1253页。

(一)从新民主主义向社会主义过渡时期所有制变革和理论探索

在新中国成立初期,我国经历了一个从新民主主义社会向社会主义社会过渡的过程。毫无疑问,这一阶段构成了研究新中国所有制变革和理论探索的理论上的、逻辑上的和事实上的基本起点。这一阶段的所有制变革从1949年10月开始,到1956年底社会主义改造完成后结束。这一阶段所有制变革的核心关键词归纳起来集中体现在"立"字上,也就是在旧的私有制为主的社会经济结构之中"立"起公有制的桩基,并在此基础上不断壮大其规模和影响。

1. 允许多种经济形态共存的思想

早在1934年,毛泽东在《我们的经济政策》中就指出:"我们的国民经济,是由国营经济、合作社事业和私人事业这三方面组成的。"①1940年,毛泽东在《新民主主义论》中提出"在无产阶级领导下的新民主主义共和国的国营经济是社会主义性质的,是整个国民经济的领导力量",但同时也强调不能禁止不操纵国计民生的资本主义生产的发展。此后,在1949年3月召开的中共七届二中全会上,毛泽东进一步明确地指出:"国营经济是社会主义性质的,合作经济是半社会主义性质的,加上私人资本主义经济,加上个体经济,加上国家和私人合作的国家资本主义经济,这些就是人民共和国的几种主要的经济成分,这些就构成新民主主义的经济形态。"②1949年9月29日,政协全体会议通过的《中国人民政治协商会议共同纲领》把以上关于所有制变革的构想进一步细化,内容涵盖了每种所有制形式的基本性质、组织方式和政策定位等诸多方面,具体内容如表1所示。

表1　新中国成立初期所有制变革的基本构想

性　质	形　式	政策定位
社会主义性质的经济	国营经济	物质基础、领导力量
半社会主义性质的经济	合作经济	重要组成部分,扶助其发展,给予优待
私营经济事业	私人经营	鼓励积极性,扶助发展
国家资本主义性质的经济	合营、租借	鼓励私人资本向国家资本主义方向发展
个体经济	个体经营	保护农民已得土地的所有权

资料来源:《中国人民政治协商会议共同纲领》,北京:中华书局,1952年。

总的来看,在新中国成立初期至社会主义改造之前,我国基本延续和落实了以上关于所有制变革的思想,如毛泽东在1950年6月党的七届三中全会上就明确批评了那些提前消灭资本主义实行社会主义的思想,认为其"不适合我

① 《毛泽东选集》第1卷,北京:人民出版社,1991年,第133—134页。
② 《毛泽东选集》第4卷,北京:人民出版社,1991年,第1433页。

们国家的情况”[①]。这一时期我国五种经济成分“分工合作、各得其所”，所有制结构呈现非公有制占主体、多种经济成分并存的特点。过渡时期我国在所有制方面的探索基本符合当时生产力发展的客观要求，由此各种所有制成分协同前进，国民经济得以迅速恢复和发展。

2. 对私有制的“社会主义改造”

生产力的发展变化必然会引起生产关系的变化，人类对客观世界的探索和认识并不是一成不变的。正如卫兴华指出的：“在毛泽东的新民主主义经济思想中……关于利用和发展资本主义经济的思想，在我国的革命和建设事业中，起到了重要的有益的作用。但是有关思想并没有完全实现。”[②]就所有制问题而言，无论是从理论基础上看，还是从当时的具体实践背景上看，都蕴含了进一步变革的可能性。

首先，从理论基础上看，马克思和恩格斯在《共产党宣言》中曾明确指出“把一切生产工具集中在国家即无产阶级组成的统治阶级的手里”。但总体上看，马克思和恩格斯对落后国家单独建设社会主义的问题论述较少，可供我国借鉴的经验只能来自苏联，苏联在1924年“社会主义改造”后取得的工业化建设成就为我国进一步的所有制变革提供了理论和实践上的支持。

其次，从国内实践背景上看，私营企业的发展也逐渐暴露出了一些问题，如行贿、偷税、窃取情报等“五毒”问题，这些情况综合起来在一定程度上促使毛泽东等中央领导人下决心改变对私营经济的政策安排。从1953年开始，我国开始大规模推进“社会主义改造”，随着“一五”计划的执行，党和国家最初提出的“在相当长的时期里，民族资本主义工商业将与社会主义工商业长期共存”的设想逐渐发生了变化，体现在所有制层面的变化就是从倡导国营经济领导下的多种经济成分并存快速转向了要求全面向社会主义公有制过渡。

(二)“全面建设社会主义”时期的所有制变革和理论探索

在完成社会主义改造任务后，随着各项事业的不断推进，传统高度集中的社会主义经济体制的弊端日益凸显，以毛泽东为核心的党中央又开始了新一轮的社会主义道路探索。党的八大采纳了陈云提出的“三个主体，三个补充”的设想，即承认国家经营和集体经营是工商业的主体，但附有一定数量的个体经营作为补充，这就突破了认为社会主义只能实行单一公有制的固化认知。

1957年以后，毛泽东开始认为社会主义改造基本完成之后，“小生产还会每日每时地大批地产生资本主义和资产阶级，因而形成了一系列‘左’倾的城

---

① 《毛泽东选集》第6卷，北京：人民出版社，1999年，第71页。

② 卫兴华：《毛泽东关于国营（国有）经济的性质和作用的指导思想》，中国延安精神研究会：《纪念毛泽东同志诞辰120周年理论研讨会论文集》，2013年，第5页。

乡经济政策和城乡阶级斗争政策”①。无产阶级和资产阶级的矛盾、社会主义道路和资本主义道路的矛盾被确立为我国社会的主要矛盾，掀起了“大跃进”、“超英赶美”的浪潮。在1958年北戴河会议上，毛泽东就所有制问题发表了一系列观点，其中包括“人民公社的集体所有制中，就已经包含有若干全民所有制的成分了。这种全民所有制，将在不断发展中继续增长，逐步地代替集体所有制……有些地方，可能较慢，需要五六年或者更长一些的时间”②。刘少奇、邓小平、陈云等倡导的“包产到户”做法未得到支持，各地自发实施的“包产到户”均相继被强制取消。

客观地看，我国虽然在“全面建设社会主义”时期经受了较为严重的挫折，但在理论方面仍然取得了很多突破，社会主义事业取得了较大的进展。在理论发展方面，我们曾经强调要发展商品生产、遵守价值规律，还曾经强调反对平均主义等观点，这些探索为社会主义建设积累了宝贵的经验。

(三)“文化大革命”时期的所有制变革和理论探索

在“文化大革命”时期，虽然我国的经济和社会发展秩序遭受到巨大的破坏，但在全党和全国人民的共同努力下，我国的经济建设仍然取得了一定成绩。铁路、桥梁等基础设施建设有了一定进展，人均粮食占有量增长了14%，在核物理、人造卫星、杂交水稻等方面取得了重要技术突破。但总体上看，与“文化大革命”前后时期的发展相比，这一时期取得的成绩是有限的，亟须在所有制等各项体制机制方面解放思想，进行突破。

三、改革开放“新时期”所有制变革和理论探索

党的十一届三中全会明确指出：“实现四个现代化，要求大幅度地提高生产力，也就必然要求多方面地改变同生产力发展不适应的生产关系和上层建筑，改变一切不适应的管理方式、活动方式和思想方式，因而是一场广泛、深刻的革命。”③所有制是生产关系的集中体现，因此有序地推进所有制变革也是促进我国生产力发展的关键。我国在改革开放“新时期”的所有制变革和理论探索具体体现在对公有制变革、非公有制变革及二者关系的探索三个方面。

(一)改革开放“新时期”对公有制经济变革的探索

早在党的十一届三中全会召开之前，邓小平就指出“社会主义制度优越性的根本体现，就是能够允许社会生产力以旧社会所有没有的速度迅速发展，使

---

① 人民网:《关于建国以来党的若干历史问题的决议》，http://cpc.people.com.cn/GB/64162/71380/71387/71588/4854598.html，1981年6月27日。

② 毛泽东:《中共中央关于在农村建立人民公社问题的决议》，《人民日报》1958年9月10日。

③ 人民网:《中国共产党第十一届中央委员会第三次全体会议公报》，中国共产党历次全国代表大会数据库。

人民不断增长的物质文化生活需要能够逐步得到满足”[①]。在此思想指引下，我国的所有制变革首要的、重大的突破是从农村开始的。

1. 家庭联产承包责任制的实施

1978 年 11 月 24 日晚，安徽省凤阳县小岗村 18 位农民开始“分田到户”，由此揭开了实施“家庭联产承包责任制”的序幕。到 1981 年，全国约有一半数量的生产队实行了包产到户。农民的自发实验得到了党中央的充分肯定，1982 年 1 月中央农村工作会议明确指出：“土地等基本生产资料公有制是长期不变的，集体经济要建立生产责任制也是长期不变的……专业承包联产计酬、联产到劳、包产到户等等，都是社会主义集体经济的生产责任制。”[②]同年 9 月，党的十二大报告中首次出现了“多种经济形式并存”的提法，并从理论上阐释了并存的原因在于我国生产力总体水平较低，且发展不平衡。随后，1983 年的中央“一号文件”更进一步地明确指出家庭联产承包责任制是“在党的领导下我国农民的伟大创造，是马克思主义农业合作化理论在我国实践中的新发展”，到 1983 年底，全国已经有超过 98％的农村集体实行了家庭联产承包责任制，粮食、棉花、油料等主要农产品的产量迅速增长。

2. 乡镇集体经济的探索

改革开放后，随着计划体制的松动，各种体制外的经济活动逐渐增多，乡镇企业获取了发展机会，成为 20 世纪 80 年代至 90 年代初中国经济增长的重要推动力量。在此期间，乡镇企业产值增速更是达到了惊人的 30％，是同期国企产值增速的 3 倍。[③] 邓小平曾评价道：“我们完全没有预料到的最大的收获，就是乡镇企业发展起来了，突然冒出搞多种行业，搞商品经济，搞各种小型企业，异军突起。”[④]

乡镇企业是集体经济的重要组成部分，具有独特的优势。一方面，从所有制结构优化角度看，乡镇企业的发展有助于巩固公有制的主体地位；另一方面，乡镇企业依靠职工集资和集体自筹，减轻了国家的投资压力，同时增加了国家税收。但随着体制转型的推进，乡镇企业产权不清晰的弊端也逐渐凸显，从 20 世纪 90 年代中期开始，乡镇企业进行了大范围的产权改革。总的来看，乡镇企业的探索表现出明显的过渡和渐进特征，这种特征与我国改革的整体演进特征相契合。

在乡镇集体企业蓬勃发展的同时，我国城镇集体经济也在中央支持下取得了飞速发展。党中央、国务院先后颁布了《关于广开门路、搞活经济、解决城镇就业问题的若干决定》、《关于城镇劳动者合作经营若干政策问题的暂行规

---

① 《邓小平文选》第 2 卷，北京：人民出版社，1994 年，第 128 页。
② 《全国农村工作会议纪要》，《中华人民共和国国务院公报》1982 年第 8 期。
③ 常修泽：《所有制改革与创新》，广州：广东经济出版社，2018 年，第 50—51 页。
④ 《邓小平文选》第 3 卷，北京：人民出版社，1993 年，第 238 页。

定》等政策文件。

(二)改革开放“新时期”对非公有制经济变革的探索

1. 对个体经济变革的探索

我国在非公有制经济方面的变革首先从个体经济开始。1978 年 12 月，邓小平同志在中央工作会议上提出“以根据当地市场的需要，在征得有关业务主管部门同意后，批准一些有正式户口的闲散劳动力从事修理、服务和手工业的个体劳动，但不准雇工”。1982 年，党的十二大进一步要求“在农村和城市，都要鼓励劳动者个体经济在国家规定的范围内在工商行政管理下适当发展，作为公有制经济的必要的有益的补充”。相对于过去“拾遗补缺”的提法又是极大的突破。1982 年 12 月，全国人大通过了宪法修正案，明确规定个体经济是社会主义公有制经济的补充和保护个体经济的合法权利，在法律制度层面保障了个体经济的发展。

2. 对私营经济变革的探索

私营经济是一种生产资料属于私人所有、存在着雇佣劳动和剥削关系的私有制经济成分，面对雇工超过规定人数上限的问题，党中央在 1987 年出台了《把农村改革引向深入》的文件，正式承认私营经济的存在，并明确“雇工人数超过这个限度的私人企业，也应允许存在”①。此后，党的十三大报告又明确指出“对于城乡合作经济、个体经济和私营经济，都要继续鼓励它的发展”。1988 年，七届全国人大通过了宪法修正案，增加了“国家允许私营经济在法律规定的范围内存在和发展。私营经济是社会主义公有制经济的补充。国家保护私营经济的合法权利和利益，对私营经济实行引导、监督和管理”的表述，从而从宪法层面确认了私营经济的地位。1992 年邓小平同志“南方谈话”以后，“三个有利于”标准的提出进一步鼓励和肯定了个体私营经济的发展，随后召开的党的十四大新增加了“多种经济成分长期共同发展，不同经济成分还可以自愿实行多种形式的联合经营”的内容。个体和私营经济已经发展成为我国经济体系中一支不可忽视的重要力量。1997 年党的十五大报告明确了我国的基本经济制度，并进一步指出，“对个体、私营等非公有制经济要继续鼓励、引导，使之健康发展”。这标志着改革开放以来，在个体和私营经济发展过程中始终萦绕的思想束缚得到了极大解放。

3. 对外资经济变革的探索

改革开放后，邓小平深化了对外资重要性的认识，他意识到外资不仅对工业有推动作用，更是“发展社会生产力的一个补充”②。同时，由于社会主义的经济基础很大，外资的引入不会动摇中国的社会主义制度，利用外资是不会导

---

① 中共中央文献研究室:《十二大以来重要文献选编(下)》，北京:人民出版社，1986 年，第 1237 页。

② 《邓小平文选》第 3 卷，北京:人民出版社，1993 年，第 135 页。

致资本主义的。邓小平的言论打消了当时中国利用外资的顾虑,为改革开放进一步展开和中国经济长足发展奠定了坚实的基础。党的十二大确立了以经济建设为中心、坚持四项基本原则、坚持改革开放的基本路线。中共十三大又明确提出:"进一步扩大对外开放的广度和深度,不断发展对外经济技术交流与合作。"中共十四大提出建设中国特色社会主义市场经济的目标,与此同时经济全球化也给中国带来了巨大的机遇。随着改革开放的推进和利用外资的深化,合资企业已成为国民经济的有机组成部分,对促进国民经济发展起到了不容忽视的作用。

(三)改革开放"新时期"中国特色社会主义基本经济制度理论的形成

20世纪90年代初期,我国的所有制结构的多元化格局已经基本形成,这为所有制理论的突破提供了坚实的现实基础。1992年初,邓小平"南方谈话"对社会主义本质进行了解析,提出判断改革成效的标准是"三个有利于",这就进一步解放了思想,为所有制理论的突破提供了思想上的支撑。此后,十四大对公有制和非公有制的定位做出了更清晰的表述,为从制度的层面和高度进行凝练做好了准备。在1997年召开的中共十五大上,中央正式提出并系统表述了我国的基本经济制度理论,明确指出"公有制为主体,多种所有制经济共同发展,是我国社会主义初级阶段的一项基本经济制度"。社会主义基本经济制度理论的提出是这一时期我国在所有制变革理论上的最大突破,是过去20年我国改革实践的一次升华,也为今后的改革奠定了基础,其理论突破具体体现在以下几个方面:一是拓展了公有制经济的范围。公有制经济不仅包括传统的国有经济和集体经济,还包括混合所有制经济中的国有和集体成分。二是调整了国有经济战略布局。强调了对于关系国民经济命脉的行业和领域国有经济要占支配地位,其他行业可以通过重组提高国有资产的质量。三是提出了公有制的实现形式可以而且应当多样化。股份制作为一种资本组织形式,在社会主义也可以用,其性质取决于控股权,而公有制经济成分的主导地位决定了混合所有制经济的公有性质(逄锦聚、景维民,2018)。

在基本经济制度理论提出后,党中央不断地结合社会主义经济发展的实际完善和发展了这一理论。2002年,党的十六大又强调了"毫不动摇"和"一个统一"。即"必须毫不动摇地巩固和发展公有制经济"和"必须毫不动摇地鼓励、支持和引导非公有制经济发展",二者"统一于社会主义现代化建设的进程中,不能把这两者对立起来"①。2007年,党的十七大在基本经济制度理论中进一步强调了"两个平等",即法律上平等保护和经济上平等竞争,最终促使我国形成了各种所有制经济公平参与市场竞争,平等受到法律保护的格局。

① 中共中央文献研究室,《十六大以来重要文献选编(上)》,北京:人民出版社,2005年,第19—21页。

四、"新时代"所有制变革和理论探索

党的十八大后，中国特色社会主义进入新时代。主要矛盾的变化对所有制变革提出了新的要求，我国当前生产力发展不平衡、经济结构不平衡等问题仍然广泛存在，要充分发挥所有制等生产关系层面的变革对生产力的反作用，才能更好地满足人民群众对"美好生活"的向往。在新时代，我国在所有制变革领域进行了多方位的突破性探索。

2012年，党的十八大指出，要"毫不动摇鼓励、支持、引导非公有制经济发展，保证各种所有制经济依法平等使用生产要素、公平参与市场竞争、同等受到法律保护"。2017年，党的十九大再次强调，必须坚持和完善我国社会主义基本经济制度和分配制度，毫不动摇巩固和发展公有制经济，毫不动摇鼓励、支持、引导非公有制经济发展，使市场在资源配置中起决定性作用，更好发挥政府作用。2019年，党的十九届四中全会提出，要坚持和完善"公有制为主体、多种所有制经济共同发展，按劳分配为主体、多种分配方式并存，社会主义市场经济体制等社会主义基本经济制度"①。这表明中国特色社会主义基本经济制度的框架进一步确立，社会主义市场经济体制已经与过去所有制层面的基本经济制度以及分配制度并列，统称为社会主义基本经济制度。三种制度形成了三位一体的稳健制度体系，是对社会主义基本经济制度做出的新概括，既强调了所有制的基础地位，又强调了与分配制度、市场经济体制之间的协同关系，是对社会主义基本经济制度内涵做出的重要发展和深化。可见，"新时代"中国特色社会主义经济制度中的所有制变革无论从深度上还是从广度上都得到了极大的推进，主要表现在以下几个方面：

(一)积极发展混合所有制经济

"混合所有"的概念最早于十四届三中全会提出，党的十八大以后，我国基本经济制度理论的重大发展就具体体现在推进了对混合所有制经济的认识。党的十八届三中全会首次以中央文件的形式将混合所有制确定为国企改革的主攻方向，明确指出"国有资本、集体资本、非公有资本等交叉持股、相互融合的混合所有制经济，是基本经济制度的重要实现形式"。还指出，要"鼓励发展非公有资本控股的混合所有制企业"。党的十九大又进一步提出："深化国有企业改革，发展混合所有制经济，培育具有全球竞争力的世界一流企业。"这表明，我国发展混合所有制经济的目标路径已经明朗，已经有了清晰的理念和可操作的实施方案。

---

① 《中共中央关于坚持和完善中国特色社会主义制度 推进国家治理体系和治理能力现代化若干重大问题的决定》，《光明日报》2019年11月6日。

从理论上看，社会主义社会经济运行的微观产权基础是公有制企业，而我国现实要解决的首要问题就是如何实现公有制与市场经济相结合。理论上看，在公有制企业内部构筑多元产权主体，并以建立现代企业制度为方向，通过对国有企业公司制改造使混合所有制企业成为国民经济的主体，既实现了企业制度的创新，又保证了社会主义公有制的主体地位。

我国目前的混合所有制经济仍处在发育阶段，实践层面还存在许多制约发展的因素。但是一些地区和行业通过实践已显示出了混合所有制经济的巨大生命力，成为行业和地区的新增长点。这就要求我们进一步明确混合所有制经济的地位和作用，抓紧制定各种规范混合所有制经济的法律法规，以促进社会主义混合所有制的发展。

(二)大力开拓利用外资经济新格局

党的十八大后，中国特色社会主义进入新时代。从国内形势看，中国利用外资的质量和水平显著提高。从国际形势看，世界经济格局正经历大变革、大调整。一方面，2008年经济危机的余波还未消退，世界经济复苏艰难而曲折；另一方面，以美国为首的部分发达资本主义国家高举贸易保护主义的大旗，全球一体化进程受挫。在这样复杂的国内国际形势中，习近平总书记根据发展着的实际，汲取前人的宝贵经验，提出了一系列利用外资的新观点、新思想，这标志着中国利用外资经济思想的成熟。

改革开放40年来，外资经济对中国科技水平的提高、经济管理模式的改善、中国经济的飞速增长起到了巨大的推动作用。鉴于此，习近平总书记向世界承诺："中国利用外资的政策不会变，对外商投资企业合法权益的保障不会变，为各国企业在华投资兴业提供更好服务的方向也不会变。"①这三个"不会变"，表明中国利用外资不会停止，更不会走回头路。

全球化浪潮使国际资本、劳动力、技术等生产要素在各国之间快速流动，世界各国日益成为一个不可分割的整体。习近平总书记在全球化趋势下审视中国的发展现状，提出了构建人类命运共同体的伟大构想。"人类命运共同体"倡导的是对话协商、共建共享、合作共赢、交流互鉴、绿色低碳的国际交往方式，是一种以应对人类共同挑战为目的的全球价值观。而这一目标的实现，依赖于开放发展新理念，依赖于自贸区建设、"一带一路"倡议。利用外资也将在这一目标的引领下，向更深层次、更宽领域、更高水平上提升。

(三)充分肯定民营经济的重要地位和作用

十八大后，党和国家对民营经济的研究和重视程度又有了进一步的提高。党的十八届三中全会指出"国家保护各种所有制经济产权和合法利益，坚持权

---

① 习近平:《习近平出席博鳌亚洲论坛2018年年会开幕式并发表主旨演讲》,《人民日报》2018年4月11日。

利平等、机会平等、规则平等，废除对非公有制经济各种形式的不合理规定，消除各种隐性壁垒，激发非公有制经济活力和创造力。”党的十八届五中全会特别强调“鼓励民营企业依法进入更多领域，引入非国有资本参与国有企业改革，更好激发非公有制经济活力和创造力”。在2018年10月给受表彰民营企业家的回信中，习近平总书记又特别强调了“支持民营企业发展，是党中央的一贯方针，这一点丝毫不会动摇”。2018年11月，习近平总书记在民营企业座谈会上讲话，再次肯定了民营经济的重要作用，概括了民营经济有“五六七八九”的特征，即民营经济“贡献了50%以上的税收，60%以上的国内生产总值，70%以上的技术创新成果，80%以上的城镇劳动就业，90%以上的企业数量”①。特别是，针对2018年初社会上产生的“消灭私有制”、“民营经济离场”等论调，习近平总书记明确指出：“任何否定、怀疑、动摇我国基本经济制度的言行都不符合党和国家方针政策，都不要听、不要信！所有民营企业和民营企业家完全可以吃下定心丸、安心谋发展！”②

五、中国所有制变革和理论探索的主要经验

所有制变革问题始终是我党各项体制改革中争论分歧最大同时也是最核心的问题之一。经过不断的摸索，我党在理论和实践上都积累了丰富的经验，也取得了巨大的成就。对这些经验进行总结是一项艰巨的任务，我们认为建党百年来在所有制变革和理论探索过程中取得的主要经验包括但不限于以下四个方面：

（一）必须科学准确地理解马克思所有制理论

吸收历史的经验教训，不能犯教条主义的错误，必须把马克思主义普遍真理与中国的实际国情相结合，用科学的理论指导实践。把发展社会主义的手段和目的相混淆是错误的，过去的失误之一就在于把所有制改革理解成了建设和发展社会主义的目的而非手段，把公有制与社会主义制度划了等号。我国所有制变革的理论突破之一就是否定了把“一大二公”作为所有制是否先进的评判标准，否定了单一所有制的传统观念，与时俱进地发展了马克思的所有制理论。马克思主义强调无产阶级夺取革命政权后，必须要同以往的所有制彻底决裂，最终实现生产资料的社会占有，对此我们必须从总体和实质上进行把握，而不能教条化。我们必须要理解马克思主义者最终追求的目标是人的解放，而所有制变革的作用就是为这一目标提供支撑，因此所有制的改革必须能够促进生产力的发展，这是科学理解马克思主义所有制理论的前提。

---

① 习近平：《在民营企业座谈会上的讲话》，《光明日报》2018年11月1日。

② 习近平：《在民营企业座谈会上的讲话》，《光明日报》2018年11月1日。

(二)必须坚持“解放思想,实事求是”的思想

实践是检验真理的唯一标准,只要符合“三个有利于”的标准,任何所有制形式都可以为中国特色社会主义现代化建设服务。没有1978年5月“实践是检验真理的唯一标准”问题的大讨论,就不会有党的十一届三中全会改革开放路线的及时提出;没有邓小平1992年南方谈话“三个有利于”判断标准的确立,就不会有此后社会主义市场经济的大发展。在产权制度改革问题上反反复复的背后,实际上隐藏着一个重要的理论问题:衡量社会进步的标准究竟是生产力还是所有制?实际上,在马克思、恩格斯那里,他们不仅明确提出生产力是唯一标准,甚至进而指出罪恶的奴隶制社会与原始社会相比是历史的一大进步。邓小平南方谈话提出的“三个有利于”判断标准,是对马克思主义基本原理的正确运用。总体上看,我国所有制改革的历程就是一个不断解放思想的过程,从“资本主义尾巴”到“有益补充”,再到“毫不动摇”、“平等竞争”、“平等保护”,无一不体现了思想的解放和理论的飞跃,未来所有制改革的进一步突破也必须建立在解放思想、实事求是的基础之上。

(三)必须坚持公有制的主体地位不动摇

公有制具有私有制经济无可替代的优势,公有制为主体符合我国生产力发展的特点,公有制作用的充分发挥能够彰显我国社会主义制度的优越性,是社会主义本质属性的要求。马克思指出:“在一切社会形式中都有一种一定的生产决定其他一切生产的地位和影响,因而它的关系也决定其他一切关系的地位和影响。这是一种普照的光,它掩盖了一切其他色彩,改变着它们的特点。”[①]公有制的主体地位和影响就如同这种“普照的光”,起作用不仅体现在数量方面,更体现在质的影响上。

第一,坚持公有制的主体地位才能解放和发展生产力。改革开放40年来,我国已经建立起比较健全的现代化工业体系,社会化大生产已经成为社会生产的主流,坚持公有制为主体的地位符合生产力发展的基本要求。

第二,坚持公有制的主体地位是坚持社会主义制度的要求。不论生产的社会形式如何,劳动者和生产资料始终是生产的因素。但是,二者在彼此分离的情况下只在可能性上是生产因素。凡要进行生产,就必须使它们结合起来。实行这种结合的特殊方式和方法,使社会结构区分为各个不同的经济时期,其中社会主义制度的基本经济特征就在于生产资料由劳动者共同所有。

第三,只有坚持公有制的主体地位才能保证分配过程的合理化。只有劳动者共同占有生产资料,才能防止个人通过垄断性地占有和控制生产资料进而控制收入分配过程,才能建立起公平的收入分配制度,为实现共同富裕的目标奠定基础。

---

① 《马克思恩格斯文集》第8卷,北京:人民出版社,2009年,第31页。

第四，只有劳动者共同占有生产资料，才能保证社会主义生产的目的是满足人民群众对美好生活的向往。

（四）必须毫不动摇地鼓励、支持和引导非公有制经济发展

虽然改革开放以来我国生产力发展整体水平已经有了巨大的提高，但必须认识到，仍处于并将长期处于社会主义初级阶段是我国的基本国情，生产力发展的多层次性和不平衡性仍将长期存在，这就决定了生产关系要与之相适应，因此必须要毫不动摇地鼓励、支持和引导多种非公有制经济成分的发展。在 2018 年 11 月召开的民营企业座谈会上，习近平总书记再次强调"非公有制经济在我国经济社会发展中的地位和作用没有变！我们毫不动摇鼓励、支持、引导非公有制经济发展的方针政策没有变！我们致力于为非公有制经济发展营造良好环境和提供更多机会的方针政策没有变！我国基本经济制度写入了宪法、党章，这是不会变的，也是不能变的"。当然，对非公有制经济发展过程中暴露出的侵吞国有资产等问题也必须重视，防止其不利影响。

我国所有制变革积累的宝贵经验是极其丰富的，还包括必须积极推进公有制实现形式的多样化、调整和优化国有经济战略布局、健全国有资产监督管理体制、积极发展混合所有制经济等诸多方面。随着改革开放的不断深化，在马克思主义基本原理的指引下，我国的所有制变革还将不断深化，中国特色社会主义的实践土壤必将孕育出更多丰硕的理论果实。

参考文献

[1]《刘少奇选集》上卷，北京：人民出版社，1981 年。

[2]《习近平谈治国理政》第 2 卷，北京：外文出版社，2017 年。

[3]赵德馨：《中国近现代经济史：1842—1991》，厦门：厦门大学出版社，2013 年。

[4]逄锦聚、景维民等：《中国特色社会主义政治经济学通论（修订版）》，北京：经济科学出版社，2018 年。

[5]逄锦聚、刘凤义等：《奋斗与创新——新中国经济理论与实践 70 年》，北京：经济科学出版社，2019 年。

Ownership Reform, Theoretical Exploration and the Formation and Development of the Basic Socialist Economic System with Chinese Characteristics in the Past Century

Wang Yongxing　Wang Fang

Abstract　Ownership is the basis of production relations and the "bottom" institutional arrangement of any social system. Its development and evolution, when in line with the development of the productive forces, are of great significance to the successful realization of the great rejuvenation of the Chinese nation. The Fourth Plenary Session of the 19th CPC Central Committee further developed the theory of China's basic economic system, indicating that the theoretical research of socialist political economy with Chinese characteristics has made further great progress. The contributions of this paper include: (1) analyzing the characteristics of the gradual evolution of ownership reform in the past century since the founding of the Party; (2) by objectively describing and sorting out the ownership reform process in four stages from the founding of the Party to before the founding of the People's Republic of China, before the reform and opening-up, in the new period of reform and opening-up, and in the New Era, summarizing the main experience of ownership reform in China.

Key Words Ownership; Socialism with Chinese Characteristics; Basic Economic System

新时代金融工作重要论述的思想探析

信瑶瑶　张顺雅

内容提要　新时代以来中国金融进入新发展阶段,党中央对此做出系列部署,尤其是习近平有关金融工作的重要论述形成了丰富的思想内容。该思想继承了改革开放以来党的历代领导人关于金融发展的重要认识,是在深刻总结我国金融发展历程的基础上,结合马克思主义金融理论,为应对和破解当前我国面临的各种金融问题所做出的一系列重大判断和明确要求。这一思想可以从五个方面展开理解:"金融是国家重要的核心竞争力"的逻辑基点;"以服务实体经济、服务人民生活为本"的价值标准;"防范化解金融风险"的根本任务;"金融供给侧结构性改革"和"扩大金融对外开放"的行动路径,以及"加强党对金融工作的领导"的基本保障。习近平关于金融工作的重要论述,在实践上探索出了一条中国特色社会主义的金融发展道路,在理论上开拓了当代中国马克思主义政治经济学在金融视域的新境界。未来,应进一步加强对该重要论述的学习与把握,致力将我国建设成为社会主义现代化金融强国。

关键词　习近平;金融思想;现代化金融强国;马克思主义中国化

中图分类号　F092;F832.0

纵观世界经济大国的崛起,无一不是伴随着国家金融实力的强大。强大的国家金融实力可以有效运用金融手段配置全球资源,从而实现国家利益最大化,使一国"在激烈的国际政治经济博弈中占据优势、获得利益"①。当前,我国已处于世界经济体系中的"准中心"地位,更加有必要建成与经济地位相匹配的金融强国。② 新时代以来,习近平总书记高度重视我国金融工作,在深

作者简介:信瑶瑶,中共上海市委党校经济学教研部讲师、复旦大学经济学院博士后;张顺雅,中共上海市委党校经济学教研部硕士研究生。

基金项目:本文系国家社会科学基金重大项目"近代以来中国经济学构建的探索与实践研究"(17ZDA034)、上海市哲学社会科学规划青年课题"改革开放以来上海营商环境建设思想研究"(2018EJL004)的阶段性成果。

① 杨世伟:《习近平关于金融重要论述的核心要义探析》,《经济学家》2020 年第 9 期。

② 程恩富:《新马克思经济学综合学派关于中外经济关系的理论与政策》,《武汉科技大学学报(社会科学版)》2021 年第 1 期。

刻总结我国金融发展历程、借鉴国际金融发展经验、结合马克思主义金融理论的基础上，聚焦我国新时期面临的新问题，做出了一系列重大判断和明确要求，蕴含了丰富的金融思想，为我国金融发展提供了重要的指导原则和基本思路。习近平关于金融工作的重要论述，是习近平新时代中国特色社会主义经济思想的重要组成部分，也是中国特色社会主义政治经济学的最新成果之一，对其充分学习和把握，不仅有助于应对当前新发展格局下面临的一系列新挑战，也有助于增强中国特色社会主义的道路自信和理论自信。

一、习近平关于金融工作重要论述的思想渊源

习近平关于金融工作的重要论述，不仅充分继承了改革开放以来党的历代领导人在探索中国道路过程中形成的关于金融发展的重要认识和实践经验，而且在深刻总结我国金融发展历程的基础上，在马克思主义金融理论的指导下，为应对和破解当前我国面临的各种现实问题进行了积极探索与尝试。

(一)思想承接:改革开放以来党的历代领导人对金融发展的重视

改革开放以来，党的历代领导人始终重视金融的作用。1991 年邓小平在上海视察时指出，“金融很重要，是现代经济的核心。金融搞好了，一着棋活，全盘皆活”[①]。1992 年党的十四大确立了社会主义市场经济体制的改革方向，金融的重要性进一步凸显。1997 年，江泽民在全国金融工作会议上明确表示，“金融在调节经济中发挥着越来越大的作用”，做好金融工作已成为“国民经济持续快速健康发展的基本条件”，否则会“影响经济社会稳定，妨碍整个改革和发展的进程”，因此“我们要比以往任何时候都更加重视金融工作”[②]。可见，在社会主义市场经济中，金融是影响社会稳定以及整个改革和发展进程的重要因素。随着我国逐渐融入全球经济体系，国内外金融联系日益紧密，国内经济持续快速发展，对金融的需求也越来越大。为此，2007 年胡锦涛在中央政治局集体学习中再次深化了对“金融是现代经济的核心”这一重要认识的分析，不仅指出金融对我国经济社会的影响日益广泛，而且指出金融安全关系到了改革发展进程甚至国家经济安全和社会政治稳定，是“关系全局的重大问题”[③]。在 2008 年全球金融危机后，推动国际金融体系改革成为新的焦点，胡锦涛指出“保持经济增长是应对金融危机的重要基础”，应“坚持建立公平、公正、包容、有序的国际金融新秩序”的国际金融体系改革方向。[④] 总之，上述思想探索为党的十八大后习近平关于金融核心作用、金融安全、金融“服务人民

---

① 《十三大以来重要文献选编》(下)，北京：人民出版社，1993 年，第 1440—1441 页。
② 《江泽民文选》第 2 卷，北京：人民出版社，2006 年，第 71 页。
③ 《胡锦涛文选》第 2 卷，北京：人民出版社，2016 年，第 605—606 页。
④ 《胡锦涛文选》第 3 卷，北京：人民出版社，2016 年，第 138 页。

生活为本”的思想等提供了思想积累，同时也对习近平金融开放、金融风险防范、金融服务实体经济等思想的形成和完善奠定了思想基础。

(二)现实基础:中国金融改革和发展的实践与成就

中国共产党的金融实践探索可以追溯到新民主主义革命时期。当时，中国共产党在革命根据地进行了包括发行货币、组建金融机构以及开展信贷业务等的一系列金融活动，并随着根据地的扩大而逐渐形成了根据地银行体系①，为新中国成立之初的金融制度建设积累了一定经验。在1949—1978年的社会主义革命和建设时期，金融业经过社会主义改造，形成了以中国人民银行为核心的“大一统”金融体系，为新中国成立初期的国民经济恢复、国家工业化及基础设施建设做出了重要贡献。1978年改革开放后，随着社会主义市场经济体制的确立以及国际化的推进，我国金融体制展开了全面的市场化改革，不仅形成了包括中央银行、商业银行、政策性银行在内的多元化金融体系，而且在金融开放方面也取得了较大进展。这一时期，金融在资源配置和宏观调控方面发挥了重要作用，而且成功应对了1997年亚洲金融危机和2008年全球金融危机，成为推动我国经济社会健康、平稳、有序发展的重要力量。党的十八大以来，我国“金融产品日益丰富，金融服务普惠性增强，金融改革有序推进，金融体系不断完善，人民币国际化和金融双向开放取得新进展，金融监管得到改进，守住不发生系统性金融风险底线的能力增强”②，目前“已成为重要的世界金融大国”③。但同时，我国金融领域仍面临许多严峻挑战，尤其金融发展水平还不适应当前我国经济高质量发展的总体要求。总的来说，自近代以来我国在金融工作中的实践与经验，为习近平关于金融工作重要论述的形成提供了现实依据，而当前面临的问题与挑战，也成为推动其思想发展与完善的动力所在。

(三)理论指导:马克思主义经典作家的金融理论

当前，面对复杂多变的国内外经济形势和纷繁多样的经济现象，习近平强调必须始终坚持以马克思主义政治经济学理论来指导我国的经济发展实践，因为“学习马克思主义政治经济学基本原理和方法论，有利于我们掌握科学的经济分析方法，认识经济运动过程，把握社会经济发展规律，提高驾驭社会主义市场经济能力”④。作为科学的指导思想，习近平关于金融工作的重要论述正是以马克思主义经典作家的金融学说为理论溯源。例如，马克思关于借贷资本的论述为揭示金融与实体经济之间的关系提供了理论基础。马克思指出，“货币放出即贷出一定时期，然后把它连同利息(剩余价值)一起收回，是生

① 信瑶瑶:《新中国70年银行制度建设:思想演进与理论创新》,《财经研究》2019年第12期。

② 《习近平谈治国理政》第2卷，北京:外文出版社，2017年，第278页。

③ 习近平:《金融活经济活金融稳经济稳 做好金融工作维护金融安全》,《人民日报》2017年4月27日。

④ 《十八大以来重要文献选编》(下)，北京:中央文献出版社，2018年，第3页。

息资本本身所具有的运动的全部形式"①,而借贷资本本身不创造价值,它只有与产业资本和商业资本等职能资本相结合才能发挥资本的作用。也就是说,金融本身并不能创造价值,只有与实体经济相结合才能够真正创造出价值。再如,马克思关于资本性质的认识为分析金融"脱实向虚"提供了指导。马克思指出,资本家是在流通过程中获取利润的,因为"以实在货币为起点和终点的流通形式G…G′,最明白地表示出资本主义生产的动机就是赚钱。生产过程只是为了赚钱而不可缺少的中间环节,只是为了赚钱而必须干的倒霉事"②。这就是说,资本的逐利性会促使其脱离生产过程来寻求高额回报,而该过程会催生高风险、高收益的金融产品创新,并最终形成金融风险。此外,马克思关于信用制度的理解也为金融监管提供了分析逻辑。马克思指出,大部分的社会资本被其非所有者所使用,这些使用者"办起事来和那种亲自执行职能、小心谨慎地权衡其私人资本的界限的所有者完全不同"③,未加监管的信用制度会促使资本使用者滥用他人资本进行投机活动,最终导致生产过剩和投机过度。

二、习近平关于金融工作重要论述的思想内涵

习近平关于金融工作的重要论述并不是零散的观点表达,而是基于一个逻辑基点,在内容上相互联系、彼此贯通、互为支撑且具有统一的价值取向,科学、准确地呈现了习近平关于金融工作的整体思路,其内涵可以从以下几个方面进行理解:

(一)逻辑基点:"金融是国家重要的核心竞争力"

为什么重视金融发展?对于该问题的回答涉及对金融功能和地位的明确认识与合理定位,即构成了习近平关于金融工作重要论述的逻辑起点。党的十八大以来,习近平两次强调"金融是国家重要的核心竞争力,金融安全是国家安全的重要组成部分,金融制度是经济社会发展中重要的基础性制度"④,从三个方面反映了金融在我国国家层面战略地位的提升,阐释了金融对于我国经济发展以及社会稳定的重要性,说明了习近平重视金融工作的原因。

首先,将金融作用上升到国家核心竞争力的高度。正如前文所述,改革开放以来党的领导人对"金融是现代经济的核心"这一重要作用已有了深入认识,而习近平在此基础上进一步确立了其作为国家重要核心竞争力的地位。

① 马克思:《资本论(节选本)》,北京:人民出版社,2016年,第487页。
② 马克思:《资本论》第2卷,北京:人民出版社,2018年,第67—68页。
③ 马克思:《资本论(节选本)》,北京:人民出版社,2016年,第514页。
④ 分别是2017年7月的第五次全国金融工作会议和2019年2月22日的中共中央政治局第十三次集体学习。

他从金融与经济的关系清楚阐释了金融的本质和规律，即“金融活，经济活；金融稳，经济稳。经济兴，金融兴；经济强，金融强”，且形象地用“经济是肌体，金融是血脉”来形容两者“共生共荣”的关系。①

其次，将金融安全上升到国家安全的高度。党的十八大之前，领导人已经认识到，金融安全事关维护经济和社会安全的全局。党的十八大之后，随着金融风险的加剧以及金融安全意识的提高，习近平鲜明地指出，“金融安全是国家安全的重要组成部分”，“维护金融安全，是关系我国经济社会发展全局的一件带有战略性、根本性的大事”，要“切实把维护金融安全作为治国理政的一件大事”。②

最后，将金融制度提升到基础性制度的地位。金融制度决定了动员储蓄、配置资金和分散风险的机制与方式③，是市场经济正常运转的基础，因此在中国特色社会主义市场经济体制下，金融必然成为我国经济社会发展中的基础性制度，尤其是党的十八届三中全会提出要使市场在资源配置中起决定性作用，决定了当前必须充分发挥金融的宏观调控和资源配置功能。

（二）价值标准：“以服务实体经济、服务人民生活为本”

金融天然的逐利性，使其对投资周期长、回报率低的民生领域及薄弱环节的投资积极性不高，特别是在中小微企业、“三农”及“绿色”等领域。另外，2008 年国际金融危机后，我国采取了较为宽松的货币政策以应对其对实体经济的冲击，但有大量资金流向虚拟经济，实体经济反而出现“缺血”。对此，习近平指出金融要“以服务实体经济、服务人民生活为本”④。

一方面，习近平高度重视金融对实体经济发展的作用，多次强调金融要服务于实体经济。实体经济是实现经济高质量发展的根基和主体，但近年来我国经济“脱实向虚”问题严峻。⑤ 对此，习近平指出“实体经济是大国的根基，经济不能脱实向虚”⑥，而“为实体经济服务是金融的天职，是金融的宗旨，也是防范金融风险的根本举措”，故“金融要把为实体经济服务作为出发点和落脚点”。⑦ 在 2020 年以来的新冠疫情影响下，中小微企业融资难的问题更加突出。基于此，习近平强调通过“用好已有金融支持政策，适时出台新的政策

---

① 习近平：《深化金融供给侧结构性改革 增强金融服务实体经济能力》，《人民日报》2019 年 2 月 24 日。

② 习近平：《金融活经济活金融稳经济稳 做好金融工作维护金融安全》，《人民日报》2017 年 4 月 27 日。

③ 林毅夫、孙希芳、姜烨：《经济发展中的最优金融结构理论初探》，《经济研究》2009 年第 8 期。

④ 习近平：《深化金融供给侧结构性改革 增强金融服务实体经济能力》，《人民日报》2019 年 2 月 24 日。

⑤ 张军、周亚虹、于晓宇：《企业金融化的同伴效应与实体部门经营风险》，《财贸经济》2021 年第 8 期。

⑥ 习近平：《稳扎稳打勇于担当敢于创新善作善成 推动京津冀协同发展取得新的更大进展》，《人民日报》2019 年 1 月 19 日。

⑦ 习近平：《服务实体经济防控金融风险深化金融改革 促进经济和金融良性循环健康发展》，《人民日报》2017 年 7 月 16 日。

措施”[①]来支持实体经济的恢复和发展，具体包括发展普惠金融来缓解中小微企业融资问题等。[②]

另一方面，金融“以服务人民生活为本”是习近平“以人民为中心”思想在金融领域的体现，也是其基于新时代新国情对金融认识的深化。具体包括两个方面：其一，要满足经济社会不断发展的现实需要。经济社会的快速发展促进了金融场景的日益丰富，催生了人民群众的多样化金融需求，例如随着人口老龄化加剧、气候环境形势严峻、中小微企业“融资难、融资贵”等对生产生活的制约性增强，对养老金融、绿色金融、普惠金融的需求激增，然而现有金融体系难以满足这些现实需要。其二，要符合中国特色社会主义“以人民为中心”的根本立场，解决好人民群众最关心、最直接、最现实的利益问题。针对以上两个方面，习近平提出应“把更多金融资源配置到经济社会发展的重点领域和薄弱环节，更好满足人民群众和实体经济多样化的金融需求”[③]。习近平还进一步提出了精准化的金融服务理念，强调“围绕建设现代化经济的产业体系、市场体系、区域发展体系、绿色发展体系等提供精准金融服务”[④]。

（三）根本任务：“防范化解金融风险”

我国现已步入新发展阶段，面对百年未有之大变局，各种潜在金融风险不断暴露，新兴金融风险层出不穷，国际金融环境也动荡不安。对此，习近平指出防范化解金融风险是“事关国家安全、发展全局、人民财产安全，是实现高质量发展必须跨越的重大关口”，要把防止发生系统性金融风险作为金融工作的“永恒主题”和“根本性任务”。[⑤]

首先，对于潜在金融风险点，习近平要求“一定要胸中有数”，通过提高防范、监测、预判等措施，做到“不忽视一个风险，不放过一个隐患”。[⑥] 其次，对于金融风险防控原则，他强调既要“坚持底线思维，坚持问题导向”[⑦]，也要“平衡好稳增长和防风险的关系”[⑧]，还要具有主动防范意识，要“早识别、早预警、

① 《习近平重要讲话单行本》（2020年合订本），北京：人民出版社，2021年，第34页。

② 《习近平重要讲话单行本》（2020年合订本），北京：人民出版社，2021年，第64页。

③ 习近平：《服务实体经济防控金融风险深化金融改革 促进经济和金融良性循环健康发展》，《人民日报》2017年7月16日。

④ 习近平：《深化金融供给侧结构性改革 增强金融服务实体经济能力》，《人民日报》2019年2月24日。

⑤ 习近平：《加强党中央对经济工作的集中统一领导 打好决胜全面建成小康社会三大攻坚战》，《人民日报》2018年4月3日。

⑥ 习近平：《金融活经济活金融稳经济稳 做好金融工作维护金融安全》，《人民日报》2017年4月27日。

⑦ 习近平：《金融活经济活金融稳经济稳 做好金融工作维护金融安全》，《人民日报》2017年4月27日。

⑧ 习近平：《深化金融供给侧结构性改革 增强金融服务实体经济能力》，《人民日报》2019年2月24日。

早发现、早处置”[①]。再次,对于具体金融风险防控举措,习近平提出了 6 项主要任务,包括深化金融改革、加强金融监管、处置金融风险点、为实体经济发展创造良好金融环境、提高领导干部金融工作能力以及加强党对金融工作的领导,即要从金融体系、金融市场、金融监管、金融环境、领导体制等方面对防范金融风险提出具体规定,以形成“全国一盘棋的金融风险防控格局”[②]。最后,习近平不仅非常关注金融领域的新问题和新风险,强调“打击逃废债行为”、“重点针对金融市场和互联网金融开展全面摸排和查处”、“推动经济去杠杆”及“抓好处置‘僵尸企业’工作”等[③],也重视运用现代科技手段加强金融风险防范,如“稳步推进金融业关键信息基础设施国产化”以及“运用现代科技手段和支付结算机制,适时动态监管线上线下、国际国内的资金流向流量”。[④]

(四)行动路径:“金融供给侧结构性改革”和“扩大金融对外开放”

推进金融供给侧结构性改革、有序扩大金融业对外开放,是当前我国顺利开展金融工作的重要途径,也是金融高质量发展的主要抓手。

1. 金融供给侧结构性改革

当金融结构与动态发展的要素禀赋及产业结构相匹配时,能更好地促进经济增长和服务实体经济。然而,现阶段我国金融发展结构失衡问题突出。例如,金融进入实体经济的渠道不畅,导致实体经济融资困局与金融部门的资金空转现象并存;再如,居民投资需求与金融产品供给不匹配日益明显。因此,习近平明确提出,通过“贯彻落实新发展理念,强化金融服务功能,找准金融服务重点”来深化金融供给侧结构性改革,并从调整优化金融结构、完善金融体系和金融市场、提高金融服务质量等方面做出了具体要求:一是“要以金融体系结构调整优化为重点”,优化融资结构和金融机构、金融市场、金融产品的体系,提高金融服务的质量和效率;二是“要构建多层次、广覆盖、有差异的银行体系”,以市场需求为导向开放金融产品、提供金融服务;三是“要建设一个规范、透明、开放、有活力、有韧性的资本市场”,既要完善其基础性制度,也要加强对交易的全程监管;四是“提供精准金融服务”,围绕建设现代化经济的产业体系、市场体系、区域发展体系、绿色发展体系等构建一个风险投资、银行信贷、债券市场、股票市场等全方位、多层次的金融支持服务体系,并且“要更加注意尊重市场规律、坚持精准支持,选择那些符合国家产业发展方向、主业

① 习近平:《服务实体经济防控金融风险深化金融改革 促进经济和金融良性循环健康发展》,《人民日报》2017 年 7 月 16 日。

② 习近平:《金融活经济活金融稳经济稳 做好金融工作维护金融安全》,《人民日报》2017 年 4 月 27 日。

③ 习近平:《金融活经济活金融稳经济稳 做好金融工作维护金融安全》,《人民日报》2017 年 4 月 27 日。

④ 习近平:《深化金融供给侧结构性改革 增强金融服务实体经济能力》,《人民日报》2019 年 2 月 24 日。

相对集中于实体经济、技术先进、产品有市场、暂时遇到困难的民营企业重点支持”;五是推动金融服务结构和质量转变,以适应发展更多依靠创新、创造、创意的大趋势。①

2. 扩大金融对外开放

尽管当前世界经济面临较大的不确定性,单边主义、保护主义蔓延,但习近平在科学总结以往经济全球化经验的基础上,始终坚持对外开放的基本国策。特别是近年来,金融等领域的开放力度持续加大:一是在开放步伐上,习近平强调速度要“积极稳妥”,顺序要“合理安排”,以提高“金融业全球竞争能力”和“参与国际金融治理能力”;二是在开放内容上,习近平提出既要“深化人民币汇率形成机制改革,稳步推进人民币国际化,稳步实现资本项目可兑换”②,还要“大幅度放宽市场准入”和“持续放宽市场准入”;三是在金融合作交流上,不仅以合作共赢为原则,支持“多边开发融资合作中心有效运作”,鼓励多边和各国金融机构参与共建“一带一路”投融资以及开展第三方市场合作,而且强调改革国际金融体系,“提高发展中国家代表性和发言权”。③ 在扩大开放的同时,还要“提高开放条件下经济金融管理能力和防控风险能力”,因此要“加快建立完善有利于保护金融消费者权益、有利于增强金融有序竞争、有利于防范金融风险的机制”。④

(五)基本保障:“加强党对金融工作的领导”

“中国特色社会主义最本质的特征是中国共产党领导,中国特色社会主义制度的最大优势是中国共产党领导。”⑤金融是中国特色社会主义市场经济的重要构成,做好金融工作最关键的就是要有一个坚强有力、正确有效的领导核心。习近平曾多次强调党的领导对金融工作的重要意义,并对领导原则、相关部门和机构、各级领导干部都做了具体规范和要求:一是坚持党的集中统一领导,通过“完善党领导金融工作的体制机制”,熟悉金融发展战略、最新金融形势、金融方针政策,提高金融工作的决策水平,以“确保金融改革发展正确方向,确保国家金融安全”⑥;二是厘清各类权责,对于地方政府要在中央事权的前提下强化属地风险处置责任,对于金融管理部门要按照职能划分权责,而对于金融管理者,既要求“恪尽职守、敢于监管、精于监管、严格问责”,也规定“没

① 习近平:《深化金融供给侧结构性改革 增强金融服务实体经济能力》,《人民日报》2019年2月24日。

② 习近平:《服务实体经济防控金融风险深化金融改革 促进经济和金融良性循环健康发展》,《人民日报》2017年7月16日。

③ 习近平:《齐心开创共建“一带一路”美好未来》,《人民日报》2017年4月27日。

④ 习近平:《服务实体经济防控金融风险深化金融改革 促进经济和金融良性循环健康发展》,《人民日报》2017年7月16日。

⑤ 习近平:《中国共产党领导是中国特色社会主义最本质的特征》,《求是》2020年第14期。

⑥ 习近平:《金融活经济活金融稳经济稳 做好金融工作维护金融安全》,《人民日报》2017年4月27日。

有及时发现就是失职、发现风险没有及时提示和处置就是渎职”[①]；三是提高金融领导干部整体素质，一方面要加强对金融机构、金融监管部门主要负责人和高中级管理人员的监督管理[②]，尤其是关键岗位、重要人员特别是一把手[③]，另一方面要提高业务能力，特别是高级干部，既要“努力学习金融知识，熟悉金融业务，把握金融规律”，也要强化风险意识、提高监管效率[④]；四是加强金融人才队伍建设，通过加强理想信念教育和业务能力培育，打造“一支宏大的德才兼备的高素质金融人才队伍”[⑤]。总之，坚持党对金融工作的领导，不仅是我国金融工作的政治前提，也是金融改革发展的制度优势和根本保障。

三、习近平关于金融工作重要论述的价值意蕴

习近平关于金融工作的重要论述，在实践层面为新时代我国金融工作提供了行动指南和基本依据，且其思想内涵也在理论层面拓展了马克思主义的金融理论，丰富了新时代中国特色社会主义政治经济学的研究视域，是我国金融发展理论的一个重大创新成果。因此，习近平关于金融工作的重要论述，在实践和理论层面有着深厚的价值意蕴。

（一）实践层面：基于复杂多变的国内外环境，探索出了一条中国特色社会主义金融发展之路

独特的资源禀赋结构、社会经济条件以及基本经济制度，决定了我国金融发展过程中没有任何可供直接借鉴的外国经验，只能走出一条不同于传统金融发展理论所描述的道路。事实上，随着现代金融的发展和国际化的推进，金融影响范围的更深更广，金融不确定性的增加，金融风险传导的链条更长和更加隐蔽，包括发达国家在内的世界各国，在如何发展金融方面都仍在摸索之中。而习近平关于金融工作重要论述的最大实践意义在于，对我国所处金融环境和面临的金融问题做出了正确研判，对金融工作的主要方向和具体路径进行了正确指引，避免了许多发达国家曾出现的频繁金融波动甚至金融危机。在该思想指导下的中国特色社会主义金融发展之路，使我国在后危机时代世界经济的下行压力下，依然保持了经济的平稳和良好的发展态势，也有能力应

---

① 习近平：《服务实体经济防控金融风险深化金融改革 促进经济和金融良性循环健康发展》，《人民日报》2017 年 7 月 16 日。

② 习近平：《深化金融供给侧结构性改革 增强金融服务实体经济能力》，《人民日报》2019 年 2 月 24 日。

③ 习近平：《服务实体经济防控金融风险深化金融改革 促进经济和金融良性循环健康发展》，《人民日报》2017 年 7 月 16 日。

④ 习近平：《金融活经济活金融稳经济稳 做好金融工作维护金融安全》，《人民日报》2017 年 4 月 27 日。

⑤ 习近平：《服务实体经济防控金融风险深化金融改革 促进经济和金融良性循环健康发展》，《人民日报》2017 年 7 月 16 日。

对金融领域的各种“黑天鹅”和“灰犀牛”事件。中国特色社会主义金融发展之路的构筑中，蕴含了金融本质和规律与“党的领导”、“以人民为中心”等新时代中国特色社会主义思想的有机结合，在习近平关于金融工作重要论述的逻辑体系中已经揭示了中国特色社会主义金融发展之路的主要特征：首先，准确认识金融的本质和地位，对金融的重要性有着深刻判断；其次，由金融的重要性衍生出，我国金融工作必须“以服务实体经济、服务人民生活为本”，通过金融供给侧结构性改革和扩大金融对外开放推动金融高质量发展，关注“防范化解金融风险”的根本任务；最后，要始终坚持将党对金融工作的领导作为基本保障。

(二)理论层面：发展和创新了中国特色社会主义金融理论，拓展了金融视域下当代中国马克思主义政治经济学的新境界

马克思主义金融理论是习近平关于金融工作重要论述的理论来源。面对新时期的新问题，习近平指出要“揭示新特点新规律，提炼和总结我国经济发展实践的规律性成果，把实践经验上升为系统化的经济学说”①。虽然当前金融发展水平以及经济金融环境都发生了深刻变化，但金融的本质及其原理、规律并不会改变，马克思主义经典作家的相关论述依然具有一般的解释性。例如，2008 年的国际金融危机即可依据马克思主义金融危机理论进行分析，因为资本主义私有制决定了资本的私人积累，而其追逐利润的本质意味着投资的不断扩大，最终导致贫富分化日益加剧，消费需求相对不足或生产相对过剩，而这一点在美国次贷危机爆发的原因上也可以得到印证。然而，马克思主义理论的分析基础是资本主义经济社会特定历史条件下的情况，马克思对社会主义金融只有理论设想，并没有具体规划如何在社会主义条件下发展金融事业，苏联时期虽然有着大量的金融实践，但“大一统”的国有化金融体系忽视了商品经济规律，造成了金融体系僵化。对此，习近平立足我国国情和新的历史阶段，借鉴西方正反两方面经验，拓展了社会主义市场经济条件下的马克思主义金融理论。在习近平关于金融工作的重要论述中，阐释了金融与实体经济之间的关系、防范金融“脱实向虚”和加强金融监管等问题，提出了金融必须坚持服务实体经济、金融供给侧结构性改革等新论断，可视为马克思主义经济学中国化的创新成果。② 可以说，习近平关于金融工作重要论述中的思想内涵，拓展了金融视域下的当代中国马克思主义政治经济学的新境界。

① 习近平：《不断开拓当代中国马克思主义政治经济学新境界》，《求是》2020 年第 16 期。

② 程恩富：《改革开放以来新马克思经济学综合学派的十大政策创新》，《河北经贸大学学报》2021 年第 3 期。

四、结语:把握习近平关于金融工作重要论述,建设现代化金融强国

改革开放以来,我国金融业在规模上快速发展,已成为重要的世界金融大国。然而,我国金融的国际竞争力和影响力仍不足,在拓展金融政策空间、稳定金融市场、防范金融风险、维护金融安全等方面依然面临困难和挑战。金融是国民经济的"血液",各个经济领域的健康发展都离不开高质量的金融供给,因此我国要建成社会主义现代化强国,必须成为社会主义现代化金融强国。实践证明,习近平关于金融工作的重要论述是科学的、正确的金融指导思想,是符合我国现实条件且行之有效的金融发展理论。未来,应始终坚持以习近平关于金融工作的重要论述为指导,着力增强我国金融业的综合实力、提升金融竞争力和抗风险能力,将我国建设成为具有重要影响力和制度话语权的社会主义现代化金融强国,为全面建成社会主义现代化强国提供金融助力。

参考文献

[1]丁晓钦、陈昊:《回归与发展:积累的社会结构最新理论研究》,《马克思主义研究》2017 年第 2 期。

[2]韩保江:《论习近平新时代中国特色社会主义经济思想》,《管理世界》2018 年第 1 期。

[3]贾根良、何增平:《金融开放与发展中国家的金融困局》,《马克思主义研究》2019 年第 5 期。

[4]王晋斌、厉妍彤:《论中国特色社会主义金融发展与经济增长理论——中国金融发展与经济增长关系的政治经济学》,《政治经济学评论》2021 年第 12 期。

[5]杨子荣、张鹏杨:《金融结构、产业结构与经济增长——基于新结构金融学视角的实证检验》,《经济学(季刊)》2018 年第 2 期。

On the Important Exposition of Financial Work for a New Era

Xin Yaoyao　Zhang Shunya

Abstract　Xi Jinping's important exposition on financial work contains rich ideological content. This thought inherited the important understanding of the party's previous generations of leaders on financial development since the reform and opening-up, which, on the basis of a profound summary of

China's financial development process and combined with Marxist financial theory, is a series of major judgments and clear requirements made to deal with and solve the various financial problems currently facing our country. This thought can be understood from five aspects: the logical basis of "finance is an important core competitiveness of the country", the value standard of "serving the real economy and serving the people's life", the basic task of "preventing and defusing financial risks", the action path of "financial supply-side structural reform" and "expanding the financial opening-up" and the basic guarantee of "strengthening the party's leadership in financial work". Xi Jinping's financial thought has explored a financial development path of socialism with Chinese characteristics, and opened up a new realm of contemporary Chinese Marxist political economy from the financial perspective. In the future, we should strengthen the study of Xi Jinping's financial thought and make great efforts to build our country into a socialist modern financial power.

Key Words Xi Jinping; Financial Thought; Modern Financial Power; Sinicization of Marxism

中国特色社会主义政治经济学国家理论的历史逻辑与代表议题

亓为康

内容提要 国家理论一直是政治经济学研究不可忽视的重要理论问题。在经济思想史上,早期的政治经济学体系非常重视国家问题,将国家经济发展作为理论研究的目标,具有鲜明的时代特征和政策指向。马克思主义政治经济学也将国家作为一项重要研究内容,并对国家的本质及其发展消亡进行了科学的规律性探索。但在较长一段时间里,国内学界尤其是政治经济学界都没有对国家这一学术议题进行充分讨论,直到中国特色社会主义政治经济学研究热潮的兴起,国家理论才日益受到重视,并逐渐形成了“一体三翼”的研究格局,即“国家主体性”、“国家起点”、“国家性质”和“国家利益”。

关键词 国家主体性;国家起点;国家性质;国家利益

中图分类号 F120.2

党的十八大以来,习近平同志多次强调要学好用好政治经济学,并提出了坚持和发展中国特色社会主义政治经济学的重大历史任务。[①]要完成好这项历史任务,就需要系统构建中国特色社会主义政治经济学的理论体系,而国家理论无疑是其中的重要内容。近年来,中国特色社会主义政治经济学中关于国家问题的研究逐渐增多,并涌现出一批具有影响力的研究成果,这符合政治经济学理论的发展趋势。事实上,政治经济学对社会经济形态发展规律的揭示都是以一定的国家范围为前提的,并且将实现国家经济发展作为重要的价值目标,无论早期政治经济学、马克思主义政治经济学还是中国特色社会主义政治经济学均不例外。那么,如何正确理解社会主义国家的本质,特别是在新的历史条件下科学把握政治与经济的关系,已然成为中国特色社会主义政治经济学亟须解决的重要命题。基于此,本文拟回溯政治经济学国家理论的历史源流,总结中国特色社会主义政治经济学国家理论研究的有益探索,以期进

作者简介:亓为康,南开大学马克思主义学院博士研究生。

基金项目:本文系国家社会科学基金一般项目“基于马克思主义政治经济学视角的全球价值链理论研究”(18BKS005)的阶段性成果。

① 习近平:《更好认识和遵循经济发展规律 推动我国经济持续健康发展》,《人民日报》2014 年 7 月 9 日。

一步推动国家理论的时代发展。

一、早期政治经济学理论视野下的国家

作为一门研究国民经济增长和财富积累的学问，政治经济学自诞生之日起就带有鲜明的国家烙印。在早期的政治经济学体系中，重商主义流行于16世纪中叶至18世纪中叶，是一种代表商业资产阶级利益的经济学说和政策体系。由于重商主义产生的一个重要背景是民族国家的兴起，所以重商主义关注的核心问题是国家如何致富。以约翰·黑尔斯、托马斯·孟和柯尔培尔为代表的重商主义者，把追求金银货币作为经济活动的目标，认为商业资本的运行必须与国家政权相结合，他们呼吁并主张国家积极干预经济。[①] 因此，在奉行重商主义的国家里，一般都建立了强大的政府，通过授予外贸公司垄断特权、控制国内商业活动、禁止进口本国产量较多的商品或收取高额的关税等严厉的国家干预政策来确保本国在国际贸易竞争中取得优势地位。

在具体的干预方式上，早期和晚期的重商主义表现出不同的侧重点。早期的重商主义者又称"重金主义者"，他们将金银视为财富的唯一形态，主张国家采取禁止金银输出的行政命令，通过"少买"和"货币贮藏"来积累金银。实际上，当时许多国家都是以强制法令严格限制购买外国商品。与之不同的是，晚期的重商主义者已经开始用资本家而非守财奴的眼光来看待货币了，在他们看来，进口原材料、出口制成品才是国家致富的基本原则，因而应该在"多卖"和"货币运动"中实现货币增值和财富积累。由于晚期的重商主义主要围绕着如何发展本国制造业来阐述经济问题，所以该理论政策又被称为"重工主义"。毫无疑问，重商主义作为国家政权与商业资本结盟的产物，其政策导向是根据国家产业体系的建构和国际竞争格局的变化而逐渐调整的。随着资本主义经济体制在西欧各国的建立和巩固，集权国家的战略目标就从以往的规避国际竞争和扶植本国幼稚产业转向了争夺广阔的国际市场。相应地，重商主义的理论政策也实现了由内敛式的封闭保守向扩张式的殖民掠夺的转变。历史上，葡萄牙、西班牙、荷兰、英国等欧洲国家都是在重商主义理论和政策的指引下，依靠国家力量积极从事商业活动和海外扩张，先后成为世界霸主。然而，重商主义的受益者主要是国王和商业资本家，其庞大的货币财富积累并不能惠及广大民众，恩格斯对此曾有过十分形象的描述："这种从商人的彼此妒忌和贪婪中产生的国民经济学或发财致富的科学，在额角上带有最令人厌恶的自私自利的烙印。"[②]此外，重商主义尚不严谨甚至略显粗糙的理论和政策

① 张继亮、朱明仕：《经济生活中政府角色的演变：基于经济学说史的考察》，《社会科学战线》2020年第2期。

② 《马克思恩格斯文集》第1卷，北京：人民出版社，2009年，第56页。

体系，注定了它只能适用于民族国家勃兴和商业资本扩张的过渡阶段，具有鲜明的时代局限性。

亚当·斯密"富国裕民"①的经济自由思想是在对重商主义国家干预经济的批判过程中产生的。斯密认为，重商主义关于提高关税和限制商品进口的贸易保护主张，会导致国内部分商品价格上涨，这样"显然是为着生产者的利益而牺牲国内消费者的利益了"②。除个人利益外，斯密也从国家利益的角度论述了国家干预对外贸易并不能如重商主义者宣称的那样顺利夺取他国财富，反而奉行自由贸易政策可以促进国富民裕："和重商主义者的预料相反，实行开放门户并允许自由贸易的都市和国家，不但不曾因此种自由贸易而灭亡，而且因此致富。"③同时，斯密也反对国家对国内经济生活领域的过度干预，主张形成以自然权利为中心的"自然秩序"。在这种自然秩序下，每个人都从自身利益出发去从事商业活动，"个人的利害关系与情欲，自然会引导人们把社会的资本，尽可能按照最适合于全社会利害关系的比例，分配到国内一切不同用途"④，在客观上有利于整个经济社会的发展。当然在斯密看来，国家和政府并不是多余的，"看不见的手"能够发挥作用有赖于一系列前提条件，其中就包括保护国家的独立性、维护成员的基本权益、提供公共服务和基础设施。⑤此三项职责虽不与经济活动直接相关，却对经济秩序的维护起着重要作用，因而国家在自由经济制度下扮演了"守夜人"的角色。

在批驳重商主义一些错误论点的同时，斯密还创造性地提出了国际贸易优势学说。斯密指出，社会分工能够带来生产效率的提升，"劳动生产力上最大的增进，以及运用劳动时所表现的更大的熟练、技巧和判断力，似乎都是分工的结果"⑥。但是，分工的程度客观上"要受市场广狭的限制"⑦，为了克服国内市场狭小的障碍，各国就应该最大限度地开拓国际市场，以便为扩大分工的范围创造条件。事实上，斯密主张取消贸易限制的"自由放任"政策，除了有利于促进分工之外，更多的是考虑到当时英国的工业水平领先于世界，其产品在国际市场具有无可比拟的竞争优势，国际分工和自由贸易的深化拓展从根本上符合英国的国家利益。此后，大卫·李嘉图的比较优势理论更为占据优势的英国开展自由贸易的合理性提供了理论支撑。于是，以斯密和李嘉图为代表的古典政治经济学就披上了世界主义经济学的外衣，被英国等发达国家竭力鼓吹和称颂，并成为欠发达国家也推崇的永恒信条。

① 〔英〕亚当·斯密：《国富论》（下卷），郭大力、王亚南译，北京：商务印书馆，2014 年，第 3 页。
② 〔英〕亚当·斯密：《国富论》（下卷），郭大力、王亚南译，北京：商务印书馆，2014 年，第 233 页。
③ 〔英〕亚当·斯密：《国富论》（下卷），郭大力、王亚南译，北京：商务印书馆，2014 年，第 72 页。
④ 〔英〕亚当·斯密：《国富论》（下卷），郭大力、王亚南译，北京：商务印书馆，2014 年，第 204 页。
⑤ 〔英〕亚当·斯密：《国富论》（下卷），郭大力、王亚南译，北京：商务印书馆，2014 年，第 259 页。
⑥ 〔英〕亚当·斯密：《国富论》（上卷），郭大力、王亚南译，北京：商务印书馆，2014 年，第 3 页。
⑦ 〔英〕亚当·斯密：《国富论》（上卷），郭大力、王亚南译，北京：商务印书馆，2014 年，第 15 页。

弗里德里希·李斯特对世界主义经济学进行了严厉的批判，他一针见血地指出，发达国家会在取得成功后“把他逐步攀高时所使用的那个梯子一脚踢开”①，而斯密及其追随者倡导的自由贸易和自由放任政策，不过是发达国家攫取欠发达国家财富的骗术而已。在李斯特看来，世界主义经济学忽略了经济发展水平的国别差异性，也忽略了培育生产力对于一国经济发展的重要性。“它犯的严重错误是，以单纯的世界主义原则为依据，来衡量不同国家的情况，从而仅仅由于政治上的理由，忽视了生产力的世界性的发展趋势。”②理论依据的错误根源于理论假设的失真，“世界主义经济产生时所依据的假定是，世界上一切国家所组成的只是一个社会，而且是生存在持久和平局势之下的”③。显然，这种“持久和平”没有考虑到国家之间存在的政治对立和利益冲突。李斯特认为，国家在以往的政治经济学研究中受到了忽视，世界主义经济学只顾及到两个方面，“一方面是全人类，另一方面只是单独的个人”④。然而，在现实世界中，“在个人与整个人类之间还有一个中介者，这就是国家”⑤。因此，李斯特主张用“国家经济学”或“国民经济学”来替代世界主义经济学，他强调：“作为我的学说体系中的一个主要特征的是国家……我的理论体系的整个结构就是以这一点为基础的。”⑥

国家经济学以促进国家生产力发展为目标，将研究和分析的重点放在了财富产生的原因上，并强调在国内市场与国际市场采取不同的贸易政策。李斯特指出，“一国范围以内的贸易自由与国与国之间的贸易自由……这两者的性质与作用都截然不同，犹如天渊之别”⑦。在国内市场，李斯特认同自由市场机制的调节作用，但这并不意味着在国际市场也奏效。“如果压力是来自国外的雄厚势力，受到排挤的是本国工业，那么同样性质的竞争活动，就会使本国工业发生停顿状态而趋于崩溃。”⑧与率先完成工业革命的英国不同，彼时的德国工业化刚起步不久，面对来自先进工业国的产品冲击，李斯特主张实施积极的国家干预和贸易保护政策以培育本国幼稚产业，使国家摆脱在贸易竞

① 〔德〕弗里德里希·李斯特：《政治经济学的国民体系》，陈万煦译，北京：商务印书馆，2017年，第343页。

② 〔德〕弗里德里希·李斯特：《政治经济学的国民体系》，陈万煦译，北京：商务印书馆，2017年，第127页。

③ 〔德〕弗里德里希·李斯特：《政治经济学的国民体系》，陈万煦译，北京：商务印书馆，2017年，第122—123页。

④ 〔德〕弗里德里希·李斯特：《政治经济学的国民体系》，陈万煦译，北京：商务印书馆，2017年，第5页。

⑤ 〔德〕弗里德里希·李斯特：《政治经济学的国民体系》，陈万煦译，北京：商务印书馆，2017年，第171页。

⑥ 〔德〕弗里德里希·李斯特：《政治经济学的国民体系》，陈万煦译，北京：商务印书馆，2017年，第8页。

⑦ 〔德〕弗里德里希·李斯特：《政治经济学的国民体系》，陈万煦译，北京：商务印书馆，2017年，第18页。

⑧ 〔德〕弗里德里希·李斯特：《政治经济学的国民体系》，陈万煦译，北京：商务印书馆，2017年，第284页。

争中的劣势地位。他形象地比喻道:“一个孩子同一个壮汉角力时没有获胜希望,甚至无法试图作出有效抵抗”[①],所以应该使欠发达国家的市场与发达国家隔离开来,避免发达国家通过高效率市场机制毁坏欠发达国家的新兴工业。[②] 李斯特的国家经济学不仅系统阐述了欠发达国家面对发达国家竞争压力下的过渡性政策选择,还揭示了经济发展的历史阶段性和各国国情的特殊性,进而成为德国历史学派的理论先驱,其思想见解即使在今天也依然具有重要的现实意义。

简言之,在早期政治经济学体系中,无论是重商主义、古典政治经济学还是李斯特的国家经济学,无一例外都试图阐明国家在经济社会发展中的地位、作用和影响,并将国家经济发展作为其理论研究的目标,具有鲜明的时代特征和政策指向。然而,在具体的路径选择上,却出现了自由主义和国家主义的两条不同的理论脉络。前者以斯密和李嘉图为代表,从古典到新古典再到如今的西方主流经济学,都延承了自由主义传统,主张把国家职能严格框定在维护经济秩序和提供公共服务的有限范围内。后者则以李斯特及其创立的德国历史学派为代表,他们将国家视为秩序和法规的创造者,崇信国家干预和贸易保护政策。客观而言,无论是自由主义还是国家主义的路径选择,都曾对西欧和美国等不同类型国家的现代化发展起到了重要作用。但是,从政治经济学的价值属性看,由于抽象掉了生产关系的影响,这些经济学说的分析思路只是“在表面的联系内兜圈子”[③],难以解释国家经济发展与国民个人发展的关系,更难以解释在国家实现经济发展之后工人生活状况依旧堪忧的现实。因此,在马克思和恩格斯看来,早期政治经济学中关于市场机制与国家干预、自由贸易与关税保护的争论,对于工人阶级而言并无实质差别,因为无论采取何种政策取向,“工人得到的工资都不会多于他维持起码生活所绝对必需的”[④]。这充分体现了上述经济学说旨在维护资产阶级利益的狭隘立场。

二、马克思主义经典作家对国家本质及其发展消亡的揭示

马克思和恩格斯在对他们之前的国家理论进行深刻批判之余,也对国家的本质及其消亡进行了科学揭示,这种揭示是以探究国家起源为前提的。马克思和恩格斯始终致力于掀开国家起源的神秘面纱,证明国家不是从来就有的,而是“社会在一定发展阶段上的产物”[⑤]。马克思最早集中对国家问题进

① 〔德〕弗里德里希·李斯特:《政治经济学的国民体系》,陈万煦译,北京:商务印书馆,2017年,第285页。

② 贾根良:《李斯特经济学的历史地位、性质与重大现实意义》,《学习与探索》2015年第1期。

③ 《马克思恩格斯文集》第5卷,北京:人民出版社,2009年,第99页。

④ 《马克思恩格斯全集》第4卷,北京:人民出版社,1958年,第68页。

⑤ 《马克思恩格斯文集》第4卷,北京:人民出版社,2009年,第189页。

行思考是在《黑格尔法哲学批判》中，他在支持黑格尔将市民社会与政治国家区别开来的同时，也指出黑格尔错误地分析了二者的关系。在马克思看来，真正推动政治国家发展的，并非是国家理念本身，而是家庭和市民社会。马克思指出："家庭和市民社会是国家的前提，它们才是真正的活动者，而思辨的思维却把这一切头足倒置。"①在《家庭、私有制和国家的起源》中，恩格斯进一步运用历史唯物主义的方法论原则对国家起源进行了考察，他认为，以私有制为基础的生产方式导致社会分裂为不同的阶级，这时候国家就产生了，它是阶级对立不可调和的产物。"在经济发展到一定阶段而必然使社会分裂为阶级时，国家就由于这种分裂而成为必要了。"②因此，国家起源和阶级对立紧密联系在一起，"到目前为止在阶级对立中运动着的社会，都需要国家"③。面对存在着经济利益相互冲突的阶级，国家以"一种表面上凌驾于社会之上的力量……把冲突保持在'秩序'的范围以内"④。但是，控制阶级冲突并不意味着消弭了阶级矛盾，而是统治阶级经由国家政权实现了对被统治阶级的压迫。正如马克思和恩格斯指出的："国家是统治阶级的各个人借以实现其共同利益的形式。"⑤这种形式使得国家兼具政治统治和社会管理的双重职能身份，"而且政治统治只有在它执行了它的社会职能时才能持续下去"⑥。统治阶级社会管理成效的优劣程度直接决定了其政治统治的合法性，因而国家作为阶级统治工具发挥经济职能是进行社会管理的题中应有之义。

马克思和恩格斯对现代资产阶级国家的经济职能进行了深刻透视，指出"现代国家，不管它的形式如何，本质上都是资本主义的机器，资本家的国家，理想的总资本家"⑦。显然，资产阶级国家是为了维护资本主义生产关系的存续而存在的，资本和雇佣劳动的对立构筑起资本主义生产关系的两极，所以国家"公开承认的目的就是使资本的统治和对劳动的奴役永世长存"⑧。在资本萌芽阶段，国家政权为资本主义生产方式的诞生提供了扶持和帮助。一方面，国家通过对私人予以资金补助，使一大批货币占有者蛹化为资本家，或者通过授予特许权，"促使对某些工商业部门的经营享有合法垄断权的公司的形成"⑨。诸如英国的东印度公司和南海公司都是在国家特许垄断权的支持下迅速发展起来的，成为现代股份公司的前驱。另一方面，国家政权成为资本主义经济发展的强力助推器，为资本家顺利攫取剩余价值提供保障。"新兴的资

① 《马克思恩格斯全集》第1卷，北京：人民出版社，1956年，第250页。
② 《马克思恩格斯文集》第4卷，北京：人民出版社，2009年，第193页。
③ 《马克思恩格斯文集》第3卷，北京：人民出版社，2009年，第561页。
④ 《马克思恩格斯文集》第4卷，北京：人民出版社，2009年，第189页。
⑤ 《马克思恩格斯文集》第1卷，北京：人民出版社，2009年，第584页。
⑥ 《马克思恩格斯文集》第9卷，北京：人民出版社，2009年，第187页。
⑦ 《马克思恩格斯文集》第3卷，北京：人民出版社，2009年，第559页。
⑧ 《马克思恩格斯文集》第2卷，北京：人民出版社，2009年，第104页。
⑨ 《马克思恩格斯文集》第5卷，北京：人民出版社，2009年，第358页。

产阶级……为了延长工作日并使工人本身处于正常程度的从属状态,就需要并运用国家权力。这是所谓原始积累的一个重要因素。"①此外,资产阶级国家还通过"殖民制度、国债制度、现代税收制度和保护关税制度"②等方式来推动资本的原始积累。

随着资本主义生产方式的确立以及机器大工业的发展,孤立和单个的资本家愈发难以驾驭资本,这就要求作为资产阶级统治工具的国家发挥经济职能,弥补私人资本的局限性,为资产阶级压迫和剥削无产阶级提供便利。"与此同步,国家政权在性质上也越来越变成了资本借以压迫劳动的全国政权"③,这样,"国家政权的纯粹压迫性质就暴露得更加突出"④,"现代的国家政权不过是管理整个资产阶级的共同事务的委员会罢了"⑤。而当资本主义进一步发展到国家所有制或者国家垄断资本主义时,国家对人民的剥削也更甚于前:"它越是把更多的生产力据为己有,就越是成为真正的总资本家,越是剥削更多的公民。"⑥由于资产阶级国家经济职能的发挥是以实现资本价值增殖为中心的,并以保证社会总资本再生产的循环运动为主线,所以促进资本价值增殖就成为国家经济职能发挥的内生动力。当然,工人阶级对于资产阶级的剥削绝不是逆来顺受的,在他们为争取自身权益联合起来进行激烈反抗时,代表资产阶级整体利益的国家也可能会要求资产阶级作出让步,在一定程度上保障工人阶级的权益,以确保生产和积累的顺利进行。但是在马克思和恩格斯看来,国家对阶级冲突进行调停仅仅是一种平衡斗争阶级的例外情况,这种平衡是要"把资本和劳动之间的斗争限制在对资本有利的范围内"⑦,只要资本主义生产关系能够存续,资产阶级的统治就得到了保障,资本的价值增殖运动就能永不停歇。

由此可见,不管采取何种形式,国家政权实质上都是"一个阶级用以压迫另一个阶级的有组织的暴力"⑧。既然国家的存在与阶级的产生是共时性的,那么随着阶级对立的消失,国家亦会走向历史的终点。因此,马克思和恩格斯把国家消亡的观点也作为其国家理论的一部分,并指出:"阶级统治一旦消失,目前政治意义上的国家也就不存在了。"⑨按照马克思和恩格斯的科学预测,未来社会将是每个人实现自由而全面发展的共产主义社会,生产力的高度发达将为埋葬资本主义、实现"人性的复归"创造物质条件。届时,资产阶级赖以

---

① 《马克思恩格斯文集》第5卷,北京:人民出版社,2009年,第847页。
② 《马克思恩格斯文集》第5卷,北京:人民出版社,2009年,第861页。
③ 《马克思恩格斯文集》第3卷,北京:人民出版社,2009年,第152页。
④ 《马克思恩格斯文集》第3卷,北京:人民出版社,2009年,第152页。
⑤ 《马克思恩格斯文集》第2卷,北京:人民出版社,2009年,第33页。
⑥ 《马克思恩格斯文集》第3卷,北京:人民出版社,2009年,第559—560页。
⑦ 《马克思恩格斯文集》第5卷,北京:人民出版社,2009年,第851页。
⑧ 《马克思恩格斯文集》第2卷,北京:人民出版社,2009年,第53页。
⑨ 《马克思恩格斯文集》第3卷,北京:人民出版社,2009年,第406页。

生存的剥削制度已经土崩瓦解，由人的充分发展所带来的人与人之间的真正平等将会到来，国家也将走向消亡，被“放到它应该去的地方，即放到古物陈列馆去，同纺车和青铜斧陈列在一起”①。

当然，国家作为整个社会的真正代表，使其走向消亡的历史条件还远未达到。事实上，人类目前仍处于民族国家的历史发展阶段，国家不仅是生产力与生产关系矛盾运动的空间载体，也是经济基础赖以存续的最重要的上层建筑之一。列宁在《国家与革命》中坚持了马克思和恩格斯关于国家消亡的基本观点，同时更为深刻地认识到这一历史过程的长期性，明确指出“国家完全消亡的经济基础就是共产主义的高度发展”②，而在资本主义向共产主义的过渡时期必须保持国家建制。因为在这一时期，“还需要有国家在保卫生产资料公有制的同时来保卫劳动的平等和产品分配的平等”③。列宁把共产主义第一阶段的国家称为“没有资产阶级”的“资产阶级国家”，认为它已经不具备阶级压迫工具的属性，只具有社会管理的职能。至于国家最终消亡的具体形式，列宁将其视为一个“悬案”，因为“现在还没有可供解决这些问题的材料”④。如果说马克思和恩格斯深入阐述了国家“是什么”的问题，对于国家的本质及其发展消亡进行了规律性探索，那么列宁则科学回答了社会主义阶段“为什么”依然需要国家的问题，由此构筑起中国特色社会主义政治经济学探讨国家问题的重要理论前提。

三、将国家纳入中国特色社会主义政治经济学的分析框架

尽管国家理论只是散见于马克思主义经典作家的大量论著之中，并没有成为马克思主义理论尤其是政治经济学理论体系的独立组成部分，但它的重要性依旧不言而喻。无论是《〈政治经济学批判〉导言》里的“五篇结构”⑤，还是《〈政治经济学批判〉序言》里的“六册计划”⑥，都出现了“国家”的身影，这无疑从侧面印证国家在马克思政治经济学研究的庞大计划中占据重要位置。遗憾的是，由于种种原因，马克思直到逝世也未能完成其写作计划，但这也为后续国家理论的研究留下了更大的探索空间。进入20世纪以后，国外马克思主义国家理论呈现多元化发展态势，国外马克思主义学者在经典作家对国家的本质、职能和前途等论述的基础上，不再局限于单纯的国家阶级分析，而是从理论层面深入研究了当代资本主义国家的民主性、自主性、意识形态和经济职

① 《马克思恩格斯文集》第4卷，北京：人民出版社，2009年，第193页。
② 《列宁选集》第3卷，北京：人民出版社，2012年，第197页。
③ 《列宁选集》第3卷，北京：人民出版社，2012年，第195—196页。
④ 《列宁选集》第3卷，北京：人民出版社，2012年，第198页。
⑤ 《马克思恩格斯文集》第8卷，北京：人民出版社，2009年，第33页。
⑥ 《马克思恩格斯文集》第2卷，北京：人民出版社，2009年，第588页。

能等一系列问题。例如,密里本德从阶级统治与国家机器的相互关系视角深入考察了资本主义国家的性质,提出了工具主义的国家理论;普兰查斯则运用结构主义的方法,对资本主义国家的基本特征、经济职能和相对自主性等问题进行了颇有见地的分析;奥菲通过对现代福利国家的深入研究,探讨了现代福利国家的矛盾和危机;杰索普则不局限于资本逻辑和阶级分析,提出了国家的策略关系理论。[①] 上述研究极大地丰富和发展了经典马克思主义国家理论的内容,也为后续资本主义国家新问题的解决提供了关键性的理论支持。但是,在较长一段时间内,国内学界尤其是政治经济学界都没有将"国家"作为一个学术议题进行充分讨论,这使得马克思主义经典作家留下的国家理论遗产在中国未能得到很好的继承。

政治经济学研究有意无意地忽略了国家问题,一个很重要的原因是受西方经济学的影响。随着近现代社会科学领域学科分工的发展,经济学研究在形式上也日趋数理化、技术化和专业化,"边际革命"后的新古典经济学更是直接用"经济学"代替了"政治经济学"。在这种"经济学"的分析框架中,国家通常被矮化为政府并站在了市场的对立面,其经济职能逐渐被市场机制和资源配置所取代,成为弥补市场失灵的宏观调控机构。"这种主张是不难理解的。……在鲁滨逊的荒岛上,没有国家,但经济学同样适用于鲁滨逊和20世纪的美国。从这个观点看来,国家在逻辑上不能成为理论经济学的一个研究对象。"[②]换言之,西方经济学家通常把现存国家看作是影响经济活动的外生因素,"这种理由部分来自古代传统,部分来自社会科学领域专业化原则的僵化应用"[③]。而单就理论本身而言,传统的社会主义政治经济学也刻意回避了国家问题。究其根源,马克思和恩格斯将共产主义的本质表述为国家消亡后的一个"自由人联合体"[④],显然,这种全世界无产者建立的联合体是超越国家的存在,国家自然不会被重视,因而后续研究者也就逐渐淡化了国家的概念。即使列宁在《国家与革命》中对现实社会主义国家存在的必要性作出了科学阐述,并对机会主义的"国家消亡论"进行了恰如其分的批判,也未能从根本上扭转这种思潮。[⑤]

政治经济学对国家问题研究的忽略客观上也为西方经济学话语体系的渗入提供了机会。改革开放以后,以诺思和阿西莫格鲁为代表的新制度经济学在国内盛行。该理论延续了新自由主义的理论范式,强调国家是中性的,除了

---

① 程恩富、胡乐明:《当代国外马克思主义经济学基本理论研究》,北京:中国社会科学出版社,2019年,第306页。

② 〔美〕保罗·斯威齐:《资本主义发展论》,陈观烈、秦亚男译,北京:商务印书馆,2016年,第299页。

③ 〔美〕张效敏:《马克思的国家理论》,田毅松译,上海:上海三联书店,2013年,第1页。

④ 《马克思恩格斯文集》第5卷,北京:人民出版社,2009年,第96页。

⑤ 王瑶、郭冠清:《论中国特色社会主义政治经济学的基本特征》,《上海经济研究》2017年第12期。

在界定产权、监督合约和提供公共产品外并无积极作用[①]，甚至认为只有包容性的西方民主制度和基于私有产权的市场体制才是国家成功的标准，而中国作为汲取性制度的典型代表难以实现长期的经济增长。[②] 这种新自由主义的国家理论显然无法有效诠释中国改革开放四十多年来创造的增长奇迹，而且极易诱导中国的经济体制改革落入"自由化"、"市场化"和"私有化"的陷阱之中。因此，无论是理论发展还是实践需要，我们都亟须突破新自由主义的意识形态束缚，用中国话语讲好中国故事，构建具有中国特色的政治经济学国家理论。

当前，中国特色社会主义政治经济学正在经历1949年以来的第三次研究热潮。[③] 我们惊喜地发现，国家理论正逐渐受到学界关注，并涌现出一批具有影响力的研究成果。[④] 笔者在中国知网(CNKI)以"国家"并含"中国特色社会主义政治经济学"为主题词进行检索，得到"国家建构"、"国家主体性"、"国家经济治理"、"国家利益"、"国家能力"、"国家作用"、"国家性"、"民族性"、"中国特色"、"现代化经济体系"等相关内容。上述关联词基本反映了近年来中国特色社会主义政治经济学国家理论研究的大体轮廓，且相关成果大多发表在《政治经济学评论》、《经济研究》、《经济学家》、《经济纵横》、《社会科学战线》、《当代经济研究》、《教学与研究》等知名刊物上。一些学者尝试以国家为核心概念或逻辑主线，构建中国特色社会主义政治经济学的理论体系。例如，程恩富最早提出并重视政治经济学研究中的国家理论问题，在其编撰的《现代政治经济学》教材的五过程体系中专列"国家经济过程"，用以明晰国家调节微观经济和宏观经济的必要性、具体方式以及目标体系。[⑤] 邱海平也意识到政治经济学国家理论的缺失现象。他指出，国家在中国也是一种"普照的光"，"中国社会的所有现象离开了国家，几乎都无法得到合理的解释"。因此，必须突破历史唯物主义的传统范式，将国家引入中国政治经济学的研究之中，重构中国政治经济学的理论范式。[⑥] 时家贤认为，中国特色社会主义政治经济学正是在国家性的问题上体现出"中国特色"，所以中国特色社会主义政治经济学理应包

① 〔美〕道格拉斯·诺思:《经济史中的结构与变迁》，陈郁等译，上海:上海三联书店，1994年，第24—25页。

② 〔美〕德隆·阿西莫格鲁、詹姆斯·A.罗宾逊:《国家为什么会失败》，李增刚译，长沙:湖南科学技术出版社，2015年，第55—58页。

③ 王立胜:《中国特色社会主义政治经济学理论体系构建的历史演进》，《经济纵横》2017年第12期。

④ 陈龙:《打开中国政治经济学国家理论的"黑箱"——兼评孟捷教授对国家理论的研究》，《人文杂志》2020年第8期。

⑤ 程恩富:《现代政治经济学》，上海:上海财经大学出版社，2000年，第337—388页。

⑥ 邱海平:《论中国政治经济学的创新及逻辑起点——基于唯物史观对于中国现代历史适用性的思考》，《教学与研究》2010年第3期。

括国家理论，并重点研究国家在经济发展中的地位和作用。① 张宇指出，社会主义国家与资本主义国家在经济属性上存在本质差异，生产资料由社会成员共同所有并由国家代表社会行使所有权，是社会主义国家履行经济职能的前提。② 孟捷认为，使中国特色社会主义政治经济学成为一个"系统化的经济学说"，关键任务就是提出一个系统而全面的国家经济理论。他结合相对剩余价值理论，提出将国家职能划分为内生性和外生性两个维度，从而更好地刻画社会主义市场经济中的国家作用。③ 此处限于篇幅，未能将类似观点逐一列出，但从上述内容不难发现，将国家纳入中国特色社会主义政治经济学的分析框架中，可以更好地把中国特色社会主义政治经济学的研究引向现实，从而使中国特色社会主义的一系列理论和实践问题得到全新的科学说明。④

四、中国特色社会主义政治经济学国家理论研究的代表议题

中国特色社会主义政治经济学在对国家问题的有益探索过程中，产生了一系列具有代表性的研究议题。围绕这些议题的讨论共同推动了中国特色社会主义政治经济学国家理论的发展，从而在横向上初步形成了"一体三翼"的研究格局，即"国家主体性"、"国家起点"、"国家性质"和"国家利益"。

（一）作为基本属性的"国家主体性"

近年来，学界针对中国特色社会主义政治经济学的国家主体性问题展开了较为广泛的研究，并由此揭开了关于国家问题大讨论的序幕。王立胜率先提出了"国家主体性"的概念，并强调任何一个经济学派或体系都具有鲜明的国家主体性，因而它也是中国特色社会主义政治经济学的基本属性。⑤ 胡怀国对国家主体性作出了进一步阐释，他指出，国家主体性喻指"国家在中国特色社会主义实践探索中具有不可或缺的重要地位和作用，并必然反映在中国特色社会主义政治经济学的理论体系之中"⑥。概括起来，学界主要从以下几个方面论述了国家主体性问题：(1)国家主体性指向了一种发展动力机制，即国家作为解释国富国穷之谜的关键，是促进经济发展和建设现代化经济体系

---

① 时家贤、高思：《中国特色社会主义政治经济学的"特色"之论——以政治经济学国家性为视角》，《经济纵横》2019 年第 5 期。

② 张宇、谢地、任保平、蒋永穆等：《中国特色社会主义政治经济学》，北京：高等教育出版社，2017 年，第 73 页。

③ 孟捷：《中国特色社会主义政治经济学的国家理论：源流、对象和体系》，《清华大学学报（哲学社会科学版）》2020 年第 3 期。

④ 邱海平：《论中国特色社会主义政治经济学的研究对象和理论特性——简评张宇的〈中国特色社会主义政治经济学〉》，《教学与研究》2017 年第 3 期。

⑤ 王立胜：《论中国特色社会主义政治经济学的国家主体性》，《学习与探索》2016 年第 8 期。

⑥ 胡怀国：《中国特色社会主义政治经济学国家主体性的历史逻辑与思想史基础》，《经济纵横》2019 年第 7 期。

的核心力量。[①] (2)强调国家主体性,是对以往理论经济学家普遍忽视国家作用的有力回应,也是破解"小政府"迷思的关键。不论是西方社会的工业化和现代化进程,还是中国特色社会主义的现代化事业,国家都是其中不可忽视的重要环节。[②] (3)国家主体性突出了国家在政治经济实践中的主导作用,其背后反映的是"有效国家"的建构问题,包括国家的经济治理能力、引领发展和创新能力等方面。[③] (4)国家主体性的基本内涵是人民主体性,即人民群众的根本利益是国家在经济运行中发挥作用的出发点和落脚点。因此,国家发挥主导作用应充分调动人民群众的积极性和创造性,并以人民利益作为国家竞争策略的根本考量条件。[④] 从研究视阈来看,学界对于国家主体性的论述各有侧重。有学者从世界视角论述了国家的普遍作用和国家主体性的一般属性,强调国家发挥经济作用是一个超越不同社会制度背景的普遍现象,新兴经济体在参与全球竞争、实现经济赶超、维护社会稳定等方面都需要国家参与。[⑤] 也有学者从民族视角论述了国家的特殊作用和国家主体性的特殊属性,指出国家主体性的特殊性表现在国家制度、国家定位和国家职能等方面。[⑥]

(二)作为理论创新的"国家起点"

中国特色社会主义政治经济学的逻辑起点问题,是学界长期关注并热烈讨论的重点问题,有许多学者曾经提出以"商品"、"公有制"、"经济资源"、"主要矛盾"、"剩余产品"、"联合劳动"、"社会制度"等不同范畴作为逻辑起点的主张。[⑦] 但结果表明,这些主张要么仍旧局限于传统政治经济学的研究对象和内容,要么缺乏理论层面的自洽性,因而难以在学界形成普遍共识。随着国家理论研究的不断深入,从社会主义市场经济的实践出发将国家作为逻辑起点的呼声也日益高涨。参考马克思主义政治经济学的分析框架,国家作为一个中介范畴,不仅是民族视角下资本主义生产方式论述的终点,也是世界视角下政治经济学研究计划的起点,这对于中国特色社会主义政治经济学逻辑起点的探讨无疑具有重要的借鉴意义。学界提出将国家作为逻辑起点,主要有以下几方面原因:(1)国家的形成是社会主义经济制度确立的前提,并且国家政

---

① 周文、包炜杰:《国家主体性、国家建构与建设现代化经济体系——基于西欧、美国与中国的现代化发展经验》,《经济社会体制比较》2018年第5期。

② 胡怀国:《破解理论经济学界的"小政府"迷思》,《学习与探索》2017年第12期。

③ 周文、包炜杰:《中国特色社会主义政治经济学的国家主体性问题》,《学习与探索》2018年第9期。

④ 王立胜、张弛:《再论中国特色社会主义政治经济学的国家主体性》,《经济纵横》2019年第7期。

⑤ 王立胜、张弛:《再论中国特色社会主义政治经济学的国家主体性》,《经济纵横》2019年第7期。

⑥ 于金富、陈文龙:《论中国特色社会主义政治经济学国家主体性的特殊属性》,《政治经济学评论》2020年第1期。

⑦ 周绍东、王松:《〈资本论〉与中国特色社会主义政治经济学:逻辑起点与体系构建》,《马克思主义研究》2017年第5期。

权在现代中国社会中起支配作用，那么在理论上就应当以国家作为逻辑起点。① (2)政治经济学研究的社会经济形态发展规律，都是特定国家经济运动过程所呈现的规律，因此，有必要以国家理论作为总纲，从国家发展的目的与手段、目标与措施的对应关系中建构理论体系。② (3)在社会主义市场经济条件下，国家既是市场作用的引入者、市场机制的维护者，也是市场经济的当事人。相应地，国家作用应该贯穿于整个理论体系的叙述过程中，并成为逻辑起点。③ (4)近代以来，受世界资本主义体系的影响，中国社会的演进已不再是一个独立和孤立的过程，国家作为"世界"与"社会"之间的关键中介角色，将外部约束与自身的历史条件结合了起来。这样一来，国家就必然成为政治经济学分析的逻辑起点。④ 由此可见，将国家纳入分析框架并作为逻辑起点，是中国特色社会主义政治经济学的一项重要理论创新，也是在政治经济学研究对象和研究方法认识上的一次重大突破。

(三)作为核心问题的"国家性质"

国家发挥重要作用是一个超越不同社会背景的普遍现象，这一点已经获得了学界的共识。但从实际情况来看，不同国家参与经济活动仍呈现出不同的特点，这种由"国家性质"衍生的制度属性和价值取向的差异成为中国特色社会主义政治经济学研究的一个关键问题。有学者提出，国家在发挥经济作用时具有鲜明的阶级烙印，资本主义国家参与经济活动，表面来看是不同政党间竞争博弈的结果，但从根本上是为了维护资产阶级对工人阶级的统治，以确保剩余价值生产的顺利完成，实现资本的价值增殖。与之相反，社会主义国家始终将维护广大人民群众的整体利益作为其行动决策的根本遵循，经济发展的目的是为了满足人民需要，而资本价值增殖及其积累只是实现这一目的的手段。⑤ 有学者进一步提出，"资本中心论"和"人民中心论"作为两种完全对立的发展观，演化出两极分化和共享发展两种截然不同的发展路径，反映了资本主义国家和社会主义国家在国家经济治理层面的本质区别。⑥ 也有学者将这种区别聚焦于所有制问题上，主张从国家所有制性质的角度去理解宏观调控等问题。张宇是此类观点的典型代表，他认为资本主义国家由于私有制占主导地位，其经济职能的发挥在客观上会受到多方掣肘。而社会主义国家作

① 林光彬：《中国的国家理论与政治经济学理论体系创新》，《中国社会科学院研究生院学报》2017 年第 6 期。

② 林光彬：《中国社会主义政治经济学理论体系建构：回顾与展望》，《当代经济研究》2020 年第 9 期。

③ 周绍东：《中国特色社会主义政治经济学的内生性国家理论》，《经济纵横》2019 年第 7 期。

④ 邱海平：《论中国政治经济学的创新及逻辑起点——基于唯物史观对于中国现代历史适用性的思考》，《教学与研究》2010 年第 3 期。

⑤ 王立胜、张弛：《再论中国特色社会主义政治经济学的国家主体性》，《经济纵横》2019 年第 7 期。

⑥ 卢江：《论中国特色社会主义国家经济治理的逻辑与本质——基于马克思恩格斯国家经济职能观的研究》，《当代经济研究》2020 年第 7 期。

为社会公共利益的总代表，可以在全社会范围内有计划地调节社会再生产过程，从而成为推动经济发展的主导力量。[①] 但是，也有学者持不同看法，认为仅仅局限于所有制结构“依然是在沿袭计划经济时代的理论逻辑”，应该将关注的重点放在国家与资本的关系上。杨春学指出，在以资本雇佣劳动为特征的资本主义制度下，国家往往屈从于资本的意志，资本可以对国家的制度安排和政策施加影响。但是在社会主义国家，资本的权力受到了严格控制，公有制的主体地位为国家摆脱资本统治提供了重要的制度基础。[②] 此外，从国家性质出发还可以为我们理解许多传统理论问题提供全新视角。例如，刘凤义提出国家性质对政府经济职能具有决定作用，“要研究社会主义市场经济中的政府和市场关系，就必须回到国家性质这个立足点上来”[③]。王生升也提出，社会主义国家对市场经济的有效治理，是我们理解资本性质及其运动特征的新视域，它引导和规范了资本运动的总体方向和现实途径，从而构成了资本价值增殖运动的制度性约束。[④]

（四）经济全球化时代的“国家利益”

中国特色社会主义政治经济学在揭示国家内部经济发展规律的基础上，也围绕当前经济全球化背景下中国的国家利益展开了广泛研究。经济全球化时代，国家作用是否会随着国际分工的深化而日益减弱？国家利益是否会逐渐让渡于跨国资本的利益？答案显然都是否定的。对于当今世界而言，民族国家仍然是人类社会最重要的存在方式之一，并没有随着国际经贸合作的发展而失去边界。相反，2018年开始的中美贸易摩擦，使得国家利益问题更加凸显。有学者将全球性与国家主体性之间的互相构建理解为一个长期的历史过程，国家的长期存在决定了中国的发展必然处于一定的国际格局之中，而国际关系始终是影响中国经济运行的一个重要外部因素。[⑤] 也有学者从跨国资本的运动规律出发透析国家存在的客观必然性，指出跨国化链条中各资本的分工地位和它们为剩余价值分割而进行的斗争都是在国家框架内进行的，并没有脱离民族国家的界限，而且跨国资本在很大程度上仍依赖于国家在世界体系中的位置以及对外霸权关系的覆盖程度。[⑥] 基于这种情况，学界对如何有效利用全球化的外部条件并将其转化为国家优势提出了对策建议。首先，要明确中国在全球化背景下的国际分工地位，按照生产力发展的不同阶段制

---

① 张宇：《中国特色社会主义政治经济学》，北京：中国人民大学出版社，2018年，第146页。

② 杨春学：《社会主义政治经济学的“中国特色”问题》，《经济研究》2016年第8期。

③ 刘凤义、张朝鹏：《论国家二重属性与政府的经济职能——兼论政府和市场的关系》，《社会科学战线》2017年第10期。

④ 王生升：《“一带一路”建设对资本主义体系积累周期的历史超越》，《当代经济研究》2020年第5期。

⑤ 王立胜：《论中国特色社会主义政治经济学的国家主体性》，《学习与探索》2016年第8期。

⑥ 赵敏：《资本全球化趋势下国家的作用会越来越小吗》，《经济学家》2019年第1期。

定相应的国际发展战略，兼顾参与国际分工与建设国内统一市场的要求。① 其次，在资本的国际化流动中，国家的控制和引导至关重要，对于国外优势资本和先进技术的消化吸收无疑需要国家的出场。② 再次，在当前经济全球化受益不均衡的情况下，各种贸易保护主义和逆全球化思潮泛起，只有坚持独立自主、自力更生的原则，加快构建多边开放的经济全球化体制，才能有效防范外部世界变化对中国经济运行的冲击和破坏，确保中国的国家利益不受侵害。③

五、简要结论及进一步思考

从上述研究中可以看出，学界围绕中国特色社会主义政治经济学国家理论的探讨已经十分深入，学者们对于将国家纳入中国特色社会主义政治经济学分析框架的观点也取得了普遍的共识。毫无疑问，通过深化对国家理论的研究，可以使我们更加深刻地认识到中国特色社会主义制度的根本特性及其显著优势。同时，关于国家理论的研究尚存很大的探索空间，未来可以重点聚焦于以下几个问题：

一是国家的内生性经济作用问题。在现有研究中，国家多是作为一种外生变量出现的，并主要集中于上层建筑层面。随着市场经济的发展，国家不仅仅局限于维护特定阶级关系的形成和再生产，而且越来越多地直接参与到经济运行之中，作为市场经济的当事人之一发挥作用。那么如何科学认识国家的这种内生性经济作用，就成为学界亟须回答的重要问题。二是党、政府和国家的关系问题。现有研究通常将党、政府和国家都视为经济建设的实践主体，导致三者在概念界限上存在着一定程度的模糊。实际上，承担管理经济职能的国家组织，包括了党的领导、法治体系、行政体系和社会组织体系，故而国家的范围要比党和政府更为宽泛。那么如何科学理解国家性质与党的路线方针政策以及政府的执行作用之间的关系，值得学界作进一步探讨。三是中国特色社会主义的经济治理问题。经济治理与国家理论的研究存在着一定的重合度，但并非完全等同，对国家理论的探讨可以视作对经济治理的前置性研究。如果说国家理论已经充分回答了国家参与经济治理的必要性，也指出了经济治理的中国特色，那么接下来对于经济治理的实践逻辑就应该在理论上予以更多的关照。

---

① 郭冠清：《从经济学的价值属性看中国特色社会主义政治经济学的国家主体性》，《经济纵横》2019年第7期。

② 周文、包炜杰：《中国特色社会主义政治经济学与国家利益问题》，《经济纵横》2019年第7期。

③ 李滨、陈怡：《新时代中国特色社会主义与中国的国家利益》，《世界经济与政治》2018年第7期。

参考文献

[1]程恩富等:《马克思主义政治经济学基础理论研究》,北京:北京师范大学出版社,2017年。

[2]顾海良:《中国特色社会主义政治经济学历史与理论》,北京:中国财政经济出版社,2020年。

[3]张雷声:《中国共产党经济思想在新时代的发展创新》,《马克思主义与现实》2021年第4期。

[4]周绍东:《中国特色社会主义政治经济学研究的进展、争鸣与共识》,《江西社会科学》2020年第6期。

[5]刘凤义:《论社会主义市场经济中政府与市场的关系》,《马克思主义研究》2020年第2期。

[6]屈炳祥:《马克思政治经济学批判中的国家学说——经济属性与经济职能》,《当代经济研究》2015年第1期。

Historical Logic and Representative Issues of State Theory of Socialist Political Economy with Chinese Characteristics

Qi Weikang

Abstract State theory has always been an important theoretical issue that cannot be ignored in the study of political economy. In the history of economic thought, the early political economy system attached great importance to national issues and took national economic development as the goal of theoretical research, which had distinct characteristics of the times and policy orientation. Marxist political economy also takes the state as an important research content, and makes a scientific and regular exploration on the essence, development and extinction of the state. However, during a long period of time, the domestic academic circles, especially the political economy circles, did not fully discuss the academic topic of the state. Until the rise of the research upsurge of socialist political economy with Chinese characteristics, the state theory was paid more and more attention, and the research pattern of "one body and three wings" was gradually formed, that is, "subjectivity of state", "starting point of state", "nature of state" and "interests of state".

Key Words Subjectivity of State; Starting Point of State; Nature of State; Interests of State

中日劳动要素价格扭曲测算及日本治理经验研究

孙　哲　王晓蕊

内容提要　本文利用时变弹性生产函数法对日本劳动要素价格扭曲度进行了测算，并与同期我国进行了比较。研究发现，第二次石油危机以来的近 50 年，日本的劳动要素价格扭曲度总体呈现先下降再上升的趋势，可以划分为：1973—1983 年劳动要素价格扭曲度波动下降、1984—1989 年扭曲度波动回升、1990—1994 年扭曲度持续下降、1995—2004 年扭曲度波动回升、2005—2011 年扭曲度趋于平稳和 2012—2017 年扭曲度再次波动上升的六个阶段。与我国相比，日本劳动要素扭曲程度显著低于同一时期的我国。这可能得益于日本已建立起较为完善的劳动者保障体系，包括劳动力市场供需调节体系、解雇法规体系、雇佣和失业对策体系、劳动争议处理系统等，能够有效地纠正劳动要素价格扭曲。

关键词　生产要素；劳动报酬；价格扭曲
中图分类号　F13/17

一、引　言

改革开放以来，我国经济取得了举世瞩目的成就，国民经济长期保持中高速增长，人均 GDP 超 1 万美元，已经接近高收入国家门槛。金融危机以后，随着贸易保护主义抬头和美国对华政策深度调整，全球产业链供应链面临断链风险，导致我国产业链安全受到极大威胁。为此，党的十九届五中全会提出要加快构建以国内大循环为主体、国内国际双循环相互促进的新发展格局，明确了国内大循环的主体地位。然而，内循环的畅通首先要优化提升内需水平和结构，扩大消费比例，提高长期低于世界平均水平的最终消费率。因此，就需要建立稳定完善的劳动要素市场，逐步纠正市场扭曲所造成的劳动要素在收入分配中的相对价格偏低、份额不高、与实际贡献不符等问题。在这一过程中，需要充分借鉴国外已开发国家的经验和做法，特别是与我国文化相通、面

作者简介：孙哲，首都经济贸易大学经济学院博士研究生；王晓蕊，新华社编辑。

临问题相似的日本等东亚国家，为我国制定更为合理的政策体系提供研究支撑。

二、文献评述

劳动者的贡献与报酬之间的关系，是经济学长期关注的问题之一。很多学者关心报酬与生产性之间的关系，并尝试对劳动要素生产性与报酬背离进行解释。目前的文献显示，导致劳动要素价格扭曲的原因主要体现在三个方面：一是劳动力市场扭曲。Dickens和Lang(1985)认为劳动力价格扭曲是市场分割导致的。王晓丹等(2014)认为劳动要素贡献明显大于劳动要素报酬，是源于劳动力市场的不均衡，初次分配中存在资本要素侵占劳动要素的现象。二是信息不完整。Lazear(1979)指出由于劳动者努力程度无法直接观测，因此青年时期只能取得低于生产性的工资，通过签订长期的工资契约，承诺事后可以取得高于生产性的工资。小池(2005)和川口等(2007)也认为日本的“年功赁金”符合Lazear型工资契约。三是劳资议价能力不对称。李文溥和李静(2011)注意到由于劳资之间的地位悬殊，劳动要素价格势必背离均衡状态下的价格水平。王展祥和龚广祥(2017)、柏培文(2020)的研究发现，资本方凭借更强的议价能力，实现对劳方剩余的掠夺和本方报酬的提升，从而导致要素价格的扭曲。此外，原(2003)和都留康(2009)的研究也显示，即便在平成不况时期，加入劳动组合(工会)也有效阻止了成员工资的下降，造成工会成员与非工会成员之间的工资产生差距。

以上研究侧重从理论角度解释劳动要素价格产生扭曲的原因，现有文献还比较重视利用客观数据对劳动要素价格扭曲程度的实践检验。这类研究多聚焦宏观层面扭曲程度的测度研究，并多以生产函数法作为测算扭曲程度的常用方法。该方法由Thurow(1968)较早应用，但由于数据范围、函数形式等不同，导致利用该方法对劳动要素价格扭曲的测度结果差异很大。千田(1984)利用1970—1981年的“工业统计”数据，分别估计了食品等12个工业行业的生产函数，并进一步用“劳动要素边际产出与要素价格的比值”对扭曲度进行了测算，研究发现，12大工业行业中，4大行业存在劳动要素价格扭曲度的正向扭曲，其中“精密机械”行业历年扭曲度不足0.3；7大产业存在劳动要素价格负向扭曲，其中“食品”行业扭曲度在2以上；“纤维”行业基本无扭曲。川口等(2007)利用1993—2003年的“工业统计”和“赁金构造基本调查”数据，比较了日本制造业工厂与年龄相关的生产率、劳动报酬，结果显示，青年劳动者呈现“生产率大于工资”，而中老年劳动者则呈现“生产性小于工资”，符合Lazear(1979)理论。森川(2017)研究了不同雇佣形态、性别、教育水平下的生产性与劳动报酬偏离程度。结果显示，大学毕业生工资与其对生产力的贡献相比，往往较低。我国学者也开展了类似的研究。如盛仕斌和徐海(1999)利用1995年的企业截面数据测得国有经济与集体经济劳动要素价格扭曲度分别为3.6和3.9。王宁和史晋川(2015)利用以C-D生产函数为基础的时变参数的状态空间方程，对1978—2011年劳动要素价格扭曲度进行了测算，显示扭曲度初期较低、之后缓慢上升、近年又略有所下降的变化趋势，均值为2.5。李言(2020)利用省际层面1978—2016年的数据，结合C-D生产函数法，研究显示劳动力价格扭曲现象在全国范围内普遍存在，且波动性呈加剧趋势。

从劳动要素价格扭曲度变化趋势看，日本内阁府(2010)《平成22年度年次经济财政报告》比较了1994—2014年日、德、美、英的实质劳动生产性与实质劳动者报酬之间的上升率，发现1994—2000年日本劳动生产性与实质报酬之间没有出现明显偏离，但进入2000年以后，劳动报酬上升率开始慢于劳动生产性上升率，但教育、卫生等社会事业的劳动生产性低于工资水平。史晋川和赵自芳(2007)、张车伟和赵文(2015)的研究发现，近年我国劳动要素价格扭曲程度呈现收敛趋势。

现有文献还研究分析了劳动要素价格扭曲导致的经济效果，且普遍认为短期内劳动要素价格扭曲会对经济产出产生正向激励效果，但势必引起价格信号失灵，弱化市场的资源配置效率，造成以过度投资为特征的需求结构失衡和以低端产业畸形发展为特征的产业结构失衡，并对就业市场产生负向影响，长期将造成经济产出的损失。如李言(2020)认为要素价格扭曲通过影响市场供给端和市场需求端对宏观经济运行产生影响，增加生产要素价格扭曲能够推动经济增长。康志勇(2012)研究也表明，生产要素市场扭曲会对就业总量和就业增长率产生显著的负面影响。

对比中国和日本围绕劳动要素价格扭曲的相关研究，总体来看，日本学者更偏向于微观层面研究，利用行业统计数据甚至企业数据来研究特定行业乃至企业劳动要素价格扭曲度变化情况，我国学者则更关注宏观层面研究，对国家层面劳动要素价格扭曲的变化情况以及所产生的影响进行了分析。

本文拟通过对宏观层面日本劳动要素价格扭曲度的测算，刻画第二次石油危机以来约50年间的变化规律，并与同一时期我国劳动要素价格扭曲度走势进行比较，观测两国扭曲度变化差异。并在此基础上，梳理总结日本构建劳动者保护的制度性经验，为我国进一步纠正劳动要素价格扭曲、提高劳动者收入报酬，并最终实现构建以国内大循环为主体、国内国际双循环相互促进的新发展格局提供借鉴。

三、日本劳动要素价格的扭曲程度测算

(一)测算方法

劳动要素价格扭曲包括价格的绝对扭曲和相对扭曲。绝对扭曲是指劳动力的实际价格与劳动力的边际产出之间出现偏离。当这种偏离表现为劳动力实际价格高于其边际产出时,称之为正向扭曲;当劳动力实际价格低于其边际产出时,称之为负向扭曲。基于这一概念,劳动要素价格扭曲程度测度主要通过计算劳动力实际价格与边际产出的比值得到的。本文拟采用以C-D生产函数为基础的时变弹性生产函数作为测算劳动力价格扭曲度的基本形式。采用这一形式主要考虑劳动要素价格与数量逐期变化的现实特征,此方法可以将不可观察的状态变量纳入可被观测到的模型中,利用卡尔曼滤波(Kalman Filter)的迭代算法估计出结果。该函数法逐期变化的特性将更为准确地计算每一期劳动产出弹性,依此方法估计出的劳动要素边际产出的误差相对较小,也更符合现实世界经济运行规律。

具体步骤如下,首先假设生产中存在且只有劳动与资本要素,劳动的产出弹性为α,进一步假设要素投入规模报酬保持不变,即劳动与资本的产出弹性之和等于1。α不可直接观测,需要利用可变参数状态空间模型进行估计。那么,以C-D生产函数为信号方程构造的劳动要素产出弹性时变参数的状态空间方程的一般形式如下:

信号方程:$\ln\frac{Y_t}{K_t}=A_t\sum_{i=1}^{m}X_it+\alpha_t\ln\frac{L_t}{K_t}+\varepsilon_{1t}$ (1)

状态方程:$\alpha_t=\varphi_1\alpha_t-1+\varepsilon_{2t}$ (2)

其中,Y_t 为国内生产总值;L_t 为劳动力投入;K_t 为资本存量;A_t 为反映不能被资本和劳动解释的其他因素,包括但不限于技术水平因素。

通过以上时变参数的状态空间方程可得到每一期的劳动要素产出弹性 α_t,进一步可以测算出每一期劳动力的边际产出 MP_L:

$$MP_L=\alpha_t\times\frac{Y_t}{L_t} \tag{3}$$

进一步测算劳动要素价格扭曲度,若每一期劳动力的实际报酬为 w_t,则劳动要素价格的扭曲度(绝对扭曲度)为:

$$Dis_L=\frac{MP_L}{w_t} \tag{4}$$

当 $Dis_L=1$ 时,劳动要素价格不存在扭曲;当 $Dis_L>1$ 时,劳动要素价格存在负向扭曲,劳动力收入受到其他要素的侵蚀;当 $Dis_L<1$ 时,劳动要素价格存在正向扭曲,劳动力存在侵蚀其他要素收入的现象。

(二)数据来源

Y_t:国内生产总值。1973—1998年数据来自日本“国民经济计算年次推计”统计表,具体来源于“1998年度国民经济计算(1990年基准)”—“国内总生产和总支出勘定(平成2年基)”中的“国内总生产”数据。1999年以后的数据,采用“1994—2017年(平成23年基)”的“国内总生产”数据,并利用日本国内生产总值平减指数(2010=100)进行推算得到。

L_t:劳动力投入。日本的劳动力投入按公式$L\times e^Z$估算,其中L为劳动力数量,采用日本“劳动力调查”中的“长期时系列表1”的“就业者”数据。借鉴常进雄(2011b),选用e^Z为反映劳动力素质的系数,其中Z为本科以上学历占就业人员比重,目前仅公布2002年以后的数据,在日本“劳动力调查”中的“详细集计:1—5—1表”中可查。2002年之前数据可以逐年对当年高等院校毕业人数进行核减推算,其中,高等院校毕业人数可以利用日本“学校基本调查”中“卒业后的状况调查”中的“状况别卒业者数”的相关数据进行计算得到。

K_t:资本存量。日本统计局公布的资本存量数据不完整,因此本文采用庆应义塾大学士居丈朗教授所推算的1973—1998年“实质民间企业资本存量(全企业)(1990年价格)”数据①进行替代。1999—2017年数据采用“国民经济计算”中“民间企业资本存量”中的“11.产业别资本存量”数据。

w_t:劳动力实际报酬。采用日本“国民经济计算”中的“平成2年基准平成10年度确认主要系列表”中的“赁金俸给”数据,再除以对应年份“就业者”数据,可估算出历年人均就业者收入情况。

(三)测算结果

根据以上阐述模型、公式,代入相关数据后,得到以C-D生产函数为信号方程构造的劳动要素产出弹性时变参数的状态空间方程的估计结果如下(括号内为z值):

$$\text{信号方程:}\ln\frac{Y_t}{K_t}=\underset{(-6.77)}{-3.27}A+\alpha_t\ln\frac{L_t^0*e^z}{K_t}+\varepsilon_{1t} \tag{5}$$

$$\text{状态方程:}\alpha_t=\underset{(4.78)}{0.005}+\underset{(117)}{\alpha_{t-1}}+\varepsilon_{2t} \tag{6}$$

值得注意的是A的系数为负数,表明第二次石油危机以来,即便考虑技术进步因素,除资本、劳动两要素以外的因素对经济发展影响仍为负向。即“日美半导体协定”、“广场协定”、第二次石油危机、金融危机、房地产泡沫崩坏等因素对日本经济成长的影响已经完全抵消了技术进步的正向作用。

---

① http://wed.econ.keio.ac.jp/staff/tdoi/index-J.html.

表 1 **1973—2017 年日本劳动要素价格扭曲度**

（单位：10 亿日元、万人、10 亿日元、万元、%）

年度	国内生产总值 Y（1990 年基）	劳动力投入 L	资本存量 K（1990 年基）	本科以上从业人员占比 Z	劳动要素产出弹性 α	劳动边际产出 MPL	劳动力实际薪酬 w	劳动要素价格扭曲度 Dis_L
1973	116 715.0	5 259	223 214.2	0.091	0.547	121.3	100.1	1.212
1974	138 451.1	5 237	243 250.0	0.097	0.529	139.8	129.0	1.083
1975	152 361.6	5 223	262 327.6	0.103	0.518	151.0	146.3	1.032
1976	171 293.4	5 271	280 729.8	0.108	0.507	164.7	161.9	1.017
1977	190 094.5	5 342	298 288.6	0.110	0.497	176.8	176.5	1.002
1978	208 602.2	5 408	317 059.1	0.119	0.488	188.3	186.6	1.009
1979	225 237.2	5 479	337 819.0	0.127	0.481	197.6	198.7	0.995
1980	245 546.6	5 536	360 057.6	0.136	0.474	210.1	212.8	0.987
1981	260 801.3	5 581	382 442.0	0.145	0.468	218.6	225.1	0.971
1982	273 322.4	5 638	404 179.2	0.154	0.463	224.3	236.1	0.950
1983	285 593.4	5 733	426 478.0	0.162	0.459	228.5	242.5	0.942
1984	305 144.1	5 766	452 362.5	0.171	0.455	240.6	254.5	0.945
1985	324 289.6	5 807	481 539.3	0.179	0.451	251.8	262.8	0.958
1986	339 363.3	5 853	509 850.9	0.188	0.448	259.6	269.5	0.963
1987	355 521.8	5 911	541 922.1	0.196	0.445	267.5	275.7	0.970
1988	379 656.8	6 011	580 406.2	0.202	0.442	279.2	286.7	0.974
1989	406 476.8	6 128	623 733.6	0.208	0.439	291.4	301.6	0.966
1990	438 815.8	6 249	673 006.9	0.214	0.437	306.6	319.9	0.958
1991	463 174.4	6 369	723 628.7	0.220	0.434	315.7	337.6	0.935
1992	471 882.0	6 436	764 711.0	0.229	0.432	316.9	346.6	0.914
1993	476 746.1	6 450	800 085.3	0.239	0.431	318.5	353.2	0.902
1994	478 841.4	6 453	831 997.5	0.251	0.430	319.0	362.8	0.879
1995	489 749.7	6 457	868 203.0	0.262	0.429	325.4	364.0	0.894
1996	504 391.4	6 486	913 018.7	0.273	0.428	333.1	371.0	0.898
1997	507 632.0	6 557	962 129.4	0.283	0.428	331.4	373.0	0.889
1998	497 255.8	6 514	1 001 097.8	0.297	0.428	327.0	367.1	0.891
1999	493 398.6	6 462	1 026 532.5	0.312	0.429	327.4	348.1	0.940
2000	499 564.9	6 446	1 051 391.4	0.325	0.429	332.6	351.1	0.947
2001	490 813.4	6 412	1 068 489.3	0.340	0.430	329.1	345.0	0.954
2002	486 715.7	6 330	1 082 417.3	0.357	0.431	331.2	339.1	0.977
2003	489 424.1	6 316	1 089 335.7	0.365	0.431	334.3	335.7	0.996
2004	492 854.7	6 329	1 120 987.5	0.377	0.432	336.6	328.6	1.024
2005	496 914.2	6 356	1 135 383.6	0.385	0.433	338.5	332.4	1.018

续表

年度	国内生产总值 Y（1990 年基）	劳动力投入 L	资本存量 K（1990 年基）	本科以上从业人员占比 Z	劳动要素产出弹性 α	劳动边际产出 MPL	劳动力实际薪酬 w	劳动要素价格扭曲度 Dis_L
2006	500 119.7	6 382	1 162 550.8	0.387	0.434	339.9	334.6	1.016
2007	501 905.9	6 412	1 193 210.2	0.386	0.435	340.2	335.8	1.013
2008	481 636.8	6 385	1 201 637.3	0.401	0.436	328.7	336.8	0.976
2009	465 069.6	6 282	1 212 573.2	0.415	0.437	323.5	319.0	1.014
2010	472 133.1	6 257	1 216 135.3	0.420	0.438	330.6	321.7	1.028
2011	467 041.1	6 260	1 219 280.7	0.425	0.439	327.7	324.3	1.010
2012	467 350.5	6 270	1 232 639.0	0.437	0.440	328.3	322.2	1.019
2013	479 531.7	6 311	1 249 749.0	0.442	0.441	335.5	322.9	1.039
2014	489 911.6	6 351	1 270 301.8	0.446	0.442	341.3	318.4	1.072
2015	503 853.4	6 376	1 292 495.4	0.456	0.443	350.2	322.0	1.088
2016	507 457.0	6 440	1 312 699.5	0.461	0.444	349.9	326.5	1.072
2017	517 490.5	6 530	1 336 230.5	0.466	0.445	352.5	328.0	1.075

进一步测算出 1973—2017 年日本劳动要素价格扭曲度，其变化趋势散点图见图 1。从图 1 所示 1973 年第二次石油危机以来日本劳动要素价格扭曲度变化趋势看，可以分为波动下降、波动回升、持续下降、波动回升、趋于平稳、波动上升 6 个阶段。

第一阶段：1973—1983 年。这一阶段劳动要素价格扭曲度波动下行，11 年间的 10 年扭曲度下降，由 1973 年的 1.21 降至 1983 年的 0.94。

第二阶段：1984—1989 年。这一阶段总体呈现波动回升趋势，6 年间的 5 年劳动要素价格扭曲度上升，1989 年回升至 0.97。

第三阶段：1990—1994 年(平成不况初期)。1990 年日本进入漫长的平成不况经济周期，5 年间扭曲度全部下降，1994 年降至 0.88 的阶段性低点。

第四阶段：1995—2004 年(平成不况中期)。这一阶段总体呈现波动回升，10 年间有 9 年扭曲度回升，2014 年扭曲度调整至 1.02，再次回升至 1 以上。

第五阶段：2005—2011 年(平成不况后期)。这一阶段总体趋于平稳，除 2008 年金融危机变化异常外，这一时期扭曲度基本都维持在 1.02 上下。

第六阶段：2012—2017 年。2012 年安倍政权第二次发足，日本开始实行以宽松货币政策为代表的一系列经济政策，即所谓的“安倍经济学”，为日本经济注入活力，日本经济呈现一定幅度的增长势头。这一阶段劳动要素价格扭曲度总体呈现波动上升走势，6 年间有 5 年扭曲度上升，其中，2015 年达到 1.09，这是第二次石油危机以来的高点。

而大约同期 1978—2018 年中国劳动要素价格扭曲度变化趋势则呈现总

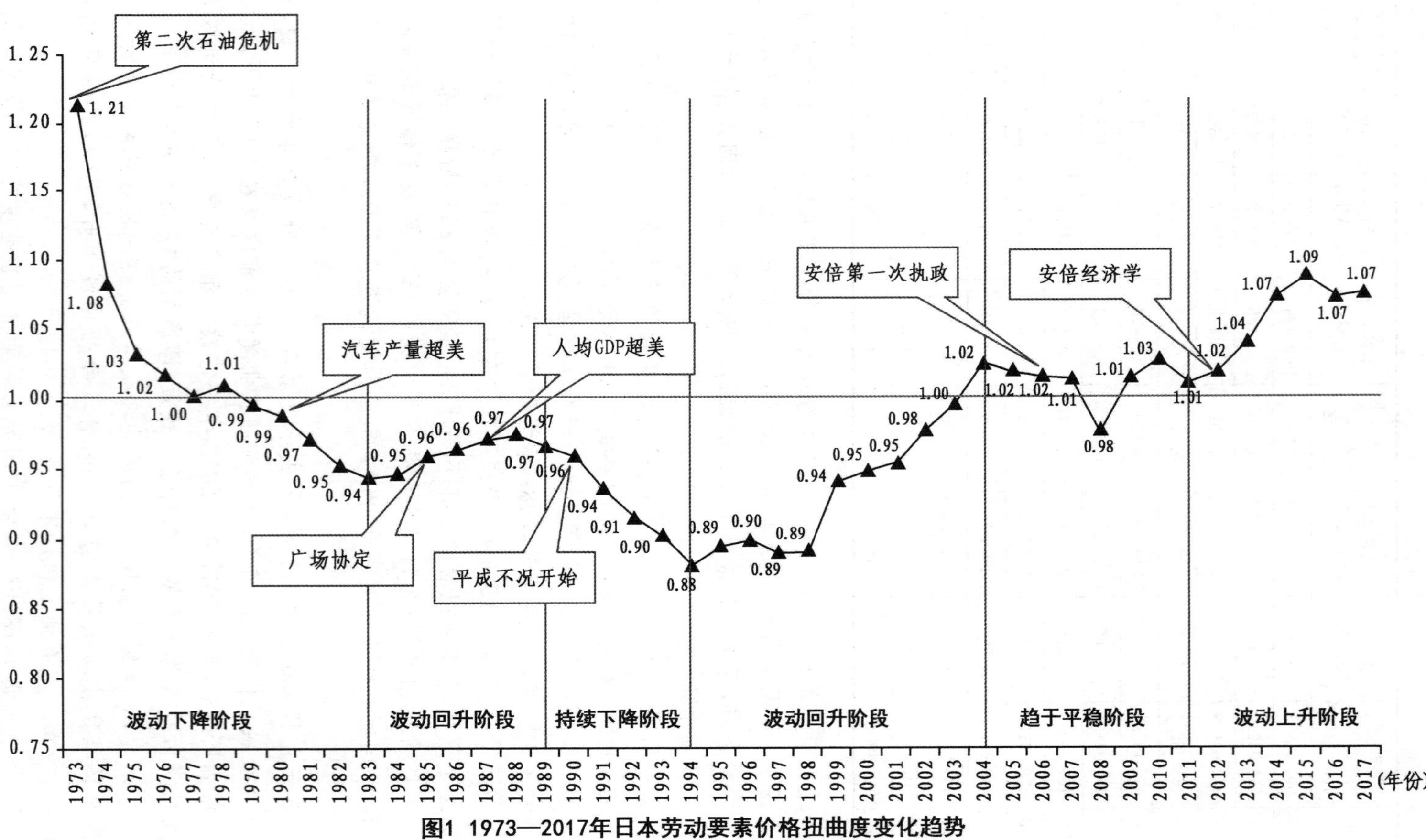

图1 1973—2017年日本劳动要素价格扭曲度变化趋势

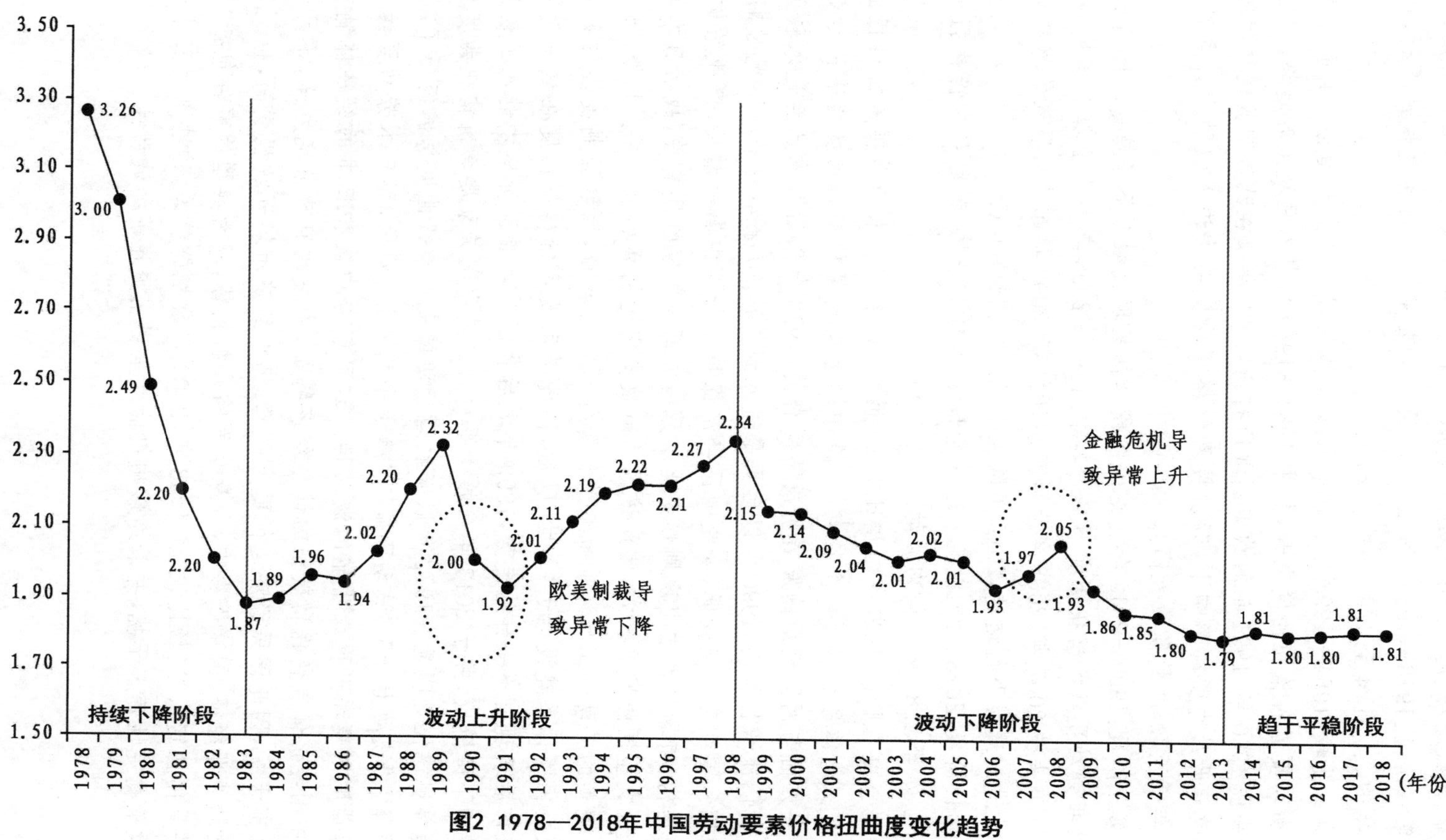

图2 1978—2018年中国劳动要素价格扭曲度变化趋势

体下降、阶段波动、趋于平稳的运行态势，如图2所示可以划分为四个阶段。

第一阶段：1978—1983年。这一阶段劳动要素价格扭曲度快速下行，由1978年的3.261降至1983年的1.873。

第二阶段：1984—1998年。这一阶段总体呈现波动上升趋势，14年间的10年劳动要素价格扭曲度上升，其中1984—1989年基本呈现上升趋势，但这一势头被1990年、1991年的欧美制裁所打断，1992年起在欧美制裁缓和我国加大改革开放力度的影响下，劳动要素价格扭曲度再次进入波动上升通道，1998年升至2.34的阶段性高点。

第三阶段：1999—2012年。这一阶段总体呈现波动再下降趋势。15年间的12年劳动要素价格扭曲度下降。其中，1999—2006年基本呈现下降趋势，但这一势头被2007年、2008年金融危机所打断，2009年起劳动要素价格扭曲度再次进入波动下行通道，2012年降至1.79的阶段性低点。

第四阶段：2013—2018年。这一阶段总体趋于平稳，劳动要素价格扭曲度在1.80至1.81的区间内波动。

结合图1、图2，比较中国和日本20世纪70年代以来劳动要素价格扭曲度走势。总体呈现以下两个特点：一是中国劳动要素价格扭曲度显著高于日本。一方面与两国经历的发展阶段不同有关，1973年以后日本已经进入较为平稳的低速增长阶段，1990年以后更是进入到长达20余年的平成不况时期，而同期我国经济起点较低，因此国民经济保持了长期中高速增长，产业结构、社会结构、市场结构均出现剧烈变化。另一方面与国家性质有关，战后日本属于低开支型国防发展模式，因此该国的财政支出比例远小于中国。此外，日本较为完善的劳动者工作环境也有效保障了劳动者权益，而我国制度性的劳动者权益保障体系建设始于“入世”以后，因此劳动要素价格扭曲度在这一时间节点前后表现出不一样的走势，1999年之后我国劳动要素价格才进入了较为明显的下降阶段，并于2013年起趋于平稳。二是中国劳动要素价格扭曲度变化趋势规律性更明显。1978年以来我国劳动要素价格扭曲度总体经历了“持续下降”、“波动上升”、“波动下降”、“趋于平稳”四个阶段，而日本劳动要素价格扭曲度则表现出更为明显的波动性。这可能与中国和日本的经济体制有关，中国经济体制仍保留较强的计划经济特征，中央政府政策定力强，不易受到外部干扰，因此国民经济运行更为平稳；日本经济市场开放程度高，也更容易受到外部经济、国家等影响，自身也面临政权轮替，较为典型的事件包括“日美半导体协定”、“广场协议”和1993年、2009年政权轮替等，这些都对日本经济政策稳定性带来干扰，并最终影响扭曲度呈现出更显著的波动性。

四、日本劳动要素价格扭曲的因素分解及分析

（一）因素分析方法

劳动要素价格扭曲度变化按照以下公式进行分解：

$$\Delta Dis_L = \Delta MP_L \times \left(\frac{1}{w}\right) + \Delta\left(\frac{1}{w}\right) \times MP_L + \Delta MP_L \times \Delta\left(\frac{1}{w}\right) \tag{7}$$

其中，$\Delta MP_L \times \left(\frac{1}{w}\right)$表示“产出效应”，即劳动边际产出变化对整个劳动要素价格扭曲度的影响；$\Delta\left(\frac{1}{w}\right) \times MP_L$ 表示“工资效应”，即劳动力实际报酬变化对整个劳动要素价格扭曲度的影响；$\Delta MP_L \times \Delta\left(\frac{1}{w}\right)$表示“其他效应”（“协方差效应”），即其他因素对整个劳动要素价格扭曲度的影响。

（二）测算结果分析

通过对日本劳动要素价格扭曲度的因素分解，结合上文划分的劳动要素价格扭曲度变化的阶段特征（如图3所示），可以看出影响劳动要素价格扭曲度变化的产出效应和工资效应总体变化趋势。“第二次石油危机至1983年”，这一时期日本经济仍呈现较快增长态势，同时经历了战后以来30余年的发展，无论劳动保障环境和劳动者素质都大幅提升，发展收益更多地惠及劳动要素，这一时期产出对劳动要素扭曲度的拉升效应和工资对劳动要素扭曲度的缩小效应都较显著，工资效应相对更强，因此扭曲度变现为持续下降。“1984—1989年”，这一时期泡沫经济开始出现，大企业资产价格大幅上涨，带动产出效应增长更为显著。1985年“广场协议”的签署为日本经济进入“平成不况”时期埋下了伏笔，劳动要素扭曲度的波动回升也随泡沫经济的最终崩坏而终止。“1990—1994年”，日本经济进入到“平成不况”时期，资产泡沫破裂，产出效应明显弱化和工资效应的相对强化，带动这一时期劳动要素价格扭曲度进入持续下降时期。“1995—2004年”，这一时期“平成不况”对工资效应的影响开始显现，造成工资效应扭曲度的收窄作用弱化甚至反转，而产出效应在中国经济的快速发展的影响下有所恢复，导致这一时期扭曲度呈现波动回升态势。“2005—2011年”，这一时期工资效应与产出效应总体保持平衡，促进劳动要素价格扭曲度趋于平稳。“2012—2017年”，随着第二次执政的安倍大力推动以量化宽松为特征的“安倍经济学”，这一时期日本经济有所好转，产出效应进一步恢复，促进劳动要素价格扭曲度再次进入上升阶段，并升至第二次石油危机以来的高点。

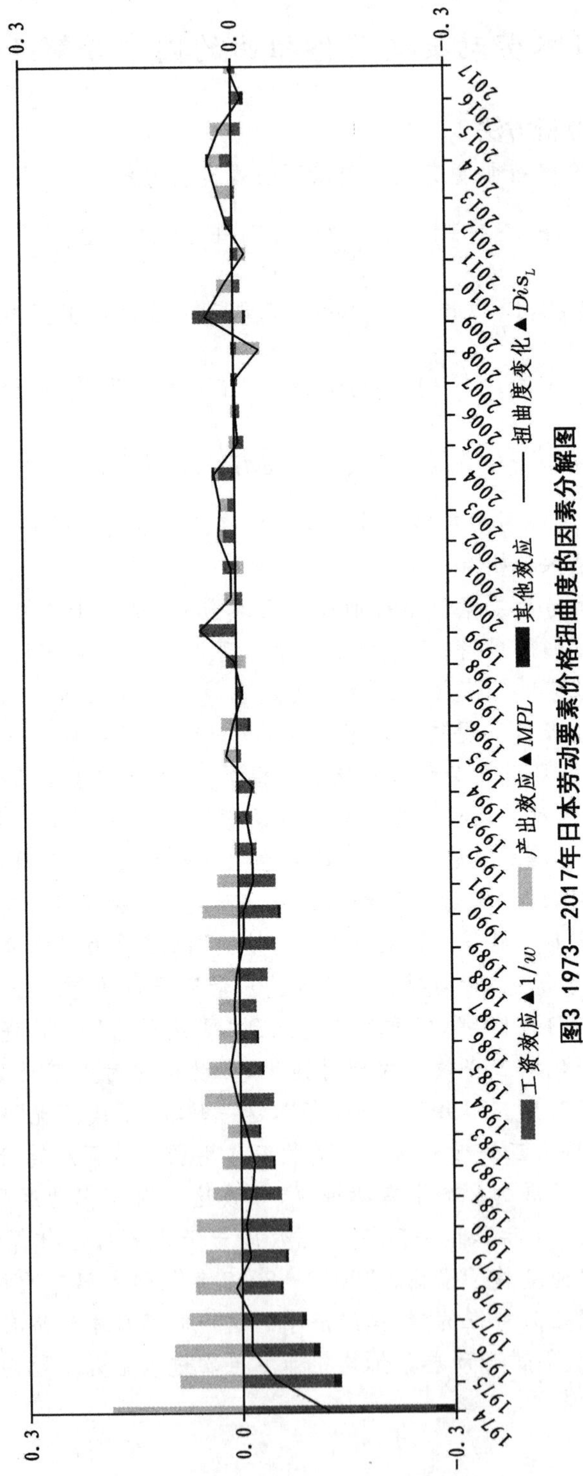

图3 1973—2017年日本劳动要素价格扭曲度的因素分解图

五、日本促进劳动要素扭曲度长期保持低位的经验借鉴

通过对日本劳动要素价格扭曲度的测算以及因素分解，结合同期我国情况，我们发现日本劳动要素价格扭曲程度明显小于我国。我们认为，除国体等因素以外，相对更加完备的劳动者保障环境是劳动者能够取得与自身贡献相匹配报酬的重要原因之一。本部分希望从历史视角出发，着眼于促进我国劳动要素流动、保护劳动者权益、提升劳动要素质量、改善劳动要素议价能力等目标，围绕构建劳动力市场供需调节体系、强化能力培养和职业养成支援体系完善解雇法规体系、丰富雇佣和失业对策体系、充实劳动争议处理系统等几个维度，梳理总结日本经验，为我国构建更为合理的劳动者保障体系提供经验借鉴。

(一)劳动力市场供需调节体系

完善的劳动力市场供需调节体系可以更好地促进劳动要素流动，有效避免摩擦等结构性问题出现。日本的劳动力市场供需调节体系主要由“公共职业安定服务”、“劳务派遣服务”等部分组成，能够较好地承担劳动力市场调控和政策引导职能，为政府实现跨地区劳动力余缺调剂、促进就业、劳动者技能培训提供了支撑。

“公共职业安定服务”职能主要由厚生劳动省的职业安定局承担，该部门主要负责劳动力市场的政策法规制定、监督指导协调以及人员培训、资金分配等工作。各地方也设立了一个主管职业安定、雇佣保险的机构，并在上级部门的指导下，制定本地区的职业安定政策法规。基层的公共就业服务由各地的公共职业安定所提供，通称“hellowork”，公共职业安定所免费向求职者提供职业介绍、职业指导以及公共职业培训等服务。

“劳务派遣服务”的历史可以追溯到江湖时代的“口入屋”、“人宿”等，到了明治时代改称为“募集人”。1921年日本制定了首部《职业介绍法》，在市町村一级设立了免费职业介绍所。1985年日本制定了首部《劳务派遣法》，明确了劳务派遣的含义和适用范围。2015年对《劳务派遣法》进行了修订，改正后规定派遣单位全部实行许可制，派遣单位有提供职场教育等义务，进一步强化对派遣单位和被派遣单位的监督，并且要求双方都要为派遣劳动者获得均等待遇而努力。

总体来看，日本的劳动力市场供需调节体系较为完善，官方、民间和中央、地方实现了有效的职能分工，同时，随着法律的不断完善，对劳动者特别是非正式劳动者的保障不断加强，有效地促进了劳动要素的有序流动，实现了公正公平就业环境的建立和信息的有效发布利用。

(二)能力培养和职业养成支援体系

能力培养和职业养成支援是提高劳动者素质、改善劳动者在要素价格形成中议价能力的重要手段。日本的职业训练的实施单位包括“高龄、残疾、求职者雇佣支援机构”、职业能力开发促进中心等。中央和都道府县根据《职业能力开发促进法》,为不同阶段的劳动者制定了不同的职业能力开发对策,一般包括以青少年为主的初期职业培训和以在职员工为主的继续教育培训。

以青少年为主的初期职业培训:实施以大学毕业生为主要对象的短期职业训练:针对大学和职业学校毕业生开展短期职业训练,并与职业高中合作进行职业训练指导员的派遣支持,实现实践型技术者的育成。实施“制造业师傅”制度,为促成青年传承职业技能,日本建立了制造业师傅(Meister)制度,派遣“师傅”到中小学进行制作的演练。营造尊重技能的氛围。为了在国民中营造尊重技能的氛围,日本积极举办技能者表扬仪式和各类型国内外技能竞技大会。如:面向 22 岁以下全球青年的技能国际大赛“技能五环国际大会”、面向日本国内 22 岁以下青年的技能大赛“技能五环全国大会”、以提高青年手工技能为目的的“青年手工大赛”。同时,还通过地区青年支援的方式,针对地方青年就业,政府指导 NPO 法人等设置及营运地方青年支持服务站,针对待业青年提供职业咨询及就业体验等支持。

以在职员工为主的继续教育培训:建立行业协会、政府机构与企业之间职工职业培训机制。为了根据产业界需求开展职业训练,“日本机械工业联合会”(即“日机联”)与“职业能力开发促进中心”签订了人才培养合作协议,开发依据地方训练需求的职业训练课程等方案,强化制造产业的人才培养。提升企业主动开展员工职业培训积极性。厚生劳动省建立了“职业生涯形成促进助成金”制度,支持企业内的人才培训。建立职业生涯咨询制度。整建并推动职涯咨询制度,劳工依据其适性及职业经历等自行进行职业规划,提升职业选择及训练等职能开发效果。同时扩大并促进工作卡制度的有效利用,实施结合企业实习及讲座方式的实践型职业训练,稳定劳工就业及职涯发展。

总体来看,日本能力培育职业形成支援体系能够针对不同阶段的劳动者,通过供给需求两端实施对策,有效调动学校、行业协会、企业等多方积极性和自主性,达到较好的政策效果。

(三)解雇法规体系

解雇法规是保障劳动者工作权利最有效的手段。目前,日本已经建立起针对个人解雇与集体解雇的较为全面的法律法规体系,明确和细化限制解雇的各种条款,提供劳动者自我救济的各种手段。

针对“个别解雇”:《日本民法典》针对未注明期限的契约解除原则上自由,但《劳动基准法》对一些解雇情形进行了限制,包括:(1)用人单位解雇员工至少需要提前 30 天通知;(2)因工伤、疾病导致的停工期间及之后的 30 天内禁止解雇,女性产前产后的停工期间及之后的 30 天内禁止解雇;(3)以国籍、信仰、社会身份为由的解雇、以女性为由的解雇、以工会成员或参加工会活动为由的解雇均被禁止;(4)2008 年实施的《劳动合同法》规定“缺乏客观合理的理由,且有违社会公序良俗的解雇,视作滥用职权而无效”;(5)基于合理解雇的理由包括不能提供劳务、缺乏能力、缺乏适应性、违反义务、违反纪律(惩戒解雇)以及不得已的经营上的理由(整理解雇)等。

针对“集体解雇”,焦点主要围绕因业务调整导致集团解雇的合理性判断标准问题,即是否同时满足以下“4 要件”作为日本法院进行裁决的依据,这些要件包括:(1)裁员的必要性;(2)作为裁员的手段选择业务调整解雇的必要性(是否没有回避解雇措施的余地);(3)选定解雇对象的妥当性(选定基准是否客观合理);(4)解雇手续的妥当性(是否实施劳资协议等)。

总体来看,日本较为完善的解雇法规体系在一定程度上增加了资方随意解雇劳动者的难度和成本,提高了企业处理劳资问题的谨慎度。解雇法规客观上提高了企业置换劳动要素的成本,影响劳资双方围绕薪酬份额协商等议题上的力量,最终显著改善了劳动要素的议价能力。

(四)雇佣和失业对策体系

雇佣和失业对策是保障劳动者权益的底线。日本的雇佣和失业对策体系完善,主要包括“失业保险制度”、“补充失业补助制度”、“高龄者劳动保障措施”、“残疾人劳动保障措施”等主要内容,其中“补充失业补助制度”是目前我国政策的薄弱环节。

“失业保险制度”又称为“失业补助”,根据《雇佣保险法》设立,运营管理主体为厚生劳动省和都道府县的劳动局、公共职业安定所。支取要件包括:(1)离职前 2 年内有 12 个月以上被保险(注:公司倒闭或解雇等情形下,此条件调整为 1 年内有 6 个月以上被保险);(2)已在公共职业介绍所申请求职,具有积极的求职意向,随时具有上岗的能力,但目前本人及公共职业介绍所的努力尚未达成,仍处于失业状态;(3)因自身原因离职,原则上领取失业补助上限为 3 个月。给付水准为离职前工资的 50%～80%(工资越低占离职前工资比重岁越高,60 岁以上 65 岁不满的群体给付水准为离职前工资的 45%～80%)。

“补充失业补助制度”又称为“求职者支援制度”,是根据 2011 年实施的“基于职业训练实施等有关特定求职者就业支援的法律”设立,由厚生劳动省运营管理。支付要件必须满足以下条件:(1)不是雇佣保险被保险人,也不能领取雇佣保险的求职补贴;(2)本人收入在 8 万元以下;(3)家庭全体收入在月 25 万日元以下(年 300 万日元以下);(4)家庭全体金融资产在 300 万日元以下;(5)现住所外没有土地和建筑物;(6)参加了所有的培训实施日(即便有不得已的理由出席率也有 8 成以上)；(7)培训期间，定期接受职业咨询；(8)家庭成员中没有同时领取补助和正在接受培训的人员；(9)已领取过补助金的情形，需要满足自上次领取日超过 6 年以上。职业培训听课补贴标准为每月 10 万日元；通所津贴是根据实际到所路程的规定金额，给付期间原则上最长 1 年。补助资金一般来自政府的一般财政收入及雇佣保险特别会计。

总体来看，日本的针对未就业劳动者和失业者所制定的权益保障措施较为详细、多样，同时兼顾劳动意愿的保护和对高龄者的照顾。

(五)特殊群体就业支援体系

特殊群体一直是劳动保障的薄弱地带，切实做好对特殊群体的保障托底工作，有助于提升全社会整体就业公平程度。日本的特殊群体就业支援体系主要针对高龄者和残疾人展开，包括“高龄者劳动保障措施”、“残疾人劳动保障措施”和“女性职业生涯支援”等。

“高龄者劳动保障措施”主要从供需两端进行实施对策。供给端包括“地区高年龄者支援计划”和“充实和加强对高龄人士(含 65 岁以上)的再就业支援计划”，“地区高年龄者支援计划”主要通过老年人才中心实现就业机会的再扩大，确保满足高年龄层多样就业需求；“充实和加强对高龄人士(含 65 岁以上)的再就业支援计划”主要通过在全国“hellowork”实施高龄者职业生活的再设计，强化地区技能培训等再就业支援水平，力求让高年龄者无论年龄高低都能安心接受再就业支援。需求端主要包括“确保高龄者雇佣措施的实施义务计划”和“企业支援计划”，“确保高龄者雇佣措施的实施义务计划”主要通过在“hellowork”实施启发指导，确保 65 岁以下高龄者的雇佣机会；“企业支援计划”旨在营造终生现役社会的社会风气，支援那些为各种年龄段都提供工作的企业，“计划”主要内容包括特定求职者就业岗位开发补助金等各种筹集资金的支付，超 65 岁雇用推进助成金的支付，为打造与年龄无关的职场向企业提供咨询和援助等。

“残疾人劳动保障措施”主要由 1960 年实施的《促进残疾人就业法》进行相关条款的规定。该法规定了“法定雇佣率的义务”，即对于常用雇佣人数 45 人以上的一般民间企业，有义务雇佣其常用雇佣人数 2.2%以上的身体障碍或智力残疾人士。未达到法定雇佣率的企业每不足 1 人缴纳 5 万日元缴纳金(适用于常用员工超过 100 人)。此外，政府还会向雇佣残疾人的雇主支付助成金，对于雇佣劳动者人数超过 100 人的企业，若超过雇佣率的法定义务，则超过每人每月支付 2.7 万日元的雇用调整金。对于用工人数低于 100 人的企业，当雇佣残疾人数超过规定数量(各月的常用雇佣工人数的 4%或年度合计 72 人)，则超过 1 人获得相应奖金(超过部分每人每月奖励 1 000 日元)。

“其他群体支援措施”主要依据 1950 年颁布的《生活保障法》相关条款，由厚生劳动省管理运行，地方自治体具体实施。财源按照国家 3/4、地方 1/4 的份额分配。生活保障制度主要针对生活贫困者，制度在保障生活贫困者最低限度生活水平的同时，更加着眼于帮助被保障者实现自立。

"女性职业生涯支援"主要由政府和机构通过开发及实施女性职业体验课程、充实职业训练期间的托育服务等手段，为女性从业者提供职业支援。同时，还利用"职业生涯形成促进助成金"制定"产休及复职后能力提升计划"，增进企业扩大雇用女性雇员意愿，并持续调升补助费率。此外，针对育儿女性及家庭，政府实施若干支援措施包括儿童津贴和抚养扣除（所得税、居民税）等。"儿童津贴"基于1971年颁布的《儿童津贴法》，由市区町村负责运营管理，财源来自国家、地方、企业，三者的出资比例分别为55.4%、27.7%、8.3%。从给付标准看，(1)收入限额以下的家庭：3岁以下的家庭每月15 000日元，3岁以上小学结业前的第一个和第二个孩子每月1万日元，3岁以上的孩子每月15 000日元，初中生每月1万日元；(2)收入限额以上的家庭：短期内每月支付的特别津贴5000日元。"抚养扣除"基于1965年颁布的所得税法和1950年颁布的地方税法，运营管理主体为国税厅和地方自治体。扣除对象为抚养亲属中截至当年12月31日年龄在16岁以上的自然人。

总体来看，日本的特殊群体就业支援体系充分考虑供给和需求两个维度，力求保障和调动劳资双方主观积极性的兼顾，努力实现特殊劳动者在保障中实现自立的政策意图。

(六)劳动争议处理系统

劳动争议处理系统是有效纠正劳资力量不平衡的制度保障。日本的劳动争议处理系统包括个别纠纷处理系统和集体纠纷处理系统。当劳资之间发生个别纠纷时，可利用企业内设置的咨询窗口尝试劳资双方协商解决。协商不成还可通过法院来解决，但审判需要时间和金钱成本可能影响劳动者保护自身权益的主观意愿。针对这一问题，《个别劳动纠纷解决促进法》规定个别纠纷还可利用以下方式解决，包括：(1)综合劳动咨询处的信息提供和咨询；(2)都道府县劳动局长的建议和指导；(3)纠纷调整委员会的斡旋。当劳资之间发生集体纠纷时，可通过劳动委员会进行调解，或法院裁定解决。具体包括：(1)协调解决。仲裁委员会按照"介绍"、"调停"、"仲裁"的调节程序解决。(2)法院判定解决。通过劳动委员会和法院等公共审判机关作出的裁定解决双方纠纷。如果发现企业存在不正当行为，工会还可以向地方劳动委员会提出申请，劳动委员会可对企业发出救济命令。如不服判定，劳资双方都可向中央劳动委员会提出再审申请。

总体来看，日本的劳动争议处理系统有效地调动了劳动者、企业与政府三方共同的力量，起到了保障劳动者权益、调整劳资关系、提供救济手段的作用。

六、结论及建议

本文通过对第二次石油危机以来日本劳动要素价格扭曲度的测算，刻画了劳动要素价格扭曲度的变化趋势和特征。进一步通过对劳动要素价格扭曲度的因素分解，考察了在扭曲度变化的过程中产出效应和工资效应的互动关系和特征。并通过中国和日本的比较，描述了两国劳动要素价格扭曲变化的异同点和原因。在此基础上，对日本保障劳动者权益的制度经验进行了梳理。研究发现，第一，日本劳动要素价格扭曲度变化趋势可以分为波动下降、波动回升、持续下降、波动回升、趋于平稳、波动上升 6 个阶段。扭曲程度显著低于我国。第二，从对劳动要素价格扭曲度进行的因素分解看，经济成长势头较好的时期，产出效应往往较显著，带动劳动要素价格扭曲度扩大。第三，日本建立起较为完善的劳动者保障体系，包括劳动力市场供需调节体系、能力培养和职业养成支援体系、解雇法规体系、雇佣和失业对策体系和劳动争议处理系统等，是纠正劳动要素市场扭曲的重要手段。

根据上述结论，借鉴日本经验，围绕减少劳动要素价格扭曲程度，提高劳动报酬占国民收入比重，本文拟从进一步改善劳动力工作环境角度提出几点建议。一是建立多元主体有效参与的职业养成支援体系。我国能力培育与职业形成支援体系单一，相关制度建设滞后，尚未充分调动相关主体的积极性。二是多措并举激发企业主体保障劳动者权益的主动性。与发达国家相比，我国劳动者保障体系虽然总体完善，但对企业主体的义务赋予和行为激励的相关制度设计有待加强。三是加大对企业损害劳动者权益的监管力度。需要进一步明确限制解雇相关行为的界定，丰富劳动者保护自身利益的救济手段。无论针对个人解雇还是集体解雇，我国对限制性解雇要件、救济手段等方面的规定有待加强。四是我国要加快建立发达国家较为普遍的补充失业补助制度，建立和完善针对那些失业保险尚未有效覆盖群体的救助制度。

参考文献

[1]Dickens W T, Lang K, A Test of Dual Labor Market Theory, *American Economic Review*, 1985, Vol. 75, No. 4.

[2]Lazear E P, Why is There Mandatory Retirement?, *Journal of Political Economy*, 1979, Vol. 87, No. 1.

[3]Thurow L, Disequilibrium and the Marginal Productivity of Capital and Labor, *Review of Economics and Statistics*, 1968, Vol. 50, No. 1.

[4]川口大司，年功賃金は生産性と乖離しているか：工業統計調査・賃金構造基本調査個票データによる実証分析，経済研究，2007, Vol. 58, No. 1.

[5]都留康，労働組合の賃金・発言効果と未組織労働者の組織化支持—〈失われた

10 年〉の前後比較，経済研究，2009，Vol. 60，No. 2.

[6]千田亮吉，限界生産力と要素価格の乖離について：企業規模別の推定，三田学会雑誌，1984，Vol. 76，No. 6.

[7]森川正之．労働力の質と生産性ー賃金ギャップーパートタイム労働者の賃金は生産性に見合っているか?，*RIETI Discussion Paper Series*，2017，Vol. 17，No. 8.

[8]経済産業省・厚生労働省・文部科学省，2015 年版ものづくり白書，東京：経済産業省，2015，p. 241—246。

[9]独立行政法人 労働政策研究・研修機構，2019 年データブック国際労働比較，東京：労働政策研究・研修機構，2019，p. 198—201。

[10]柏培文：《劳动力议价能力与劳动收入占比——兼析金融危机后的影响》，《管理世界》2019 年第 5 期。

[11]常进雄、王丹枫、叶正茂：《要素贡献与我国初次分配中的劳动报酬占比》，《财经研究》2011 年第 5 期。

[12]康志勇：《赶超行为、要素市场扭曲对中国就业的影响——来自微观企业的数据分析》，《中国人口科学》2012 年第 1 期。

[13]李文溥、李静：《要素比价扭曲，过度资本深化与劳动报酬比重下降》，《学术月刊》2011 年第 2 期。

[14]李言：《中国生产要素价格扭曲的变迁：2000—2016 年》，《经济学动态》2020 年第 1 期。

[15]盛仕斌、徐海：《要素价格扭曲的就业效应研究》，《经济研究》1999 年第 5 期。

[16]史晋川、赵自芳：《所有制约束与要素价格扭曲——基于中国工业行业数据的实证分析》，《统计研究》2007 年第 6 期。

[17]王宁、史晋川：《中国要素价格扭曲程度的测度》，《数量经济技术经济研究》2015 年第 9 期。

[18]王晓丹、石勇：《要素贡献对中国初次分配格局的影响——兼论初次分配中资本对劳动的侵蚀》，《华南师范大学学报(社会科学版)》2014 年第 3 期。

[19]王展祥、龚广祥：《劳动报酬份额偏离程度分析——基于劳资议价能力的视角》，《经济评论》2017 年第 1 期。

[20]夏晓华、李进一：《要素价格异质性扭曲与产业结构动态调整》，《南京大学学报》2012 年第 3 期。

[21]张车伟、赵文：《中国劳动报酬份额问题——基于雇员经济与自雇经济的测算与分析》，《中国社会科学》2015 年第 12 期。

The Calculation of Labor Factor Price Distortion between China and Japan and the Experience of Japan's Governance

Sun Zhe　Wang Xiaorui

Abstract　This paper uses the production function with time-varying elasticities method to calculate the degree of labor factor price distortion in Japan, and compares that with China in the same period. It is found that in the past 50 years since the second oil crisis, Japan's labor factor price distortion generally showed a downward and then upward trend, which can be divided into six stages: the degree of labor factor price distortion decreased from 1973 to 1983, and then rose from 1984 to 1989; the distortion kept declining from 1990 to 1994, and then went up from 1995 to 2004; the distortion tended to be stable during the period from 2005 to 2011, and then fluctuated with upward trend again from 2012 to 2017. Comparing with China, the degree of labor factor distortion in Japan was significantly lower in the same period. This may be due to the fact that Japan has established a relatively functional labor security system, including the supply and demand regulation system of the labor market, the dismissal regulation system, the employment and unemployment management system and the labor dispute settlement mechanism, which can effectively revise the distortion of the labor factor price.

Key Words Production Factors; Labor Remuneration; Price Distortion

从政府主导到新自由主义:日本"非典型"资本主义经济模式的流变

夏碧英　严金强

内容提要　战后日本资本主义逐渐形成了与典型资本主义国家存在许多差异性特征的经济模式,主要表现为政府主导型的发展模式、有组织的市场模式和平稳型的劳资关系模式。尽管这种经济模式本质上仍然是建立在私有制基础上的资本主义模式,但又与欧美资本主义典型特征相区别,正是这种经济特征推动了战后日本经济高速增长和民众生活水平迅速提高。20 世纪 90 年代以来,这种经济模式逐渐被新自由主义所取代,这是导致最近三十年来日本经济增长几乎停滞的重要原因。日本资本主义经济模式的新自由主义转向这一演变趋势是整个世界资本主义历史演变的缩影。日本"非典型"资本主义经济模式的流变分析有助于正确认识日本经济模式未来走向和准确把握中国特色社会主义经济发展道路。

关键词　日本资本主义;经济模式;新自由主义

中图分类号　F0—0

一、引　言

日本作为一个典型的后进型资本主义国家,受地缘政治、传统文化以及社会思潮的影响,表现出了与正统资本主义模式的诸多差异性。这些差异性特征引起了国内外学者的广泛讨论,也形成了当代资本主义的代表性研究主题。很多学者将日本经济在第二次世界大战后取得成功的原因归结为日本资本主义独有的经济模式,从经济文化上看是"儒家资本主义"(森岛通夫,1984;弗兰克·吉布尼,1985;王永忠,2004),从市场组织形式上看是"法人资本主义"(奥村宏,1984;陈为民,1998;江瑞平,1998),从经济发展阶段上看是"国家垄断资本主义"或"国家资本主义"(茗柯,1962;韩毅,1988;张建刚,2010)。也有很多学者通过对日本资本主义经济模式具体表现特征的概括和分析探讨"二战"后日本经济高速增长的原因所在,这些具体特征包括"国家强有力的干预"(都留

作者简介:夏碧英,上海财经大学马克思主义学院讲师;严金强,复旦大学马克思主义学院副教授。

重人，1979；太仁田树，1981；肖爱民，2006）、"国民经济计划和产业政策"（黄泰岩，1990；阎莉，1998；贾根良，2000）以及"官、产、学协调"、"终身雇佣制"、"法人相互持股制"（张可喜，1985；保坂直达，1994；石原享一，2019）。

总体来说，对"二战"后日本经济高速增长的原因分析有较大共识，即与日本资本主义经济的独有模式有关。但对日本自20世纪80年代形成的泡沫经济及其在90年代泡沫破裂后直接引发的日本经济持续三十年的萧条的根本原因，呈现出多种解释，一些学者（如马建堂、杨正位，2002；陈彩虹，1999）将其归结为国际经济形势的变化，特别是出口下降以及美国的汇率干预等方面的影响，一些学者（如顾卫平，2002；左凯、魏景赋，2003；周泽洪，2003）将其归结为日本国内因素所导致，包括传统促进高速增长的日本模式，如政府对经济的干预、主银行制度等阻碍了经济体制转轨等。我们认为这些学者归纳的这些因素并没有真正揭示日本经济衰退的根本原因。正如程恩富（2005）所指出的，日本20世纪90年代出现的经济持续萧条正是日本经济模式转向了新自由主义带来的结果。刘凤义（2010）也认为日本经济衰退在于日本没有遵循"二战"后形成的日本模式的内核，而是选择了新自由主义政策的结果。

由于日本资本主义发展是一个历史持续的进程，要研究日本经济长期萧条的原因，离不开对"二战"后日本经济高速增长的原因剖析。因此，需要将两个时期的经济模式演变特征结合起来分析，才能够得出有力的结论。对这一问题的认识，对认识和应对当代资本主义新变化，把握当今世界经济格局的深刻调整，理解百年未有之大变局具有重要的现实意义。在此基础之上，也有助于更好地推动中国特色社会主义经济建设，构建以"一带一路"为重要实践基础的人类命运共同体。

二、战后日本"非典型"资本主义经济模式

（一）战后日本"非典型"资本主义经济模式特征

日本资本主义经济模式在"二战"后表现出诸多有别于欧美典型资本主义国家的基本特征，这些特征体现了日本资本主义经济中蕴含的社会主义因素（江瑞平，1990；张舒英，1993；柴垣和夫，2019）。日本的"非典型"资本主义经济因素对日本经济发展和社会进步起着重要作用，被认为是推动战后日本经济高速增长的主要原因。

首先，在经济计划化上采取从中间组织到政府产业政策和统制经济体制的方式代替资源配置的完全市场化。"二战"后形成的日本资本主义经济模式中，政府的产业政策体系化、制度化和程式化是其中一个异常鲜明的特征。产业政策不仅在"二战"后存在并形成较为完善的体系，在"二战"前乃至明治维新初期，日本就存在"殖产兴业"、产业合理化以及统制经济体系等政策，可以

说，日本资本主义现代化进程从一开始就有政府各项政策的强力主导和参与，这些政策对日本资本主义工业化和科技发展起到了重要的推动作用。与其他资本主义国家不同的是，日本的经济计划化不仅注重国家在经济政策和资源配置中的重要作用，同时也兼具灵活性和民主性。体现在制定计划的过程中，注重政府、企业界、民间及学术界的广泛对话协商，通过建立审议会的方式协调各方利益关系，从而使经济计划化能够顺利推行。在战后初期推行“倾斜生产方式”等相关产业政策，使得相关产业得到较快发展，并逐渐趋向战前的水平。从工业和矿业生产综合情况来看，1948 年达到了增长 50%左右的速度，其余年份和季度也基本保持 20%～50%的增长率。[①] 从总体经济增长来看，战后的经济恢复期(1946—1955 年)这十年年均经济增长率达到了 9.2%，有力地促进了经济的恢复和后期的经济复兴。经济恢复后，日本经济在政府主导下，不断取得新的突破，从 1955 年到 1970 年这 16 年间，日本经济以年均 10.2%的速度增长，使日本快速进入发达国家行列。即使在日本高速增长期之后，经济计划化有所削弱的背景下，日本政府的经济计划仍然还在很多领域保持，比如“科技立国”、“海外投资立国”等国家层面的发展战略，这些经济计划在日本经济发展中起着重要作用，有效地避免了无政府状态，确保了日本国民经济有序地运行和发展。

其次，在资本社会化上采取以国营企业和法人持股为特征的所有制形式代替完全私人化和个人持股的方式。资本社会化在日本资本主义发展初期就已经大规模出现，明治政府依靠国家力量创建了一大批“官营企业”及“模范工厂”。由于当时私人资本力量十分薄弱，要创建现代化工厂就只能依靠国家力量。尽管在明治政府后期日本的很多国营企业采取了低价处理给私人资本的方式进行了民营化，从而推动了日本私人资本的发展。但是在两次世界大战初期日本开始实行统制经济体制，在重化工业、矿业、铁路、钢铁等领域增加了国家投资，建立起国家垄断资本主义模式，通过国营的模式促进了日本产业集中和重工业发展。这一特征非常明显，以至于日本学界和政界都具有强调国家在经济计划和直接投资上重要作用的传统。国有国营的所有制性质能够消除私人资本难以有效抵抗风险开展大规模投资的困境，有效缓解了日本资本主义经济矛盾。除了以国营企业实现资本社会化外，“二战”后日本的法人所有制也是具有鲜明特色的所有制形式。战后日本也经历了一轮民营化，将财阀经济转化为法人资本主义经济，企业法人相互持股，包括银行法人对企业的持股，能够有效分散风险，实现企业稳定经营。“二战”后，与其他资本主义国家一样，日本也采取国家资本主义所有制、股份制、合作制经济、跨国公司等形式实现从私人化向社会化转变。

---

① 金明善、宋绍英、孙执中：《战后日本经济发展史》，北京：航空工业出版社，1992 年，第 47 页。

最后，在劳资稳定化上采取以终身雇佣制、年功序列制和企业内工会的方式取代劳资关系的自由化和财富分化。日本的就业政策被认为是日本资本主义经济模式中独具特色的包含社会主义因素的制度特征。早在明治维新之前日本就有诸如"奉公人制度"这样的用工制度，到了明治维新确立资本主义制度之后，尽管用工制度的形式有所改变，但日本企业还是将这种注重维持劳动者与企业之间的长期稳定关系的传统保持了下来。到了"二战"后，日本在此基础上形成了以终身雇佣制、年功序列制和企业内工会为代表的就业和用工制度，这种用工制度尽管难以消除资本对劳动的剥削关系，但能够使得劳动者作为企业的一员参与到企业的日常经营管理，与企业的长远利益绑在一起，还可以部分获取企业长期盈利分配。从一定程度来看，由于劳动者在企业不容易被解雇，企业会将劳动者的培训和收益的分配挂钩起来，减少了劳资矛盾，削弱了阶级对立的局面。企业内工会的设立使得企业注重改善劳资关系，有组织的企业内工人形成了与资方相制衡的力量，劳动者获得了参与企业管理的途径。除了用工制度之外，日本也设立了一整套企业化的社会保障制度，在企业内部实现劳动者福利保障，如厚生年金保险、健康保险、雇用保险等制度，还有附加给付、职员福利等。这些制度安排一方面稳定了劳资关系，另一方面缩小了社会贫富差距。

(二)日本"非典型"资本主义经济模式的性质分析

显然，上述分析的日本"非典型"资本主义经济模式具有一些社会主义因素的特征，但与马克思主义经典作家对未来社会主义社会的基本特征的描述具有本质的区别，也与以中国为代表的当代社会主义国家的经济特征有所区别。

首先，在所有制关系上，虽然日本采取了一系列富有特色的资本社会化的形式，包括国有国营、法人持股等，但是这种所有制的改革和设置并没有改变日本生产资料私有制的生产关系性质。社会主义公有制要求生产资料归社会占有，最终所有权归全体人民或集体共同占有，任何个人或组织不能够享有占有权，也不能凭借对生产资料的占有获得相应的收入。对于日本不同时期的国营企业，更多集中在重化工业等投资规模较大、回收期长的行业，这些行业在生产初期私营企业往往不愿意投资，日本以国家的形式集中资源进行投资，本质上还是服务于私人资本，这从多个时期国营规模到一定程度之后又会进行民营化转让给私人的现实就可以充分体现出来。"二战"后日本的法人持股也是一样性质，法人也是由各个财阀集团企业或者银行企业组成，所有权并不归属日本普通民众。

其次，在资源配置方式上，尽管日本政府通过产业政策和统制经济模式等方式对经济进行一定程度的计划，但是基于日本资本主义私有制的性质，政府的产业政策和统制经济也是为了服务私有资本。同时，市场的资源配置方式在日本的大部分经济领域仍然占据着决定性的位置，在这些领域，单个企业的生产有组织性和整个社会的无政府状态之间的直接矛盾仍然存在。行业协会、商会等中间性组织尽管也在日本经济资源配置中发挥重要的调节作用，但是这些中间性组织本身依托于企业而存在，只能在行业范围内起到一定的计划作用，为行业内企业特别是大企业集团服务，同时一定程度上也受到日本政府专门机构的约束和限制。总之，日本资本主义私有制的性质决定了经济计划化作用发挥的有限性。

最后，在劳资关系和收入分配上，尽管日本以稳定型的用工制度和富有特色的日式经营方式保持了较为和谐稳定的劳资关系和较为平等的收入分配，但是日本企业作为资本主义私有制企业，资本与劳动者之间的雇佣关系并没有根本上改变。劳动者作为企业的雇佣工人，在给自己创造出劳动力价值即工资的同时，也为资本家带来剩余价值，这是资本主义私有制企业劳资关系的基本规律。日式企业中劳动者尽管与企业的长期利益具有一致性，而且劳动者可以通过一定的方式分享到企业的剩余价值和利润，但不可能根本上改变劳动者被剥削的地位，这种公共关系反而更加有利于资本家对劳动者的长期稳定的剥削。

但是，不可否认的是，日本经济的“非典型”资本主义经济特征是对传统资本主义模式的变革，对日本经济实现工业化、抵御经济危机、带动“二战”后高速增长具有重要而且关键的作用。尽管在所有制、计划性和分配制度上难以突破资本主义生产关系的本质，但却向着更加高级的新社会靠拢。日本社会中存在的生产社会化和资本主义私人所有之间的矛盾通过其“非典型”资本主义的经济模式得到很大程度的缓解，甚至可以认为，日本经济中的这种“非典型”资本主义经济特征的强弱与日本经济增长之间存在的显著的正向关系，这一点从20世纪90年代开始的日本经济变化的现实中可以得到印证。

三、新自由主义与日本资本主义经济模式的衰败

（一）新自由主义思想与经济泡沫膨胀

“二战”后日本逐渐成长为发达国家，20世纪70年代以来，由石油危机带来的西方经济的滞胀危机，也给日本经济带来了一定冲击，日本经济增长率从70年代以前的9%左右下降到1970—1990年的5%左右。为了应对滞胀危机，新自由主义逐渐取代凯恩斯主义的国家干预，在西方经济政策领域取得了统治地位。日本也深受这一国际思潮的影响，从80年代初期开始，通过改革政府主导型的经济模式、裁减公务员、将国有企业私有化、解除政府管制等形式，转向了新自由主义经济政策基本立场。

在新自由主义政策的指导下，1978年日本政府对金融市场采取放松管制的政策，重点目标是实行利率市场化和放松金融管制。随着日本新银行法的

出台和实施，日本金融自由化的措施得以系统展开，主要目标在于促进银行业务的自主性发展，到了 1985 年，日本完成并实现了利率市场化的改革进程和目标。金融自由化政策的实施，导致了金融机构的过度放贷，银行的准备金越来越少，对公司的债务限制门槛也不断降低。在金融自由化的政策影响下，银行业务稽核弱化，金融机构大大放松了对借款人风险的审核。在高利润率的驱动下，各个银行和金融机构开始寻找能够获得高利润的行业和企业进行疯狂放贷，从原来的大型企业逐渐向中小企业特别是一些房地产小企业放贷。这些变化很容易使得房地产行业泡沫膨胀，再加上当时欧美国家迫使日本政府签订了放松日元汇率管制、实行金融自由化的“广场协议”，这无疑进一步导致金融泡沫的扩大和无序发展。

图 1 显示了日本在这期间放松金融管制后日本银行贷款量(右侧坐标轴表示)和国内银行贷款总量(左侧坐标轴表示)的变化情况。日本银行放贷量在 1980 年以前尽管与之前相比有了很大的增长，但总体增长平稳。而 1980 年之后，银行贷款量开始急剧上升，到了 1991 年达到这一时期的历史顶峰 101 323 亿日元，是 1971 年的将近 16 倍。从日本国内银行总贷款量来看，1975 年开始呈现加速上升的趋势，从 1975 年 70 万亿日元上升到 1991 年的 417 万亿日元，增长了 5 倍左右，然后增速趋缓，到了 1998 年开始下降。

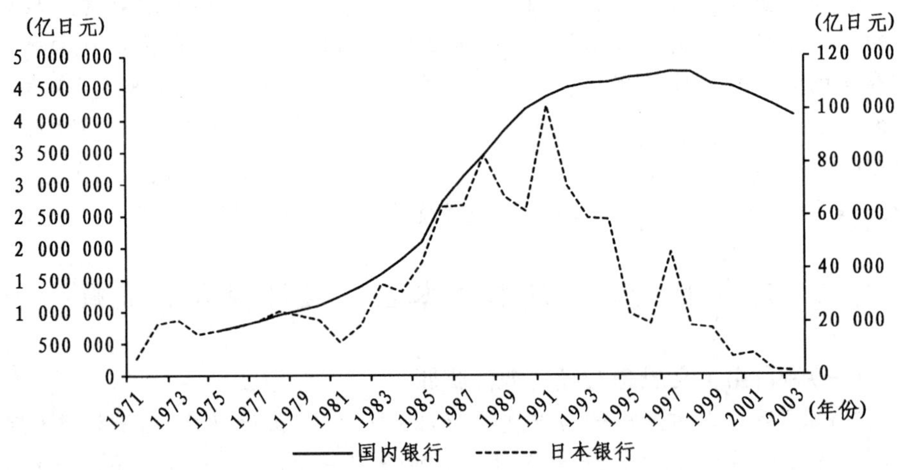

图 1 日本 1971—2003 年日本银行和国内银行贷款量变动趋势

随着政府放松金融管制，银行放贷量急剧增加，日本房地产价格也开始急剧攀升。其中地价从 20 世纪 80 年代开始急剧上涨，1991 年达到顶峰，平均地价是 80 年代初的 5 倍左右，这是在短短不到 10 年的时间内实现的。特别是商业用地价格增长最快，1991 年价格指数达到 519.4(2000 年为 100)，是 70 年代初期的 10 多倍。除了房地产价格急剧上升之外，其他商品的价格也上涨迅速，特别是股票价格出现了暴涨的趋势，据统计，1985—1989 年这四年间，日均股价年均增长高达近 50%，而同期 GDP 平均增长率仅为 4.325%。[①]股价相对于经济的高速增长潜伏着经济泡沫从膨胀到破裂的危机。

（二）经济私有化和工会削弱与贫富差距拉大

1981 年日本召开临时行政调查会，为推行新自由主义经济改革铺平道路，两年后，日本临时行政改革推进审议会通过了以“从官到民”和“从国家到地方”为目标的改革方案。其中，“从官到民”的改革方案主要在于减少政府对经济的干预，限定政府干预程度和范围，具体如减少财政预算，要求 1982 年财政零增长，1983 年要实现财政负增长，并推行全国民营化政策。“从国家到地方”的改革方案主要是对地方自治体进行巩固，取消或者减弱国家层面的福利制度和福利设施，下放到市、町、村一级，削减补助金的额度，最低限度满足国民最低生活水平。到了桥本内阁时期（1996—1998 年），日本国有企业民营化和工会组织削弱的程度逐渐得到加深，经济自由主义的倾向通过政策进一步得到巩固。桥本内阁当时推行了六大改革议题，涉及经济领域的改革分别是：(1)金融改革，进一步放松金融管制；(2)行政改革，简政放权，减少政府干预；(3)经济结构改革，大型国有企业的拆分和实现民营化；(4)社会保障和财政结构改革，减少政府补助，削减国家福利制度。

伴随日本国有企业私有化的过程，强化了资本力量，破坏了日本“二战”后形成的稳定型的劳资关系模式，将劳动力市场的自由化作为更具有市场竞争力、更能够适应现代市场经济需要的经济政策取代了原来的用工模式。这一措施的直接影响是日本工会组织化程度逐渐下降，据统计，在业的工人参加工会组织率从 1970 年的 35.4%下降到了 2003 年的 19.6%。不仅如此，工会本身的力量也受到公司私有化的冲击，特别是原来工会组织程度和功能强大的三个国有企业也在 1985 年实行了私有化，包括日本电信电话株式会社(NTT)、日本国有铁道公司(JNR)和日本烟盐专卖公司(JTS)。随着工会组织的逐渐瓦解和工会力量的不断削弱，势必引起企业中就业的劳动者工资水平降低，以及处在失业状态的劳动者保障弱化。长期来看，工会组织的瓦解和削弱，也会带来劳资冲突加剧和劳资之间的不平衡性强化，进而造成收入差距和贫富差距拉大，社会不平等程度加剧。图 2 显示了日本 1975—2019 年前 10%高收入群体所占份额变动趋势。从 20 世纪 70 年代中期以来，前 10%收入份额明显增长，特别是到 1990 年，之后有个短暂的下降后，又出现急剧上升，到 2007 年，日本前 10%收入份额超过了 44%。从基尼系数这一指标来看，据统计，日本在 1972 年基尼系数为 0.3，处在低位水平，但自 1984 年以

① 冯昭奎：《21 世纪的日本——战略的贫困》，北京：中国城市出版社，2002 年，第 100—104 页；桥本寿朗、长谷川信、宫岛英昭：《现代日本经济》，戴晓芙译，上海：上海财经大学出版社，2001 年，第 216 页。

来，日本基尼系数持续上升，到了 1992 年达到 0.38，而 2008 年达到 0.53，2011 年更是达到 0.55 的历史高位。①

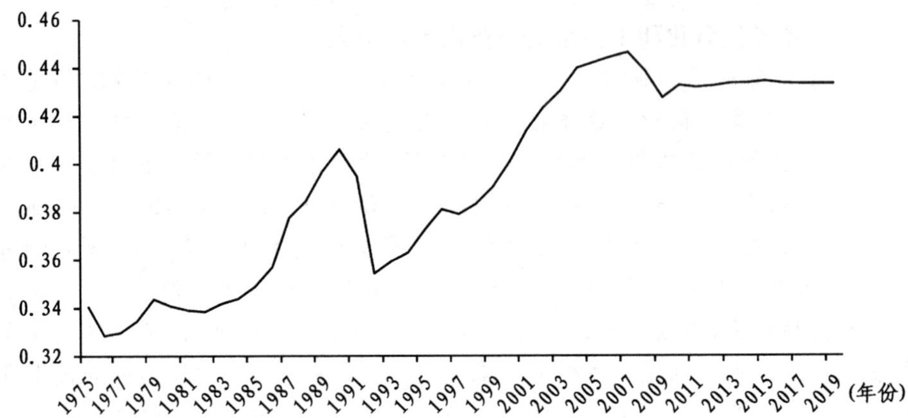

图 2 日本 1975—2019 年前 10%高收入群体所占份额变动趋势

(三)日式劳动关系的变革与企业创新力减弱

受到 20 世纪 70 年代石油危机的冲击，80 年代日本政府在宏观层面的一系列新自由主义经济政策的影响，以及 80 年代中期广岛协议日元的升值(据统计，从 1985 年到 1995 年十年间，日元兑美元的汇率升值了 3 倍以上，达到 1995 年 4 月 19 日的 1 美元=79.75 日元的最高值)的震动，日本经济增长开始减缓，企业经营压力越来越大。日本政界、学界和业界都把靶心指向日本企业的经营模式，特别是"二战"以来形成的稳定型的劳资关系，包括终身雇佣制、年功序列制和企业内工会制度。他们认为正是因为日本这种固化的劳动关系模式和企业制度限制了企业的发展和竞争力的提高，从而使得企业在国际竞争中处于不利地位。我们认为，理论界的这种认识是片面的，没有抓住事物的本质和真实的因果关系。日本正是由于面临石油危机和 1985 年广场协议的冲击，日本经济包括企业经营和竞争力受到负面影响，而这一切的发生除了石油危机和汇率变动等外部因素外，还与 20 世纪 80 年代以来逐渐调整改革的企业制度有关。

在这一背景下，日本对企业制度进行了一系列改革和调整，特别是将原来的稳定型的劳动关系模式逐渐消解。首先调整企业的经营目的和发展战略，原来的法人持股和主银行制的股权结构和制度安排逐渐向美式企业制度靠拢，重视股东盈利水平。其次进行企业管理结构改革，下放管理权限，公司小型化。比如伊藤忠商事是一个综合商社，改革后组建 8 个分公司，独立经营核

① 日本厚生劳动省公布的数据，参考 http://finance.sina.com.cn/world/20131012/090016968418.shtml. 2021 年 6 月 9 日。

算，减少总公司对其干预，增加市场化程度。最后就是改革人事用工制度。年功序列制转向年薪制，减弱了终身雇佣制的限制，在经济萧条时期，企业开始大量解雇工人，实施按能力和业绩支付报酬和晋升职位的人力资源管理政策。

这些政策事实上并没有给日本企业带来更多活力，反而显示出创新力和竞争力的传统优势遭到了破坏。在 20 世纪 80 年代的时候，日本科技进步贡献了经济增长的 2%，也就是说 4.2%的年均增长率中，2%的增长率是依靠科技推动的，贡献率将近 50%。但到了 90 年代，日本的科技力量却有所弱化，日本大量依赖进口来解决新科技落后的问题，据统计，1993 年在日本进口的 3 224 件新技术中，计算机软件进口就占了超过 50%，而且 70%是来自于美国。与此同时，日本的企业研发经费增长率在 20 世纪 90 年代以来呈现下降趋势，企业研发经费增长率从 80 年代的近 10%下降到 90 年代的 5%以下。从微观企业层面来看，劳动关系模式的破坏使得日本企业更多关注的是短期的盈利水平，而忽视了长期的科技创新和传统企业的“精益求精”的精神文化。

日本在专利发明等方面的数量自 1987 年以来总体呈现下降的趋势，1987 年四项总数为 772 587 件，降到 1999 年的 575 167 件。这表明，这一时期日本企业总体的科技发明在走下坡路，这与“二战”后日本科技进步逐渐提高的趋势形成了鲜明的对比。① 不仅如此，从企业内部的科技人员数量变化来看，呈现出明显的下降趋势。自 1991 年日本企业技术人员数量达到最高峰的 90 320 人以来，大体呈现下降趋势，到 2003 年这一数量仅为 53 490 人，下降了 68.85%。②

（四）三十年经济衰退期的根本原因分析

日本自 20 世纪 90 年代经济泡沫破裂之后，经济增速急剧下降，并且长期维持在低水平的状态，被称为“失去的十年”、“失去的二十年”，至今应该是“失去的三十年”了。图 3 是日本“二战”后自 1955 年以来的经济增长率变动趋势。从图中可以看出，日本经济在“二战”后明显呈现出三段式的增长路径。首先是 1955 年到 20 世纪 70 年代石油危机之前，日本经济年均增长速度达到 9.7%，到了 70 年代日本经济增速有所下降，但仍然保持了 4.7%左右的速度，一直到 80 年代末，到了 90 年代步入第三阶段，经济增速急剧下降，之后一直维持 1%左右的低速增长。

事实上，从 20 世纪 90 年代泡沫破裂后的这三十年里，日本传统的经济模式已经逐渐被打破，但日本经济仍然没有走出衰退的魔咒，这已经充分表明，日本的经济衰退依赖于新自由主义的典型欧美资本主义模式并没有得到根本

---

① 数据来源：Statistical Survey Department，Statistics Bureau，Ministry of Internal Affairs and Communications.

② 数据来源：Statistical Survey Department，Statistics Bureau，Ministry of Internal Affairs and Communications.

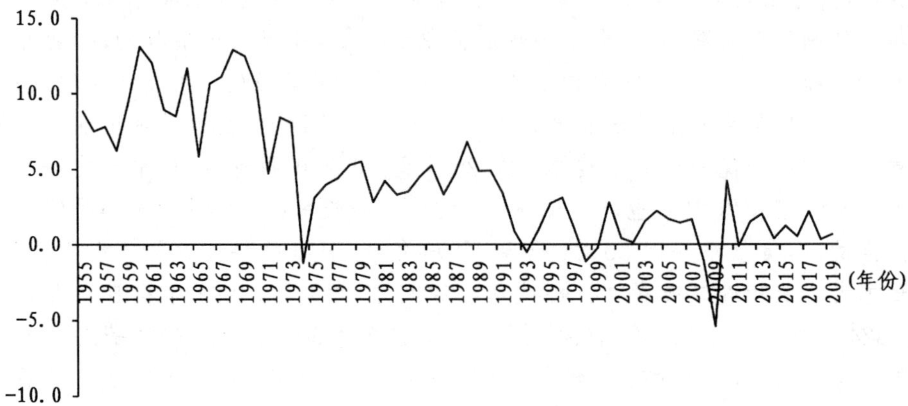

图3　日本1955—2019年经济增长率变动趋势

性的改善,反而使得经济更加深陷泥潭。到底谁是因谁是果,需要站在日本经济历史发展变化的长河中加以把握,因此必须将历史脉络置于基本经济规律和理论逻辑之中加以考察。20世纪70年代石油危机之后,日本经济受到一些冲击,但日本经济在宏观、中观和微观层面的特有模式使日本经济在危机时仍然能够保持5%左右的增长速度,应该说抵挡住了国际经济危机带来的负面冲击。而进入80年代中后期,日本经济政策明显开始转向自由主义政策,逐渐放弃了原来的日式特征,弱化了日本经济制度中的社会主义因素。

我们认为,日本"非典型"资本主义经济模式随着日本经济社会条件的变化而变化,而这些因素的强弱通过直接或间接的方式影响着日本的经济政策和经济发展。在明治维新之后,日本建立了资本主义制度,但受到当时日本社会环境和国际因素的影响,日本要实行工业化,必须依托于强大的政府力量。对此,日本政府推出了"殖产兴业"等具有日本特色的产业政策,并且逐渐形成了统制经济体制,强化了政府对经济的干预,有效地避免了市场在产业布局和资源集中配置上的盲目性和失灵问题。在此前提下,日本经济加快了工业化进程,推动了经济的发展,经济增长速度也稳步提高,"二战"期间更是强化了政府集权和对经济资源的管制和调拨。"二战"后经过一段时间的计划化和民营化,通过实施更加深入全面的产业合理化政策,形成了政府主导型经济模式、有组织的市场模式以及稳定型的劳资关系模式。这些显然具有鲜明的"非典型"资本主义特征,奠定了日本"二战"后经济快速增长的基础和架构,实现了日本进入发达国家行列的目标。到了20世纪70年代之后,受国际石油危机冲击以及美国汇率政策影响,日本经济增速有所下降,但仍然保持了将近5%的年均增速,80年代中后期以来,日本政策开始调整,传统的国家主导型政策体系开始瓦解,新自由主义逐渐占领经济思想主流和经济政策主导,由此带来了经济泡沫、贫富差距拉大以及企业创新力减弱等负面影响，最后使得日本经济进入了长期衰退的境地。这是理解日本资本主义经济模式及其发展变化的主线，也是预测日本经济发展趋势的有力标尺。

四、全球视野中日本经济模式的流变及启示

日本自明治维新以来确立了资本主义制度，但日本作为后进的资本主义国家，政府在明治初期对经济活动进行了大量的干预，这种带有“国家主义”方式的政策在推动日本资本主义工业化、建立工业和国民经济体系、实现日本经济稳定发展方面起到了重要作用。“二战”后，为了改变战争带来的国内经济凋敝的现象，日本政府继续推进大规模的产业政策，制定了一系列振兴计划和产业政策法律制度，激发了战后经济活力，最终赢得了战后经济高速增长的黄金期，日本一跃成为经济规模仅次于美国的发达国家。20 世纪 70 年代以来，由石油危机带来的西方经济的滞胀危机，也给日本经济带来了一定的冲击，经济增长率开始急剧下降。80 年代初日本的经济政策开始转向新自由主义，新自由主义的经济思想也开始充斥日本经济理论界和政策界。但从新自由主义政策效果来看，日本经济并没有取得成功。尽管从 21 世纪开始，日本几届政府费尽心机加以贯彻和实施新自由主义政策，试图使日本经济有所起色，可现实不尽如人意。日本战后逐渐形成的“非典型”资本主义经济模式，以及 20 世纪 70 年代之后开始逐渐被新自由主义代替的经济模式转向，既与日本资本主义发展的独特性有关，也与世界资本主义发展变化密切相关。

20 世纪 30 年代，被西方资本主义国家奉为圭臬的自由主义遇到了世界经济大危机，整个资本主义经济陷入了大萧条。为了缓解资本主义矛盾、走出经济危机，资本主义国家深刻总结自由主义经济政策带来的经济危机，反思资本主义私有制和自由市场存在的问题。在这一导向下，资本主义经济模式开始转型，由自由放任转向国家干预，从私人垄断资本主义转向国家垄断资本主义。在凯恩斯主义理念指导下，“二战”后西方资本主义国家开始由自由主义经济政策走向了国家干预的道路，资本主义逐渐从危机中走出来。与此同时，逐渐形成了以经济计划化、资本社会化、社会福利制度化和企业管理民主化等特征的经济模式。这一经济模式不仅弱化了资本主义生产资料私人占有对其生产力发展的约束影响，而且缓解了劳资之间的对立冲突，还促进了劳动收入水平的提高，这一切都为资本主义国家创造了稳定发展的环境。据统计，1950—1970 年间，西方主要资本主义国家的年均失业率下降到 5%以下，工人的实际工资有了显著的提高，贫富差距有了明显的缩小，达到了 20 世纪以来的盘底部位。加上第三次工业革命的影响，主要资本主义国家经济增长率普遍达到 5%左右，社会生产力得到了长足的发展，资本主义国家进入发展的“黄金时期”。

但是上述“黄金时期”是短暂的，20世纪70年代爆发的“石油危机”使西方资本主义国家深陷经济危机，国家经济增长长期停滞，增长率下降到2%，同时物价平均上涨将近10%，一方面生产处于缓慢增长甚至停滞状态，失业率开始攀升；另一方面物价高涨，通货膨胀率居高不下。因此，资本主义国家都开始调整经济模式和经济政策，纷纷放弃凯恩斯主义，走上了以自由化、私有化和市场化为核心的新自由主义道路。实行新自由主义的典型代表有美国和英国，这些资本主义国家将经济发展完全交由市场自由决定，快速推进国企私有化进程、政府不再对市场进行指导干涉、对私有部门进行减税、推行金融自由化的政策，这些政策短期内确实对经济起到了一定的刺激作用，私人部门的活力和总体经济有了一定的增长，但是随之发展起来的金融资本的膨胀和金融衍生品的泛滥充斥全球各个角落。同一时期的诸多发展中国家深受这一轮金融自由化的影响，导致了东南亚金融危机的爆发。因为有这些金融体系脆弱的发展中国家承载着大部分后果，这一轮的金融危机对发达资本主义国家并没有造成太大的影响。但是2007年爆发的美国“次贷危机”对国际金融及世界经济造成了严重打击。这次金融危机和经济危机使得发达资本主义国家金融和经济系统受到严重冲击，美国、欧元区、日本的经济在2008年和2009年连续两年出现负增长，2009年世界经济普遍下降5%左右，资本主义国家经济陷入了低速增长和停滞的状态，欧美发达资本主义国家的失业率在金融危机后连续多年接近或者超过10%。

2007年的国际金融危机和经济危机，与20世纪70年代之后资本主义国家普遍实施新自由主义的经济模式密切相关。一方面，新自由主义放松对经济和金融的管制，任由金融资本自由发展并伴随全球化扩散到全球各个角落。以美国为例，2007年在金融危机爆发前夕，美国GDP与金融衍生品的价值比例为1∶29，其中实物经济与金融衍生品的比例为1∶68，也就是说，金融衍生品的价值是实物经济的68倍之多。金融的发展已经完全扭曲了它与实体经济之间的关系，不再依托于实体经济，而实现了独立于实体经济并且泛滥生长的趋势。另一方面，新自由主义放松了对劳资矛盾的调节，任由自由市场调节劳资关系，急剧拉大了全球贫富差距。根据托马斯·皮凯蒂(Thomas Piketty)在《21世纪资本论》中的描述，自20世纪80年代之后，世界主要资本主义国家的贫富差距都在拉大，而且进入21世纪有逐渐加速的趋势。同样以美国为例，1980年收入前10%的美国人占整个美国总收入的35%，这一数据在1990年为40%，而到了2010年，这一数据超过了50%。如果从财富差距来看，这一数据更加大，在大多数欧美发达资本主义国家，都超过了60%。

全球金融危机和经济危机使得资本主义再次遭到重创，各国纷纷开始调整经济政策，很多西方主流经济学家把金融危机归咎于新自由主义，把矛头直指自由放任的经济和金融政策。经济政策似乎要重返凯恩斯主义，在金融危机期间,各国政府开展积极救市举措,包括政府直接注资、发放产业补助等方式大规模干预经济活动。之后又开始调整经济政策,加强政府对金融机构的监管,出台一系列振兴制造业发展的战略规划,加强贸易壁垒实施贸易保护主义,以维护本国企业和劳动就业。但是,从金融危机至今,资本主义国家并没有完全从危机中走出来,经济萧条一直伴随着发达资本主义国家左右,除了经济问题,各种社会和政治问题也层出不穷,当代资本主义面临着综合性危机。

在包括日本在内的世界主要资本主义国家面临各种困境和危机的同时,与日本同样处于东方的中国却是另外一番景象。在全球面临百年未有之大变局以及新冠肺炎疫情的蔓延,中国承受住了这些冲击和影响,并且逆势生长,2020 年成为全球唯一经济正增长的主要经济体。近期,英国"经济与商业研究中心"(CEBR)称中国将在 2028 年超过美国,成为世界第一大经济体。中国经济之所以能够取得如此大的成就,主要在于我们遵循了历史发展规律,将马克思主义政治经济学基本原理与中国具体实践和基本国情相结合,开辟了一条中国特色社会主义经济发展道路,逐渐形成了以社会主义基本经济制度为表征的中国特色社会主义经济发展模式。

纵观当代资本主义经济模式的调整和演变,自由主义的经济政策是他们的底色,这是资本主义生产关系以及由此结成的经济基础和上层建筑所决定的。但是,资本主义基本矛盾发生和发展的残酷现实,以及自 20 世纪 20 年代,特别是 50 年代以来全球马克思主义思潮和社会主义建设实践,进一步刺痛着资本主义引以为豪的经济自由主义,导致资本主义国家不得不做出调整和让步,转向与经济计划化和资本社会化相适应的经济政策和经济模式。我们认为这些模式中包含了一定的社会主义因素,是当代资本主义社会走向未来社会的探路器和门槛石。尽管这一过程还会不断反复,正如资本主义经济模式历史变迁的反复一样,但是,这是人类社会发展和前进的历史规律,任何力量都难以改变人类历史的发展大趋势。

而从日本资本主义经济模式的发展变化的历史逻辑线索来看,这条逻辑主脉依然是清晰的,那就是日本资本主义经济模式中所包含的社会主义因素高涨的时期往往经济社会发展较快,而在社会主义因素处于低潮的时期经济社会发展较慢。因此,社会主义因素的成长是日本经济发展的基础性条件,是抵御经济危机和资本主义危机的重要力量。但是,正如上文所分析,这种客观存在的力量,并不可能在主观上被日本资本主义统治者和决策者所完全接受,日本在 20 世纪 90 年代泡沫破裂后仍然一直朝着经济自由主义的方向去,历届首相试图通过经济制度改革扭转这一局面,但结果并不理想。

与此形成鲜明对比的是,中国特色社会主义经过多年发展,尽管还有一些问题需要解决,还有一些制度需要完善,但在当今世界各种制度的竞争中,无疑具有巨大的优势。这一优势并非只是简单复制马克思主义对未来社会设想的基本特征，而是将科学社会主义的基本原理与我国社会主义初级阶段的具体国情相结合，不断改革和创新后形成的中国特色社会主义经济模式的基本特征。这一经济模式，既是对科学社会主义基本原理的根本遵循，又是对中国特色社会主义具体实践的真实写照，同时也是对西方资本主义国家发展成果的吸收借鉴。我们相信，中国特色社会主义经济模式还会不断发展创新，不断融入社会主义实践的鲜活内容，也将为"百年未有之大变局"中的世界各国，包括日本在内的资本主义国家和仍然处于发展中的国家提供吸收借鉴的源泉。

这正印证了党的十九大报告中的一段话：中国特色社会主义进入新时代，"意味着中国特色社会主义道路、理论、制度、文化不断发展，拓展了发展中国家走向现代化的途径，给世界上那些既希望加快发展又希望保持自身独立性的国家和民族提供了全新选择，为解决人类问题贡献了中国智慧和中国方案"①。中国特色社会主义必将成为世界各国发展模式的成功典范！

参考文献

[1] 森島通夫，1984：『なぜ日本は「成功」したか？先進技術と日本的心情』，ティビーエス・ブリタニカ。

[2] 柴垣和夫，2010：『宇野理論と現代資本主義論』，櫻井毅[ほか]編著，『宇野理論の現在と論点』，社会評論社。

[3] 田中真人，1978：『高畠素之——日本の国家社会主義』，現代評論社。

[4] 伊藤誠，1995，『日本資本主義の岐路』，青木書店。

[5] 都留重人，1995：『日本の資本主義』，渡辺敏、石川通達訳，岩波書店。

[6]〔日〕保坂直达：《日本式的资本主义和日本型的企业经营》，夏冬译，《特区与港澳经济》1994年第2期。

[7]〔日〕柴垣和夫：《资本与企业的经济学——以所有和经营的关系为中心》，《柴垣·渡边论争——围绕现代资本主义诸问题的论战》，高晨曦译，《政治经济学季刊》2019年第2卷第1期。

[8]〔美〕吉布尼：《日本经济奇迹的奥秘》，吴永顺等译，上海：科学技术文献出版社，1985年。

[9] 陈为民：《评日本的法人资本主义》，《经济科学》1998年第10期。

[10] 程恩富：《新自由主义经济思潮与社会主义——日本东京大学伊藤诚教授访谈》，《国外动态理论》2005年第11期。

[11] 韩毅：《近代日本国家资本主义问题浅析》，《日本研究》1988年第12期。

[12] 黄泰岩、黄浩龙：《日本经济学家百百和的资本主义计划化理论》，《教学与研究》1990年第6期。

[13] 贾根良、王晓蓉：《日本经济体制的危机与变化趋势》，《南开学报》2000年第1期。

① 习近平：《决胜全面建成小康社会 夺取新时代中国特色社会主义伟大胜利——在中国共产党第十九次全国代表大会上的报告》，北京：人民出版社，2017年，第10页。

［14］江瑞平：《关于日本资本主义新的发展阶段的理论探讨》，《日本问题》1990年第3期。

［15］江瑞平：《法人垄断资本主义——关于日本模式的一种解析》，《中国社会科学》1998年第9期。

［16］刘凤义：《新自由主义与日本模式的危机》，《政治经济学评论》2010年第1卷第2期。

［17］茗柯：《日本的国家垄断资本主义》，《国际问题研究》1962年第4期。

［18］太田仁树：《日本资本主义争论和“两条道路”论》，《国外社会科学》1981年第9期。

［19］王永忠：《儒家伦理与日本资本主义精神》，载于《首届国际道德哲学会议论文集》，2004年。

［20］肖爱民：《论日本模式——当代资本主义经济发展模式的新变化新特点》，《湖南行政学院学报》2006年第9期。

［21］张建刚：《国家资本主义的模式及其发展状况》，《当代经济研究》2010年第3期。

［22］张可喜：《“日本模式”的九个特点》，《河南财经学院学报》1985年第10期。

［23］张舒英：《市场经济中的计划——对日本经济计划的再探讨》，《日本学刊》1993年第6期。

［24］左凯：《日本经济衰退原因的深层分析》，《世界经济与政治论坛》2003年第3期。

From Government-Orientation to Neoliberalism: Transformation of Japan's "Atypical" Capitalist Economic Model

Xia Biying　Yan Jinqiang

Abstract　After World War Ⅱ, Japan gradually formed a capitalist economic model with many different characteristics from typical capitalist countries, represented mainly by the government's role, organized market and stable labor relations. Although this model is still a capitalist one based on private ownership in essence, it is different from the typical European and American capitalist model, which promoted the rapid growth of Japanese economy and the great improvement of people's living standards after the war. Since the 1990s, this economic model was replaced by the neoliberalist one, which is an important reason for the stagnation of Japan's economic growth in the past three decades. The neoliberal turn of Japan's capitalist economic model is the epitome of the historical evolution of capitalism in the whole world. The analysis on the evolution of Japan's "atypical" capitalist economic model is helpful to correctly understand the future trend of Japan's economic model and accurately grasp the road of socialist economic development with Chinese characteristics.

Key Words　Japanese Capitalism; Economic Model; Neoliberalism

海派经济学
第 20 卷第 1 期,2022　Journal of Economics of Shanghai School　No. 20,1,2022

改革开放观的系统辨析及其正本清源

向　艳　孙绍勇

内容提要　改革开放是进行社会主义现代化建设的必然选择,也是中国特色社会主义丰富发展的不竭动力。历史和事实证明,改革开放是中国的强国之路,不仅深刻改变了中国,而且影响了世界的发展。在改革开放 40 年来的整个历史进程中,在思想上和实践中一定程度上存在两种不同改革开放观的对立与交锋。一种是坚持四项基本原则的改革开放观,另一种是坚持资产阶级自由化的改革开放观。在纵深推进"四个全面"战略尤其是"全面深化改革"战略的伟大实践中,要高度注意廓清两种改革开放观的认识分歧,以弄清改革开放应该坚持什么、反对什么,从而确保改革开放在新时代朝着正确的方向和道路推进。

关键词　改革开放观;四项基本原则;系统辨析

中图分类号　D61

习近平总书记在庆祝中国共产党成立一百周年大会上的讲话中指出:"中国共产党和中国人民以英勇顽强的奋斗向世界庄严宣告,改革开放是决定当代中国前途命运的关键一招,中国大踏步赶上了时代!"[①] 这一重要论断深刻表明坚持改革开放是中国持续走向繁荣富强的根本出路。改革开放 40 年来,中国共产党始终牢牢把握建成和发展中国特色社会主义这一主题,通过不断探索推进改革开放,解放和发展社会生产力,破除体制机制的障碍。从农村改革到城市改革,从经济体制改革到全面深化改革,从对内搞活到对外开放拓展,取得了举世瞩目的成就。习近平总书记强调:"改革开放 40 年的实践启示

作者简介:向艳,西南大学马克思主义学院博士研究生;孙绍勇,西北工业大学创新马克思主义研究中心主任,马克思主义学院教授、博士生导师,陕西省中国特色社会主义理论体系研究中心研究员,中国社会科学院经济社会发展研究中心特约研究员。

基金项目:本文系国家社科基金重大项目"改革开放以来中国发展道路的政治经济学理论创新与历史经验研究"(20&ZD052)、国家社科基金青年项目"党的十八大以来社会主义意识形态建设的制度化及其基本经验研究"(20CKS047)、陕西省软科学研究项目"西部高校青年科技创新人才发展的软环境建设研究"(2021KRM010)、西北工业大学教育教学改革研究项目"新文科建设背景下高校思想政治理论课改革创新研究"(2021JGY55)的阶段性成果。

① 习近平:《在庆祝中国共产党成立 100 周年大会上的讲话》,北京:人民出版社,2021 年,第 6 页。

我们：我国是一个大国，决不能在根本性问题上出现颠覆性错误。”①在迈向第二个百年奋斗目标的新征程上，以历史的总结回顾和理论的系统分析，明辨和廓清坚持四项基本原则的改革开放观与坚持资产阶级自由化的改革开放观，不仅能够正本清源，保持思想理论上的清醒认识，而且能够保持推进改革开放的科学性、坚决性和彻底性，推动新时代改革开放行稳致远。

一、关于“改革开放背景”的认识辨析

任何一种历史现象都是在特定的背景下得以产生的，改革开放当然也不例外。改革开放的背景，往往作为改革开放的理论逻辑起点和实践的出发点，必须要对其有清晰而正确的认识。明白了为什么出发和从哪里出发的问题，我们才能在增强改革开放主动自觉的同时，找准其现实切入口和着力点，进而将其顺利推进下去。关于改革开放的背景，两种改革开放观认识不一。

坚持四项基本原则的改革开放观认为，改革开放是基于“纠左”的背景。纵观中国共产党百年历史，在长期的革命、建设中，并不都是沿着“不左不右”的健康道路进行的。在某些特殊的历史时期，存在着一定程度的偏差。如在革命战争年代，有瞿秋白的“左”倾盲动主义、李立三的“左”倾冒险主义、王明的“左”倾冒险主义等。新中国成立之后，有1957年的“大鸣”、“大放”、“大民主”的“反右派斗争扩大化”，有1958年的“大跃进”和人民公社化运动，有1966年开始的十年“文化大革命”等。这些都是“左”的错误。改革开放前后的主要口号是“拨乱反正”，这里的“拨乱反正”实质正是在“纠左”，即清除过去根深蒂固的“左”病，重新确立马克思主义解放思想、实事求是的思想路线，从而把我国扭转到正确的轨道上来。当然，由于防止“左”和警惕“右”往往是相通的。因此，伴随着改革开放的“纠左”背景，也存在一定程度上的“反右”背景。不过，从比重而言，是“纠左”为主、“反右”为次。

坚持资产阶级自由化的改革开放观认为，改革开放是基于“纠正”的背景。坚持资产阶级自由化的改革开放观认为，我国的社会主义并不是像马克思、恩格斯所设想的那样，而是社会主义的“早产儿”，是“不够格”的社会主义。因此，社会主义需要通过改革开放进行“纠正”，尤其是要纠正到资本主义上去，补上资本主义的那一课。此外，坚持资产阶级自由化的改革开放观还认为，我国的社会主义并不是比资本主义更为高级的形态，认为我国的社会主义道路本身就是行不通的、走不长的，认为我国的社会主义体制本身就是失败的、僵化的等等。因此，社会主义需要另谋“出路”。而通过改革开放把我国社会主义“纠正”到更为“优越”、更为“先进”的资本主义正是一条“完美出路”。

---

① 《习近平谈治国理政》第3卷，北京：外文出版社，2020年，第188页。

关于改革开放的背景，坚持四项基本原则的改革开放观认为的"纠左"和坚持资产阶级自由化的改革开放观认为的"纠正"，貌似都是在进行"纠偏"，但实际上，前者是真正实然的"纠偏"，后者是虚假不实的"纠偏"。这是因为坚持四项基本原则的改革开放观对改革开放背景的认识，敢于正视历史和现实，敢于修补自己的不足，是坚持了解放思想、实事求是的科学原则。但坚持资产阶级自由化的改革开放观对改革开放背景的认识，不承认社会主义的矛盾可以自我调节，不相信社会主义必将战胜资本主义，违背了人类历史发展的客观规律。

二、关于"改革开放目的"的认识辨析

实践活动总是以目的为依据，目的贯穿实践过程全过程、统领实践过程全环节。只有对目的有了清醒的把握和准确的认知，才能获得"立治有体，施治有序"的良好效果，才能实现"不忘初心，方得始终"的美好愿景。因此，目的问题理应作为改革开放的题中之义。关于改革开放的目的，两种改革开放观意见不一。

坚持四项基本原则的改革开放观认为，改革开放的目的是进一步解放和发展社会主义生产力。正如邓小平所言："我们所有的改革都是为了一个目的，就是扫除发展社会生产力的障碍。"①"我们的改革要达到一个什么目的呢？总的目的是要有利于巩固社会主义制度，有利于巩固党的领导，有利于在党的领导和社会主义制度下发展生产力。"②可见，坚持四项基本原则的改革开放观是将改革开放当成一场新的革命，只不过这场革命并不是像过去推翻帝国主义、封建主义、官僚资本主义反动统治的那种革命，而是在已经建立起来的社会主义基本制度基础上对束缚生产力发展的经济体制、政治体制等的革命。其目的就是进一步解放和发展社会主义生产力，以赋予和增强社会主义新的生机与活力，进而更加凸显社会主义制度的吸引力和优越性。

坚持资产阶级自由化的改革开放观认为，改革开放的目的是改革开放本身。这种"为改革开放而改革开放"的实质，是想通过实行改革开放这一契机，变革我国的社会主义性质。可见，坚持资产阶级自由化改革开放观的目的是要借改革开放之机，重新发起我国改革开放何去何从问题的"商讨"，并力图在"商讨"声的掩护下蛊惑人心，以实现"敲响我国社会主义的丧钟"，进而把我国改革开放引入到资本主义的邪路上去。由此，资产阶级自由化的改革开放观是"项庄舞剑，意在沛公"，是想把我们奋力建设的新中国沦为资本主义国家的附庸，以实现其"和平演变"和"西化分化"中国的真实图谋与险恶用心，从而达

① 《邓小平文选》第3卷，北京：人民出版社，1993年，第134页。
② 《邓小平文选》第3卷，北京：人民出版社，1993年，第241页。

到其与社会主义“不战而胜”的结局。

面对资产阶级自由化改革开放观的目的，我们绝对不能掉以轻心，一定要保持高度的警觉，用敏锐的政治眼光，看清和看穿其“目的中的目的”。与此同时，还要以坚如磐石的定力，去进一步解放和发展社会主义生产力，从而守护好坚持四项基本原则改革开放观的目的，以及最大限度地实现坚持四项基本原则改革开放观的目的。

三、关于“改革开放方向”的认识辨析

定什么向，走什么路，始终是改革开放第一位问题。之所以如此，是因为方向决定道路，道路决定命运。苏联解体、东欧剧变追根究底正是由于改弦易辙，所以最终南辕北辙。改革开放作为一场深刻革命，应引以为戒，绝不能在方向问题上犯颠覆性错误。正如党的十三届七中全会所提出的：“不改革开放不行，改革开放不坚持正确的方向也不行。”①为此，必须要厘清改革开放到底应坚持什么方向。关于改革开放的方向，两种改革开放观主张不一。

坚持四项基本原则的改革开放观认为，改革开放的方向是社会主义。主要从两个方面进行了表达：第一，正面直接表明我国的改革开放的方向是社会主义。如邓小平指出：“在改革中坚持社会主义方向，这是一个很重要的问题。”②“我们现在讲的对内搞活经济、对外开放是在坚持社会主义原则下开展的。”③可见，这是从正面直接表明了改革开放要坚持的方向是社会主义。第二，反面间接表明我国改革开放的方向是社会主义。如有人提出：“在改革中不坚持社会主义方向，就会葬送党和人民 70 年奋斗的全部成果。”④“不实行改革开放死路一条，搞否定社会主义方向的‘改革开放’也是死路一条。”⑤可见，这是从反面间接表明了改革开放坚持社会主义方向的重要性和必要性。的确，只有社会主义才能救中国，只有坚持社会主义方向的改革开放才能发展中国。而且，改革开放本身作为社会主义的自我完善和发展，所以其方向必然应是社会主义。当然，由于共产主义是社会主义不断完善和发展的必然结果。为此，社会主义与共产主义具有内在规定的一致性。所以，也可以说坚持四项基本原则的改革开放观认为，改革开放的方向是共产主义。

坚持资产阶级自由化的改革开放观认为，改革开放的方向是资本主义。主要从两个方面进行了表达：第一，认为社会主义方向是错误的。长期以来，坚持资产阶级自由化的改革开放观对社会主义都持有“傲慢与偏见”，因而其

① 《改革开放 30 年重要文献选编(上)》，北京：中央文献出版社，2008 年，第 591 页。
② 《邓小平文选》第 3 卷，北京：人民出版社，1993 年，第 138 页。
③ 《改革开放 30 年重要文献选编(上)》，北京：中央文献出版社，2008 年，第 395 页。
④ 梁柱：《社会主义初级阶段与四项基本原则》，北京：人民出版社，2002 年，第 26 页。
⑤ 《四个全面学习读本》，北京：人民出版社，2015 年，第 138 页。

时常制造舆论,希冀用迷人的障眼法对社会主义进行各种露骨的异化批判。比如攻击我国社会主义至今仍然没有走完"空想"的路,比如诋毁我国社会主义是只能爬不能走的"早产儿",比如抨击我国社会主义只是抹上了一层社会主义"油彩"的封建主义,比如污蔑我国社会主义及其失败是20世纪人类社会的两大遗产之一,等等。总之,坚持资产阶级自由化的改革开放观认为,我国社会主义是错误的,这为其主张改革开放的方向是资本主义奠定了思想前提和基础。第二,认为资本主义方向是正确的。坚持资产阶级自由化的改革开放观认为,只有资本主义才有效率意识,才能优化资源配置,认为只有绝对的私有制、完全的市场化、多元的政党制才能促进社会发展进步。为此,其经常将社会主义与资本主义进行比较,并在比较中鼓吹资本主义相较社会主义更具优越性,还进一步推出资本主义才是唯一正确出路。事实果真如此吗?显然不是。因为我国几十年的社会主义历史相比较于几百年的资本主义历史而言,顶多算处于幼年。一个尚处幼年的社会主义和经历过几百年历史发展的资本主义进行简单类比,显然是有失公允的。此外,尽管社会主义尚处幼年,但事实上也已显露出了其非凡的生机与活力。短短几十年间,中国从曾经的"一穷二白"到如今的世界第二大经济体,就是最好的明证。此外,社会主义优越性的充分发挥本身需要一个过程,择取历史长河中的短期做比较,并就此断定资本主义是正确的,是犯了急性病的表现。所以,资本主义是不是正确的,不仅要看过去,还要看将来。

习近平强调:"我们的改革开放是有方向、有立场、有原则的。"[①]我们要"坚信社会主义光明前景。"[②]为此,面对资产阶级自由化的改革开放观对于改革开放方向的诱导,要保持清醒头脑,要努力认识到只有社会主义才是最适合当今社会化大生产的发展方向,要始终牢记住"既不走封闭僵化的老路,也不走改旗易帜的邪路"[③]。这一点作为关乎生死存亡的大问题,必须要旗帜鲜明、绝不含糊。否则一旦设错"方向高压线",将会受到历史严厉审判,从而给国家和人民酿成时代性的大停滞、大倒退甚至是大湮灭。

四、关于"改革开放指导思想"的认识辨析

指导思想,就是行动指南。实践活动如若指导思想缺位,就会变得盲目。实践活动如若以错误指导思想为指导,就会偏离正确发展方向。改革开放的指导思想作为改革开放的行动指南,不仅是改革开放一切实践活动的理论基础,而且还是关涉改革开放前进方向的重大原则性问题。关于改革开放的指

① 《习近平关于全面深化改革论述摘编》,北京:中央文献出版社,2014年,第14页。
② 习近平:《在纪念邓小平同志诞辰110周年座谈会上的讲话》,北京:人民出版社,2014年,第9页。
③ 《胡锦涛文选》第3卷,北京:人民出版社,2016年,第621页。

导思想，两种改革开放观莫衷一是。

坚持四项基本原则的改革开放观认为，改革开放的指导思想是马克思主义。正如习近平总书记在庆祝改革开放40周年大会上的讲话中指出："必须坚持马克思主义指导地位。"①之所以如此，主要是由于以下几点：第一，马克思主义"深刻揭示了自然界、人类社会、人类思维发展的普遍规律，为人类社会发展进步指明了方向。"②因此，改革开放以马克思主义为指导思想，才能获得强大的思想武器，从而保障改革开放的科学运行。第二，我国所进行的改革开放，是对社会主义的完善和发展，而不是对社会主义的改良。因此，以马克思主义为指导思想，才能保证改革开放的社会主义性质和方向。第三，历史与实践均已证明，我国革命、建设和改革的一切胜利，都是在马克思主义的思想指引下取得的。因此，可以说我国革命、建设和改革的一切胜利就是马克思主义指导思想的胜利。所以，无论过去、现在抑或将来，我国的改革开放都必须坚定不移地以马克思主义作为自己的行动指南。只有这样，才能保证改革开放继续取得丰伟成绩。

坚持资产阶级自由化的改革开放观对改革开放的指导思想有三种态度：第一种，改革开放的指导思想"自由化"。这种态度内蕴了改革开放不需要任何指导思想的指导，这看似讲求了"浩然中立"，但表示不坚持某种指导思想的指导，实际上内蕴着拒绝某种指导思想的指导，而偏爱另一种指导思想的指导。只不过为了提高其欺骗性，而暗地隐藏了所偏爱的那种指导思想而已。这就好比卖货人要求买货人不要询问货物是真是假一样，其意欲何为？说穿了，还不是只有当买货人不问货物真假的时候，卖货人才能够顺利地兜售假货。第二种，改革开放的指导思想"非马化"。这种态度认为我国的改革开放不能以马克思主义作为指导思想。其给出的理由可谓形形色色、五花八门，如有马克思主义"过时论"、"流派论"、"僵化论"、"限界论"、"幻想论"、"宗教论"、"变形论"、"取代论"、"有害论"等。可见，这种态度对马克思主义作为改革开放的指导思想可谓是百般责难、嗤之以鼻。马克思主义是不是真如其所说？是有必要澄清的。就拿马克思主义"过时论"而言，我们看待一种思想和理论的过时，是不是以其产生的时间作为标准呢？显然不是。我们看待一种思想和理论是否过时，主要是看其是否是包含着客观的真理。如果包含，那显然就不过时。马克思主义作为包含着自然界、人类社会、思维发展的科学真理，已经被无数实践所证明。因此，马克思主义当然没有过时，并且马克思主义作为一种开放型理论，具有与时俱进的理论品质，会随着实践的不断深入，从而获得新的真理。因此，马克思主义谈不上过时。还有，全世界无产阶级和全人类

① 习近平：《在庆祝改革开放40周年大会上的讲话》，北京：人民出版社，2018年，第11页。
② 程恩富、谭劲松：《巩固马克思主义立党立国的指导地位》，《红旗文稿》2016年第18期。

彻底解放还属于“进行时”,还未到“完成时”。所以,作为全世界无产阶级和全人类彻底解放学说的指导思想,马克思主义还没“过时”。第三种,改革开放的指导思想“普世价值化”。普世价值,是指放之四海而皆准的“真理”,如自由、民主、法治、人权等的“全人类的价值观”。实际上,这些所谓的普适“真理”,是彻头彻尾的谎言。因为在利益冲突甚至对抗的前提下,只能是丰富多彩的“一个世界,多种声音”,而非单调乏味的“一个世界,一种声音”。所以像“行之四海、冠盖古今”的普世价值那种超越历史、超越阶级、超越地域、超越国家、超越民族、超越宗教的自由、民主、法治、人权无异于是在“痴人说梦”,是根本不存在的。此外,普世价值隶属于西方意识形态,是不考虑我国具体国情的价值观,是坚持资产阶级自由化的改革开放观进行意识形态斗争的“美丽说辞”而已。为此,如果改革开放的指导思想一旦“普世价值化”,那么那些抽象的自由、民主、法治、人权等的“普世价值”就会充当我国滑向资本主义的桥梁和陷阱,就会断送我们奋力建设的社会主义伟大事业。

历史和现实的经验反复告诉我们,在改革开放指导思想问题上,必须坚持以马克思主义为指导。这个坚持是必须的,而不是可有可无的。改革开放只有坚持了马克思主义,也就坚持了正确的发展道路和前进方向。尽管非议马克思主义的言论甚嚣尘上、不绝于耳,但要始终相信“世界上赞成马克思主义的人会多起来的,因为马克思主义是科学”①。更要始终相信“马克思主义永远闪耀真理光芒、更加彰显真理力量”②。

五、关于“改革开放内容”的认识辨析

改革开放的内容,往往指向的是改革开放的对象。改革开放的内容关涉改革开放最核心、最实质的问题,那就是改革什么和开放什么的问题。而这两个问题往往事关改革开放最终的功能发挥,以及改革开放最终的目的实现。因此,推进改革开放必须把握好哪些该改、哪些应当坚持。习近平总书记深刻指出:“该改的、能改的我们坚决改,不该改的、不能改的坚决不改。”③关于改革开放的内容,两种改革开放观存在争议。

就改革的内容而言,坚持四项基本原则的改革开放观认为,是改革具体制度和环节。换言之,就是在坚持社会主义基本制度这个大前提下,自觉地调整生产关系同生产力、上层建筑同经济基础之间不相适应的制度和环节。进一步说,就是改革体制上存在的一系列具体弊端和缺陷,使社会生产力得到进一步的解放和发展。从这个意义上进行透视,改革也是一场新的革命。只不过

① 《习近平谈治国理政》第2卷,北京:外文出版社,2017年,第329页。
② 程恩富、孙绍勇:《不断开辟马克思主义中国化新境界》,《人民日报》2021年8月12日。
③ 《习近平谈治国理政》第3卷,北京:外文出版社,2020年,第184页。

其不同于推翻旧的社会制度并建立新的社会制度的社会革命,因而其革命的对象不是基本制度,而是具体制度。正如习近平强调:“我国是一个大国,决不能在根本性问题上出现颠覆性错误,一旦出现就无法挽回、无法弥补。”[①]这里的根本性问题,正是指的社会主义基本制度。可见,坚持四项基本原则的改革开放观并不是要跟原来制度彻底决裂,而只是发扬优势和革除劣势。这是一种自我修补和自我完善,集中体现了改革中变与不变、继承与发展的辩证关系。

就改革的内容而言,坚持资产阶级自由化的改革开放观认为,是改革基本制度。换言之,就是改革的内容不应止于具体制度和环节,而应扩大到社会主义基本制度。为此,坚持资产阶级自由化的改革开放观常常借口市场化改革和包容性体制,去制造反对我国公有制经济为主体、国有经济为主导等的若干谬论。其实质就是倡导“经济上私有化、自由化的改革”、“政治上多党制、议会制的改革”、“文化上多元化、放任化的改革”、“道德上自私化、自利化的改革”、“文艺上样板化、庸俗化的改革”等等。显而易见,坚持资产阶级自由化的改革开放观对我国社会主义基本制度的攻击已经达到了面面俱到和全线出击的程度。其结果自然是经济失控、政治失衡、文化失调、道德失度,从而最终走向自我毁灭的泥潭。

就开放的内容而言,坚持四项基本原则的改革开放观认为,开放是对内对外双向开放。对内对外双向开放即强调开放既包括对内开放,也包括对外开放。正如邓小平指出:“开放是两个内容,一个对内开放,一个对外开放。”[②]这克服了过去“左”的思潮影响,对曾经盲目追求的闭关自守和片面理解的自力更生有了新的认知。尤其是认识到像中国这样一个大国不靠自己不行,必须要自力更生,但与此同时,在世界经济发展普遍联系规律作用下,全靠自给自足的封闭式体系也行不通,必须要对外开放,以在对外开放过程中引进国外的先进技术、管理经验等。事实证明,通过对内对外双向开放,我国充分利用了国际国内两个市场、两种资源,已经形成了全方位、宽领域、多层次的开放新格局,实现了从封闭半封闭到全方位开放的伟大历史转折。

就开放的内容而言,资产阶级自由化的改革开放观认为,开放是对外单向开放。对外单向开放即着重强调中国引进国外资金、技术和管理经验等,而对中国全面介入国际分工为基础的“走出去”保持“右”的保守态度。事实上,“引进来”和“走出去”就像开放的两条腿,只有当两条腿同时行动,开放才不至于歪歪倒倒、跌跌撞撞。此外,资产阶级自由化的改革开放观一直拥有一颗“西化”和“分化”中国的狼子野心,所以,只重“引进来”而忽略“走出去”的对外单向开放,是存在让改革开放拜倒在资本主义脚下的重大风险。与此同时,对外

① 《习近平关于全面深化改革论述摘编》,北京:中央文献出版社,1914年,第35页。
② 《邓小平文选》第3卷,北京:人民出版社,1993年,第224页。

单向开放还强调全盘对外开放和彻底对外开放。为此,其故意曲解邓小平提出的“改革开放胆子要大一些,敢于试验,不能像小脚女人一样”①,而且还一味地指责我国的开放总是以“中国特色”之名,拿着“半截子”的开放成果沾沾自喜,这一点也进一步印证了资产阶级自由化改革开放观的险恶用心和阴险图谋。

不管是从改革的内容看,还是从开放的内容看,坚持四项基本原则改革开放观的真理是颠扑不破的,而坚持资产阶级自由化改革开放观的谬误是显而易见的。为此,就改革而言,“应该改又能够改的坚决改”、“有些不能改的,再过多长时间也是不改的”。② 就开放而言,应该“坚持引进来和走出去相结合”③,从而变“引进来”为“引进来”和“走出去”并重,从而为“尽快构建国内国际双循环新发展格局”④打下坚实的基础。总之,对于改革什么和开放什么的问题,一定不要黑白不分、香臭不辨,而要实事求是地结合我国具体国情,切忌不要为了迎合某些别有用心的掌声而一通乱改。

六、关于“改革开放方法”的认识辨析

方法就是为实现目的、完成任务所采取的途径、方式、手段、程序等的总和。毛泽东为了突出强调方法的重要性,曾举了个非常生动形象的例子。他说:“我们不但要提出任务,而且要解决完成任务的方法问题。我们的任务是过河,但是没有桥或没有船就不能过。不解决桥或船的问题,过河就是一句空话。不解决方法问题,任务也只是瞎说一顿。”⑤可见,方法对于实现目标、完成任务的重要意义可见一斑。改革开放是中国的一项崭新事业,也是中国发展史上的一件伟大奇迹,且没有先例可资借鉴,因此,更需要探明和运用正确的方法。关于改革开放的方法,两种改革开放观各有论调。

坚持四项基本原则的改革开放观认为,改革开放应采取渐进的方法。正如习近平指出改革开放要“稳中求进”、“慎之又慎”⑥,要“摸着石头过河”⑦,要“稳妥审慎、三思而后行”⑧。之所以如此,是因为改革开放虽然也是一场革命,但其是一场新式的自我革命,不属于阶级革命的范畴。因而,其不应像一

① 《邓小平建设有我国特色社会主义论述专题摘编》,北京:中央文献出版社,1992年,第102页。

② 《习近平关于协调推进“四个全面”战略布局论述摘编》,北京:中央文献出版社,2015年,第69页。

③ 《习近平谈治国理政》第2卷,北京:外文出版社,2017年,第101页。

④ 程恩富:《改革开放以来新马克思经济学综合学派的十大政策创新》,《河北经贸大学学报》2021年第3期。

⑤ 《毛泽东选集》第1卷,北京:人民出版社,2006年,第139页。

⑥ 《习近平关于全面深化改革论述摘编》,北京:中央文献出版社,2014年,第42页。

⑦ 《习近平关于全面深化改革论述摘编》,北京:中央文献出版社,2014年,第34页。

⑧ 《习近平谈治国理政》,北京:外文出版社,2014年,第348页。

个阶级推翻另外一个阶级那样“吹疾风”和“下骤雨”。而且中国处在社会主义社会初级阶段，加之刚经历过各种大大小小的政治动荡，如果再进行激进的改革开放，会“牵一发而动全身”，从而增加不必要的社会风险。因此，我们要“走一步，看一步”，要先试点总结经验再推广，要把改革开放的力度、发展的速度和社会的可承受度统一起来，避免出现“马蹄形”。

坚持资产阶级自由化的改革开放观认为，改革开放应采取激进的方法。这一方法强调改革开放应该像打开“潘多拉魔盒”那样，实现一步登天、一劳永逸式的根本性变革。如坚持资产阶级自由化的改革开放观打出的诸如“彻底改革”、“深层开放”等类似的口号，就是铁一般的明证。可见，坚持资产阶级自由化的改革开放观这种忽视轻重缓急的齐头并进式的激进方法，完全是对邓小平提出的“思想要更加解放一些，改革开放的步伐要走得更快一些”①的误解，是与解放思想、实事求是的思想路线相背离的。明眼人一看就知道，这种方法其实是一种障眼法。换言之，这种方法是试图用激进的方法，好以迅雷不及掩耳之势的速度将我国的改革开放引到资本主义邪路上去。当然，这种大刀阔斧、操之过急的方法，往往还会因各方情况不明而引起欲速则不达，最后只能是使改革开放伤筋动骨，甚至出现快速“休克”。

习近平指出：“改革开放是前无古人的崭新事业，必须坚持正确的方法论，在不断实践探索中推进。”②应该说坚持资产阶级自由化的改革开放观在方法上犯的错误是不言而喻，因此其当然不属于正确的方法论范畴。值得说明的是，坚持资产阶级自由化改革开放观在方法上存在的问题，主要不是源于方法本身的问题，而是源于立场的问题。因为实践反复证明，没有站在马克思主义的立场，就决定了不可能产生科学的方法。而坚持四项基本原则改革开放观的方法由于始终站在了马克思主义的立场，因此其能够做到精准把握改革开放的力度、节奏、重心及策略等，从而使改革开放在实践中凤凰涅槃、破茧重生。

七、关于“改革开放成败评判标准”的认识辨析

从系统论的视角看，改革开放是一个闭合系统，有了评价这一反馈环节，这个系统才算真正完整。评价作为衡量改革开放成效的标尺，是检验改革开放目的的试纸，也是纠偏改革开放实践的参照。为此，充分发挥评价的风向标和指挥棒作用具有十分重要的现实意义。评价所关涉的项目众多，其中核心焦点是成败评判标准。关于改革开放的成败评判标准，两种改革开放观各执一词。

---

① 《邓小平文选》第3卷，北京：人民出版社，1993年，第265页。

② 《习近平关于协调推进“四个全面”战略布局论述摘编》，北京：中央文献出版社，2015年，第54页。

坚持四项基本原则的改革开放观认为，是生产力标准。这一标准主要经历了两个阶段的演变：第一阶段，是以“猫论”定成败。这里的“猫论”指的是邓小平提出的“不管黑猫白猫，抓到老鼠就是好猫”①。邓小平的“猫论”不仅风趣幽默、生动形象，而且通俗易懂、逻辑清晰。诚然，其释理简明地给了如何评判改革开放成败“一副清醒剂”。邓小平“猫论”的核心思想是改革开放是干出来的，而不是思想僵化、裹足不前。所以，只要符合大胆“干出来”的改革开放实践，那就是成功的。否则，只停留在“到底要不要进行改革开放”的无实际价值的争论中，就是失败的。这一评判标准，与改革开放初期存在的先以意识形态考虑、先以政治着眼、先以教条为先的时代背景密切相关。同时，这一评判标准避免了因搞思想争论而贻误改革开放的大好时机、错过中国大好的发展机遇。第二阶段，是以“三个有利于”定成败。这是随着改革开放已经得到进一步开展并进入到了攻坚克难期和继续深化期，其成败的判断标准由初期的“猫论”演化成了“三个有利于”。所谓“三个有利于”，即邓小平就改革开放成败评判问题所提出的：“是否有利于发展社会主义社会的生产力，是否有利于增强社会主义国家的综合国力，是否有利于提高人民的生活水平。”②可见，在邓小平看来，如果改革开放符合“三个有利于”，那么，说明改革开放就是成功的；反之，则是失败的。不管是第一阶段的“猫论”，还是第二阶段的“三个有利于”，归根结底其落脚点都是在强调对主体价值和效用的属性，实质上彰显的都是主体的“生产力”。即“抓到老鼠”是生产力的表现，“三个有利于”也是生产力的表现。为此，这是一种依据“彻底的历史唯物主义生产力在社会发展中具有最终决定作用”原理从而得出的方法论，对我们进一步解放思想从而加快改革开放步伐具有长远的指导作用。

坚持资产阶级自由化的改革开放观认为，是姓氏标准。在这一标准下，改革开放如果姓资则为成功，如果姓社则为失败。可见，这一标准着重强调的是改革开放所从属的社会性质属性。如按这一标准，那在中国境内设立的“三资企业”，其外资部分毫无疑问肯定是姓资的。但实际上，“三资企业”在我国现所处的社会背景下是有利于社会主义建设发展的。再进一步而言，公有制是社会主义的经济基础，当然是姓社。那处于社会主义初级阶段的我国，是不是公有制程度越高就越好呢？答案显然不是。因为改革开放之前我国在所有制问题上大搞的“一大二公”的“左”的历史教训，时至今日记忆犹新。为此，姓资的东西在一定条件下也不完全是对姓社的不利。换言之，有利于社会主义的东西，并不完全是都姓社，还有可能是姓资。这就好比改革开放和市场经济一样，不是什么制度特征，而是调整的方式手段。所以，改革开放与社会主义制

① 汤庭芬：《邓小平理论普及读本》，北京：人民出版社，1998年，第74页。
② 《邓小平文选》第3卷，北京：人民出版社，1993年，第372页。

度、资本主义制度都并无根本矛盾，改革开放不等于资本主义，也不等于社会主义。为此，将姓资则为成功、姓社则为失败作为改革开放成败评判标准是有失科学的。这也是为什么邓小平要强调"改革开放迈不开步子，不敢闯，说来说去就是怕资本主义的东西多了，走了资本主义道路。要害是姓'资'还是姓'社'的问题"①。这句话正表达了在改革开放评判标准问题上，要注意解放思想，不能思想僵化地用姓资姓社作为衡量其成败的标准。

改革开放 40 年来，我国的社会生产力不断提高，得到了充分的解放和发展。中国特色社会主义也在改革开放的进程中走出了一条创造美好生活的康庄大道。事实证明，中国的改革开放并没有走向"西化"，也不符合资产阶级自由化的逻辑。当今的世界是一个开放多样、命运与共的世界，每个国家都应凭据本国国情创设适合自身发展的道路和方式。因此，关于我国改革开放的成败评判，当然不可以用隶属于西方价值观的资产阶级自由化的标准。

八、结　语

改革开放是一场深刻全面、持续深入的社会变革。习近平总书记强调："我们的改革是在中国特色社会主义道路上不断前进的改革，既不走封闭僵化的老路，也不走改旗易帜的邪路。"②在推进改革开放过程中，只要西方和平演变之心不死，坚持资产阶级自由化的改革开放观就会存在。为此，自觉洞见两种改革开放观的认识分歧、是非界限，从而澄清模糊认识、凝聚最大共识，依旧是摆在我们面前的历史性和现实性的课题。从根本而言，两种改革开放观是相互对立的，实质上依然是社会主义和资本主义的制度之争和意识形态较量。习近平指出："实现伟大梦想，必须进行伟大斗争。"③进行伟大斗争，其中一项重要任务就是发扬斗争精神、增强斗争本领，坚决打赢意识形态斗争的主动仗，从而筑牢马克思主义在意识形态领域的指导地位。立足新时代，坚持正确的改革开放观，需要继续进行意识形态领域的"伟大斗争"，防止新自由主义、资产阶级自由化思想的侵扰，从而为改革开放夺取新胜利、创造新奇迹提供保障。一方面，要始终将改革开放与坚持四项基本原则统一起来，落实党的基本路线；另一方面，要注意将改革开放与反对资产阶级自由化统一起来，避免党的事业改旗易帜。如此才能确保改革开放在中国特色社会主义发展方向上越走越宽广，在推进改革开放中维护好国家和人民的利益。

---

① 《邓小平文选》第 3 卷，北京：人民出版社，1993 年，第 372 页。
② 《习近平关于全面深化改革论述摘编》，北京：中央文献出版社，2014 年，第 14 页。
③ 《习近平谈治国理政》第 3 卷，北京：外文出版社，2020 年，第 12 页。

参考文献

[1]曹普:《中国共产党在改革开放和社会主义现代化建设新时期的奋斗历程及启示》,《理论视野》2021年第7期。

[2]李娟:《国外关于中国改革开放史若干问题的研究述评》,《国外社会科学》2021年第4期。

[3]李妍妍:《中国共产党对社会主义改革理论的创新》,《学术探索》2021年第8期。

[4]房誉、唐琦、方敏:《新发展格局与我国改革开放战略的辩证联系》,《政治经济学评论》2021年第5期。

[5]孙绍勇:《改革创新精神的弘扬与中国精神构筑》,《人民论坛》2021年第5期。

[6]孙绍勇:《促进收入分配的共同富裕》,《政治经济学研究》2021年第3期。

[7]程恩富:《改革开放以来新马克思经济学综合学派的十大政策创新》,《河北经贸大学学报》2021年第3期。

The Systematic Discrimination of the Reform and Opening-up Outlook and Clarification from Its Origins

Xiang Yan　Sun Shaoyong

Abstract　In December 1978, the Communist Party of China held the landmark Third Plenary Session of the Eleventh Central Committee, opening a new historical period and stage of reform and opening-up since the founding of New China. The eloquence of history and facts proves that reform and opening-up is the way for China to become a strong country. In fact, in the entire historical process of reform and opening-up over the past 40 years, there has been a sharp and fierce confrontation between the two outlooks of reform and opening-up in both ideology and practice. One is to adhere to the four basic principles of reform and opening-up, and the other is to adhere to the bourgeois liberalization of reform and opening-up. In the great practice of advancing the "four comprehensive" strategies, especially the "comprehensive deepening of reform" strategy, we must pay close attention to clarifying the differences in understanding between the two reform and opening-up outlooks, so as to understand what reform and opening-up should be adhered to and what to oppose, thus always ensuring the healthy development and bright prospects of reform and opening-up.

Key Words　Reform and Opening-up Outlook; Four Basic Principles; Systematic Discrimination

海派经济学
第 20 卷第 1 期,2022　Journal of Economics of Shanghai School　No. 20,1,2022

马克思社会形态理论视域下的中国式现代化道路研究

周　杰　牟高慧

内容提要　中国式现代化道路是中国共产党和中国人民基于中国特色社会主义发展要求作出的正确选择,是对社会形态理论的继承与发展,是实现共产主义社会形态的现实路径。中国式现代化道路是社会形态理论融合于中国特殊客观实况的结果,它将中国特色社会主义的历史阶段锚定为社会主义初级阶段、分步骤制定发展战略、不断改革生产方式、以人民的美好生活为追求,创造了符合中国社会发展要求的中国化的社会形态理论。如今,我们踏上了"向第二个百年目标进军"的新征程,必须继续坚持和发展社会形态理论,在中国化的社会形态理论指导下迈向社会主义现代化建设新阶段。

关键词　马克思主义;社会形态理论;中国特色社会主义;现代化

中图分类号　F0—0

斯大林同志在《论经济工作人员的任务》演说中,为解答国内部分人对于发展速度的疑问,敏锐地指出:"延缓速度就是落后,而落后是要挨打的。"① "落后就要挨打"是斯大林同志对于阶级社会发展规律的科学总结,中国正是以改变"贫穷落后"现状、谋求社会全面发展为源动力,以实现社会主义为崇高目标,开启的中国式现代化进程。我们以社会形态理论为中国式现代化道路的科学方法论,以中国客观实况为分析对象。科学定位了中国社会的发展阶段——社会主义初级阶段,并按照社会形态历史逻辑分阶段进行现代化建设,按照社会形态理论的价值逻辑不断实现人们对美好生活的追求,按照社会形态理论的结构逻辑大力发展生产力、调整生产方式。共产主义社会是中国式现代化建设坚定方向标,在本质上造成中国特色社会主义现代化与资本主义

作者简介:周杰,上海财经大学马克思主义学院讲师、硕士生导师;牟高慧,上海财经大学马克思主义基本原理专业硕士研究生。

基金项目:本文系国家社科基金中央马克思主义理论研究与建设工程重大项目"马克思主义传播方式研究"(2016MYB002)阶段性成果;上海财经大学本科教学改革项目《以教学事件为中心的〈马克思主义基本原理概论〉课程三维目标整合教学策略创新研究》(项目编号:2019120024)研究成果。

①《斯大林选集》下卷,北京:人民出版社,1979 年,第 273 页。

② 习近平:《在庆祝中国共产党成立 100 周年大会上的讲话》,《党建》2021 年第 7 期。

国家现代化的不同,我们的现代化建设追求的不仅是经济建设现代化,还是“物质文明、政治文明、精神文明、社会文明、生态文明协调发展”[②]的现代化,是与社会主义社会形态所要求相适应的涉及社会各领域的全面现代化,是与西方资本主义社会形态现代化的追求剩余价值本质相异的道路。

一、中国式现代化道路的历史生成逻辑——以实现社会主义社会形态为目标

现代化是社会发展的一个必经阶段。我国的现代化进程始于鸦片战争后国内外势力的联合裹挟,当时的中国刚被打开封锁已久的国门,而西方的现代化第一阶段已经基本完成。资本主义的扩张性使得中国的现代化进程被动开启,但这时中国的现代化建设是被动的、盲目的,不属于中国式现代化的范畴。随着马克思主义在中国的传播,以改变中国“挨打”现状、实现民族复兴为历史使命的中国共产党应运而生,肩负起了带领人民进行现代化建设的责任,此时中国真正踏上了探索中国式现代化建设的道路。

中国式现代化道路中的“中国式”总的体现在两个方面:一是对于马克思主义理论的应用,其中在道路选择上社会形态理论发挥了显要的指导作用;二是,围绕中国社会的客观历史实况进行本土化科学实践。中共一大就明确党的政治目的是“社会革命”,显然中国式现代化建设一开始就把社会主义社会形态当作建设目标。随后即在中共二大以最高、最低纲领的形式确定我国的建设路径,得出谋求国内和平统一、民族独立是共产主义目标前提的科学判定,开始自觉自主为中国式现代化打下政治基础。党领导人民进行的新民主主义革命的成功使我们达到了统一和独立,为中国式现代化建设准备了稳定的环境条件。取得了政治自主权以后,共产党不忘使命,在毛泽东同志领导下接续进行了社会主义革命,“三大改造”以后社会主义基本制度的确立,为中国式现代化建设准备了基本政治和制度基础,至此中国才接入了现代化建设的正轨。

中共八大对于社会矛盾作了新的分析,意识到发展生产力应是当前要务,据此提出需要实现“工业化”。1964年在毛泽东、周恩来同志的领导下,我国正式将现代化确立为国家的发展目标,提出了覆盖农业、工业、国防、科技领域的“四个现代化”任务,现代化建设开始成为国家的发展战略。在社会主义建设时期,“工业化”逐步成为现实,我国打下了坚实的工业基础,“工业化”是现代化建设的首个阶段。在1979年3月党的工作务虚会上,邓小平明确指出:“我们当前以及今后相当长一个历史时期的主要任务是什么?一句话,就是搞

现代化建设。"[1]现代化建设成为国家建设的主要任务，同时邓小平同志特别强调我们是"中国式的现代化，必须从中国的特点出发"[2]。邓小平同志还进一步区分了我们现代化与西方现代化概念，将现代化的目标结合我们的形势具体化为实现小康，"我们的四个现代化概念，不是像你们那样的现代化的概念，而是'小康之家'"[3]，并且他还反复说明"四化"是社会主义范畴的"四化"，再次申明现代化建设的社会主义社会形态方向。1980年邓小平在《目前的形势和任务》的讲话中将现代化建设进一步上升到了目前的总任务的核心地位，强调"这是我们解决国际问题、国内问题的最主要的条件"[4]。邓小平给现代化建设确定了两个阶段目标：其一，本世纪末达到小康水平；其二，下个世纪用三十至五十年达到中等发达国家水平。实现社会主义现代化建设的两个阶段定向目标，必须扭转我国经济、技术落后的形势，进行巩固无产阶级专政的革命，这场革命的根本标准是提高生产力、调整生产关系与上层建筑，使它们适合现代化建设的发展需要，提高人民收入水平，为此我们进行了"第二次革命"——改革开放，出台了一系列改革方针，调整农村政策、改革国家制度、对外开放等。邓小平将我国的现代化建设提到了总任务的地位，并且与当时形势结合认为我们进行现代化建设需要发展生产力和改革开放，切实结合中国形势探索中国式的现代化道路，中国式现代化在党的领导下稳步推进。

江泽民同志在总结社会主义建设实践经验的基础上，联系社会发展的客观条件，促进了中国式现代化建设的发展目标和发展战略的完善，提出"建设社会主义物质文明和精神文明，建设社会主义政治文明，是我们全面建设社会主义现代化强国的三位一体的发展目标"[5]。并将邓小平同志提出的两个阶段目标进一步细致明确化为"三步走"战略目标，即21世纪"第一个十年实现国民生产总值比2000年翻一番"；再过十年到建党一百年时，使国民经济更加发展，各项制度更加完善；到本世纪中叶新中国成立一百年时，基本实现现代化，建成富强民主文明的社会主义国家。[6] 胡锦涛同志基于不平衡、不充分发展的社会发展现实，在十七大上提出"为夺取全面建成小康社会新胜利而奋斗"的目标。"全面建成小康社会"成为现代化建设的阶段性目标。习近平同志在十九大报告中提出新时代是"决胜全面建成小康社会，进而全面建设社会主义现代化强国的时代"[7]，并且在"三步走"战略目标基础上提出了新时代的"两步走"战略。在共产党成立一百周年大会上，习近平同志庄严宣告："经过

---

① 《邓小平文选》第2卷，北京：人民出版社，1994年，第162页。
② 《邓小平文选》第2卷，北京：人民出版社，1994年，第164页。
③ 《邓小平文选》第2卷，北京：人民出版社，1994年，第237页。
④ 《邓小平文选》第2卷，北京：人民出版社，1994年，第240页。
⑤ 《江泽民同志重要论述研究》，北京：人民出版社，2002年，第477页。
⑥ 《江泽民文选》第2卷，北京：人民出版社，2006年，第4页。
⑦ 习近平：《决胜全面建成小康社会 夺取新时代中国特色社会主义伟大胜利——在中国共产党第十九次全国代表大会上的报告》，《党建》2017年第11期。

全党全国各族人民持续奋斗，我们实现了第一个百年奋斗目标，在中华大地上全面建成了小康社会，历史性地解决了绝对贫困问题，正在意气风发向着全面建成社会主义现代化强国的第二个百年奋斗目标迈进。”在党的领导以及全国各族人民的共同努力下，中国式现代化建设按计划、分步骤层层推进。在2020年，全面建成小康社会目标业已实现，社会主义现代化的新进程已正式起航；当下，中国式现代化的目标是分两步建设社会主义现代化强国！

中国式现代化是由中国共产党领导的，以社会主义社会形态为追求的，根植于中国实际的现代化。中国式现代化建设已经历了百年探索，从以上的史实可以总结出：目前中国式现代化可分为三个阶段：第一阶段是以摆脱贫困落后、让人民吃饱穿暖、实现“工业化”目标的现代化；第二阶段是以改革开放为动力、以人民生活全面达到小康水平、全面建成小康社会为目标的现代化；第三阶段是追求更高质量发展，以满足人民美好生活向往、建设社会主义现代化强国为目标的现代化。我国的现代化建设阶段与十三大提出的“三步走”战略路线基本符合，但每一阶段党都是根据我国社会实际情况进行补充调整，从本质上看我国走的是以建设社会主义社会为根本方向的现代化建设道路，这是现代化建设的历史生成逻辑。

二、中国式现代化道路对社会形态理论的继承与创新

中国式现代化道路对社会形态理论的继承与创新，主要体现在四个方面：其一，依据社会形态理论的历史阶段划分理论，在中国式现代化进程中将我国的社会形态定位为社会主义初级阶段；其二，依据社会形态的阶段式的社会历史发展规律，中国式现代化建设按照发展战略分步骤进行；其三，依据社会形态理论的结构理论，即生产力是社会形态发展的根本动力、生产力与生产关系是社会形态的基本结构，中国式现代化道路确定发展生产力是中国式现代化建设的最紧要任务，积极实行改革开放工作，按照实况调整生产力与生产关系之间的关系；其四，依据社会形态理论的人的价值追求，中国式现代化以实现“人的全面发展”为价值导向，并且联系实际将其具体化为“人们对美好生活的需要”。

社会主义是社会形态理论所指明的共产主义的初级阶段。基于此，中国共产党在探索中国现代化建设道路时创造性地提出了社会主义初级阶段理论。社会主义初级阶段是关于我国社会、经济、政治、文化、生态等各方面的发展程度的总的概括。早期，毛泽东同志在苏联《政治经济学教科书》的启发下提出，社会主义可能会经过不发达的社会主义与比较发达的社会主义两个阶段，之后他在《关于建国以来党的若干历史问题的决议》中首次提出，我国社会主义制度还处于初级阶段的科学判断。此后，社会主义初级阶段一直都是我

国社会形态定位，中国式现代化就是在这个基本社会形态中进行的，十九大，习近平同志再次清醒地强调，“我国仍处于并将长期处于社会主义初级阶段的基本国情没有变”①。这一基本国情是中国式现代化建设的社会形态背景，我国处在社会主义初级阶段是因为我们的经济文化建设还没有达到社会主义的要求，我国的生产力水平不够高，经济基础不够硬，政治文化等上层建筑不够强，人民的全面发展程度不够格。一言以蔽之，我们并没有从根本上改变我们不发达的现状。社会形态的变更需要很长的历史时期，社会主义初级阶段将在长时间内作为我国现代化建设的社会历史背景。由于我国的现代化起点是贫困落后的半殖民地半封建社会，不仅如此，我们还跨过了资本主义社会建设时期，社会形态发展普遍规律和我国社会发展历史情况决定了中国社会主义初级阶段建设必将经历漫长的发展建设时期。中国式现代化道路的历史使命是将初级阶段的社会主义推向更高阶段的社会主义，这要求我们牢牢把握习近平总书记提出的“五位一体”总体布局，在经济、政治、文化、社会、生态等社会各领域全方位进行现代化建设，推动社会全面发展。

人类社会形态发展呈现阶段式发展的规律性，中国式现代化道路采取了阶段式发展的战略目标。“三形态论”和“五形态论”分别按照人的主观价值追求、客观经济结构发展将社会历史划分成了逐次进步的几个阶段。中国式现代化道路逐步将主客观条件创造性结合，形成了人民生活需要与中国社会发展程度两手抓的阶段式发展战略。“四个现代化”是党确立的首个现代化战略目标，包含工、农、国防、科技四个方位，从其根本上看抓的是物质基础，这是由当时我国的“底子薄”、物质基础十分薄弱的社会现实决定的，而社会主义这一先进目标要求我们不能落后，要求我们的生产力水平赶超资本主义社会，大踏步发展生产力成为我国现代化建设的必然要求，这能够为社会发展打下物质基础。邓小平同志结合社会历史实际，将中国式现代化发展战略目标概括为有中国特点的“小康之家”。“小康水平”在党的十二大上被正式确定为未来 20 年中国现代化建设的重大战略目标。② 十三大形成了现代化建设分“三步走”的战略构想，即“第一步解决温饱问题，第二步实现小康水平，第三步实现现代化”③，建设物质文明与精神文明协调发展的小康水平社会成为中国特色社会主义现代化建设的战略目标。十五届五中全会指出：我们已经实现了现代化建设的前两步战略目标，经济和社会全面发展，人民生活在总体上达到了小康水平。④ “总体小康”意味着我们从国家总体情况看是达到了小康水平，但是局部存在着经济社会各方面不平衡、不全面、不充分问题，人民生活相关

---

① 习近平：《决胜全面建成小康社会 夺取新时代中国特色社会主义伟大胜利——在中国共产党第十九次全国代表大会上的报告》，《党建》2017 年第 11 期。

② 《十二大以来重要文献选编》上卷，北京：中央文献出版社，2011 年，第 12 页。

③ 《十三大以来重要文献选编》上卷，北京：中央文献出版社，2011 年，第 14 页。

④ 《十五大以来重要文献选编》中卷，北京：中央文献出版社，2011 年，第 487 页。

的各个方面发展质量不高,并不是彻底意义上的小康水平。十六大基于我国现代化发展水平,提出全面建设小康社会目标,实现了从总体小康水平到全面建设小康社会的战略转变。十八大将目标进一步明确化,把全面建设小康社会目标调整为全面建成小康社会。根据国内外的局势以及社会发展状况,习近平同志将十九大到2020年这段时间确定为全面建成小康社会的历史决胜期,并且将2020年至本世纪中叶平分为基本实现社会主义现代化、建成社会主义现代化强国两个阶段性目标。截至目前,全面建成小康社会目标业已落实,分两步实现社会主义现代化强国目标成为中国式现代化新阶段的发展战略目标。从我国现代化建设的历史中我们可以看到,中国的现代化是按照中国的社会历史发展状况和人民生活需要不断调整的现代化,呈现"四个现代化"——小康水平——总体小康——全面建设小康社会——全面建成小康社会——基本实现现代化——建成社会主义现代化强国阶段式发展的特点,这是中国式现代化道路对社会形态理论的实践,是现实的社会形态理论。

社会形态发展进步需要生产力和生产关系的协调发展,中国式现代化采取了一系列政策,发展生产力,完善我国生产力与生产关系之间的结构。正如恩格斯所阐述的,社会主义社会当同其他社会制度一样不该是一成不变的,要"把它看成是经常变化和变革的社会"①。生产力是社会形态发展的根本动力,生产力高度发展是社会主义社会的本质要求,中国式现代化的首要任务是发展生产力,"离开了生产力的发展、国家的富强、人民生活的改善,革命就是空的"②。中国式现代化建设要发展生产力建设社会主义现代化强国,"当然我们不要资本主义,但是我们也不要贫穷的社会主义,我们要发达的、生产力发展的、使国家富强的社会主义"③。自从邓小平同志提出了发展生产力是社会主义建设的首要任务起,党一直把生产力发展放在现代化建设的核心位置,提出了科学技术是第一生产力、发展才是硬道理、新发展理念等一系列方针,以促进生产力发展。改革开放是在现代化建设过程中调整生产关系的主要政策,进行现代化建设的正确举措。通过改革,我国的经济制度不断完善,找到了社会市场经济发展道路;社会制度不断完善,建立了健全的社会保障机制;文化制度不断完善,社会意识形态领域形成了以社会主义核心价值观为导向的良好氛围;政治制度不断完善,现代化建设的制度基础不断巩固、制度优势充分体现,社会主义现代化建设健康有序进行。在开放的过程中,我们积极吸取国外的发展经验,学习国外的先进生产技术,利用世界文明创造的一切优秀成果发展社会主义,走出了有中国特色的、高速发展的社会主义现代化建设道路。

马克思创立社会形态理论的终极理想是实现人的解放、达到个人自由全

---

① 《马克思恩格斯文集》第10卷,北京:人民出版社,2009年,第588页。
② 《邓小平文选》第2卷,北京:人民出版社,1994年,第231页。
③ 《邓小平文选》第2卷,北京:人民出版社,1994年,第231页。

面发展，个人自由而全面发展作为共产主义社会的本质特征，这种本质特征自然地将社会主义现代化建设与资本主义现代化建设区别开来。中国特色社会主义的现代化道路也以实现个人自由全面发展为最高价值取向，中国社会主义现代化建设必须致力于促进人的全面发展。正如马克思所说，社会主义社会这种新型的生产方式对人民应具有新的意义，人的需要的丰富性需要得以实现，人的本质力量应该能够得到新的证明，人的本质也会得到充实。① 中国人民的全面发展是在现代化建设的各个历史发展阶段中逐步实现的，是与物质生活条件相适应的，这也是我们不断发展生产力、发展经济的缘由。在社会主义现代化建设的各个历史时期，我们都在时刻强调我们的价值追求，“全心全意为人民服务”、“人民当家作主”、“以人为本”、“以人民为中心”等党的思想政策的提出充分说明了中国共产党一直将促进人的全面发展作为现代化建设的价值追求。中国式现代化建设与人的全面发展是相辅相成的。一则，人的全面发展是中国式现代化建设的最高追求，人的解放程度是确立现代化建设发展目标的重要量尺，要实现现代化各阶段目标，务必致力于不断提升人民的生活水平、精神质量、自由程度。中国式现代化用“人的发展尺度”确定发展目标，无论是新中国成立初期以解决人民温饱问题作为发展目标，还是随着温饱问题的解决以物质与精神两方面协调发展的小康社会为发展目标，还是现在以“实现人民对美好生活追求”目标，均是把“人的全面发展”程度当作现代化建设程度的重要量度，中国式现代化的最高追求就是建成社会主义社会以完全实现“人的全面发展”。另一则，中国式的现代化建设是实现人的解放的具体路径，坚定进行社会主义现代化建设才能把人的全面发展“变现”。与空想社会主义不同，中国式现代化道路是将科学社会主义实现落地的道路，在中国社会主义现代化建设过程中，社会主义优势凸显，马克思和恩格斯对于社会主义社会形态的科学设想正在逐步成为客观实际，中国人民的解放程度不断提高，幸福感不断提升，我们所追求的人的全面发展阶段式发展正在转为现实。总的来说，人的全面发展是中国式现代化建设的核心价值追求，在中国现代化进程中起到引领发展方向的作用，中国式现代化建设的历史使命就是实现人的解放，社会主义现代化建设要继续朝着“促进人的全面发展”的大方向迈进。

三、在中国化的社会形态理论的指导下迈向中国式现代化建设新阶段

中国式现代化道路将社会形态理论与中国客观历史实际结合，为社会形态理论添了新的篇章，创造了中国化的社会形态理论。“十四五规划”是新阶

① 《马克思恩格斯文集》第1卷，北京：人民出版社，2009年，第223页。

段社会主义现代化建设的开局,中国式现代化建设正在中国化的社会形态理论的指导下向前发展。在新的现代化发展阶段,我们务必坚持好社会主义初级阶段理论,贯彻好新发展理念,解决好人民日益增长的美好生活需要和不平衡不充分的发展之间的矛盾,不断实现人民对美好生活的向往,循序渐进地建成社会主义现代化强国。

习近平总书记在关于《中共中央关于制定国民经济和社会发展第十四个五年规划和二〇三五年远景目标的建议》的说明一文中,根据中国特色社会主义新时代的社会条件,再次强调新阶段的中国式现代化建设的社会形态定位仍然是社会主义初级阶段,我们依然是最大的发展中国家。故而,在接下来的中国式现代化道路的新阶段上,社会主义初级阶段的发展阶段定位不能偏离,不能因为我国的社会发展取得了阶段性成果,就妄图脱离实际、随意夸大我国的社会形态发展现状。

新阶段的中国现代化建设分两步走,要把握好现阶段的发展战略目标。"第二个百年目标"的具体战略规划,即习近平总书记在十九大提出的自2020起奋斗15年基本实现现代化,至本世纪中建成社会主义现代化强国的新"两步走战略",是现阶段的社会主义现代化建设的发展战略,是习近平同志以马克思主义社会形态理论为指导,以社会历史发展普遍规律为方法论,基于中国特色社会主义新时代的社会发展实况所作的科学规划。"现在到2035年是基本实现现代化建设的时期,基本实现现代化要求我国的经济实力大幅提升、综合国力大幅跃升,建成现代化经济体系,实现国家治理体系和治理能力现代化,建成现代化的文化强国,实现美丽中国建设目标,社会收入差距缩小,人民的生活更加美好,人的全面发展取得实质性进展。"①中国式现代化建设的历史经验以及取得的举世瞩目成就说明,分阶段进行社会主义现代化建设是科学的发展举措,新的两步走战略是社会主义现代化建设当前的发展战略目标,是当前阶段社会主义建设的历史任务,我们需要在习近平总书记提出的新发展战略指引下继续向前。

新时代新阶段发展生产力、进行经济建设必须贯彻新发展理念,坚持全面深化改革。新阶段的发展要求是高质量的发展。"'十四五'时期经济社会发展要以推动高质量发展为主题,这是根据我国发展阶段、发展环境、发展条件变化作出的科学判断。"②十九大对我国社会主要矛盾进行了新的判断,"我国社会主要矛盾已经转化为人民日益增长的美好生活需要和不平衡的发展之间

① 《中共中央关于制定国民经济和社会发展第十四个五年规划和二〇三五年远景目标的建议》,《中国民政》2020年第21期。

② 习近平:《关于〈中共中央关于制定国民经济和社会发展第十四个五年规划和二〇三五年远景目标的建议〉的说明》,《经济》2020年第12期。

的矛盾”①，其中发展的矛盾点主要体现在发展质量上，故而习近平总书记将发展质量放到了更高位子，“十四五”期间要集中注意力巩固加高发展的质量与效力。同时，新阶段还需要继续推进全面深化改革，以协调生产力与生产关系，从而建设更高标准的社会主义市场经济体制。出于新冠肺炎疫情的影响，国内、国际有了新的情况，我们要兼顾好内外国际局势，处理好对外开放与自主发展两者之间的关系，“加快构建以国内大循环为主体、国内国际双循环相互促进的新发展格局，推进国家治理体系和治理能力现代化”②。新阶段的现代化建设应继续发展生产力，提高发展质量，全面深化改革，调整对外开放政策，建设更高水平的经济、政治、文化、社会和生态体制，推进国家治理体系治理能力现代化。

人民是社会历史的缔造者，同样人民在社会主义现代化进程中处于主体的位置，中国式现代化离不开人民这个中心。我们的现代化是以社会主义为方向的现代化，社会主义形态是要实现人的解放与全面发展的社会形态，人的全面发展是社会主义社会的本质要求，新阶段的现代化建设必须以人的全面发展为价值导向。“满足人民日益增长的美好生活需要”是社会主义现代化建设新阶段的本质追求，新时代新阶段要解决社会主要的矛盾问题，实现人民对美好生活的向往。“满足人民日益增长的美好生活需要”就是人的全面发展在中国当前历史阶段的具体描述，现阶段现代化建设必须以“满足人民日益增长的美好生活需要”为价值目标。

四、结　论

中国式现代化是中国建设社会主义社会形态的历史产物，是人民在党的领导下探索社会主义建设路径的过程中生成的。中国式现代化建设继承和发展了社会形态理论，踏出了一条与中国社会历史发展阶段相适应的道路，创造了中国化的形态理论。社会主义初级阶段、社会主义阶段式发展战略、新发展理念、改革开放政策、美好生活目标均是在现代化进程中对于社会形态理论的中国化。在实现第二个百年奋斗目标的新的阶段，须以中国化的社会形态理论为指导理论，以“十四五规划”为纲，坚定我国社会形态发展阶段的历史定位，坚持“五位一体”总体布局，贯彻新发展理念，继续深化改革，分两步建成社会主义现代化强国，实现人民对美好生活的向往。

---

① 习近平：《决胜全面建成小康社会 夺取新时代中国特色社会主义伟大胜利——在中国共产党第十九次全国代表大会上的报告》，《党建》2017年第11期。

② 《中共中央关于制定国民经济和社会发展第十四个五年规划和二〇三五年远景目标的建议》，《中国民政》2020年第21期。

参考文献

[1]《马克思恩格斯选集》第1—4卷,北京:人民出版社,2012年。

[2]《毛泽东著作选编》,北京:中共中央党校出版社,2002年。

[3]周振国:《从邓小平理论到三个代表重要思想》,北京:社会科学文献出版社,2005年。

[4]《大国智慧:深入学习习近平总书记系列重要讲话精神》,北京:当代中国出版社,2014年。

[5]赵家祥:《马克思的社会形态理论简论》,北京:北京大学出版社,1985年。

[6]罗荣渠:《现代化新论》,上海:华东师范大学出版社,2013年。

Analysis on the Chinese-style Modernization Road from the Perspective of Marx's Social Form Theory

Zhou Jie Mou Gaohui

Abstract The Chinese-style modernization road is the correct choice made by the Communist Party of China and the people based on the development requirements of socialism with Chinese characteristics. It is the inheritance and development of the theory of social formation and the realistic path to realize the social formation of communism. The Chinese-style modernization road is the result of the integration of social formation theory into China's special objective reality and then the sinicized social form theory is created. It anchors the historical stage of socialism with Chinese characteristics as the primary stage of socialism, formulating development strategies step by step, continuously reforming production methods and striving for a better life for the people. At current, in the new journey "towards the second centenary goal", we must insist and develop the theory of social formation, and move towards a new stage of socialist modernization under the guidance of sinicized social form theory.

Key Words Marxism; Social Form Theory; Socialism with Chinese Characteristics; Modernization

海派经济学
第 20 卷第 1 期,2022 Journal of Economics of Shanghai School No. 20,1,2022

浅析列宁对苏维埃俄国国家治理的探索及其当代价值

孙 铭

内容提要 当今世界处于百年未有之大变局,对中国共产党人来说,要深刻认识和准确把握外部环境变化和中国改革发展稳定面临的新情况、新问题、新挑战,居安思危,增强忧患意识,提高防控能力,着力防范化解重大风险,研究分析列宁对苏维埃俄国国家治理的探索及其当代价值。虽然列宁时期面临内外交困的双重压力,但形成的苏维埃俄国国家治理模式为巩固和发展新生的苏维埃社会主义政权提供了可靠的制度基础和保障,十分值得今天的中国借鉴。

关键词 列宁;苏维埃俄国;国家治理;模式

中图分类号 A226、A227

列宁作为第一位领导社会主义国家组织实施国家治理的践行者,于1918年撰写了《苏维埃政权的当前任务》[①],深入分析了建设社会主义经济制度和经济运行方式的重要性,并提出了当时苏维埃俄国的国家经济建设方案。他指出,苏维埃共和国取得和平之后,党和国家应当“把自己的力量集中到社会主义革命最重要和最困难的方面,即集中到组织任务上来”[②]。列宁所说的组织工作是指组织对苏维埃俄国的管理,即进行社会管理、经济管理、生产管理,需要调动广大劳动者的积极性和主动性,用新的方式去建立千百万人生活的最深刻的经济的基础。[③]这充分显示出列宁对苏维埃俄国国家治理理念的核心思想——依靠人民,建立起服务于人民的物质生活基础。很明显,列宁是把人民放到了国家治理的核心位置。对21世纪的中国共产党人来说,梳理列宁对苏维埃俄国国家治理的实践轨迹,对实现全面深化改革的总目标即完善和发展中国特色社会主义、实现国家治理体系和治理能力现代化意义重大。

作者简介:孙铭,中国社会科学院大学马克思主义学院博士研究生。

① 载于 1918 年 4 月 28 日《真理报》第 83 号和《全俄中央执行委员会消息报》第 85 号附刊,译自《列宁全集》俄文第 5 版第 36 卷第 165—208 页。

②《列宁选集》第 3 卷,北京:人民出版社,1995 年,第 474 页。

③《列宁选集》第 3 卷,北京:人民出版社,1995 年,第 477 页。

一、列宁的主要探索与实践

1917 年,随着十月革命的胜利,列宁领导布尔什维克和俄国人民建立了世界上第一个社会主义国家——苏维埃社会主义共和国。在毫无先例可循的情况下,在恶劣的国内、国际环境压力下,为尽早探寻出适合社会主义国家建设的道路,列宁及时做出了判断,苏维埃俄国必须尽快退出第一次世界大战。他在革命胜利当天的彼得格勒工农兵代表苏维埃会议上说:“我们当前的任务之一,就是必须立刻结束战争”①,“新的工农政府定会立即向各交战国人民提议缔结公正的民主和约”②。1918 年 3 月 3 日,苏维埃俄国与德国签订了《布列斯特和约》并退出“一战”,但另一场战争也随之而来:当时俄国的资产阶级、小资产阶级、旧贵族极度仇视工人阶级,千方百计推翻苏维埃政权,叛乱不断。而英、法、日、美等协约国资产阶级更是妄图绞杀刚刚成立的苏维埃俄国,《布列斯特和约》成为战争爆发的导火索。在列宁带领下,苏维埃俄国在经历两年的战争洗礼后于 1921 年赢得了胜利。此后,列宁立即将工作重心集中到了社会主义事业建设上直到去世。列宁用一生探寻适合苏维埃俄国的国家治理方式,形成了宝贵做法和经验,特别是对苏联后来的崛起起到了重要作用。列宁的探索实践成果主要体现在巩固苏维埃政权、大力发展经济、提升人民主体地位三个方面。

(一)巩固苏维埃政权

1. 坚持党对军队的领导

军队是政权稳定的保障。在国内国际战争压力下,列宁高度重视红军的建设,坚决主张党对军队的领导,并将此作为建军指导思想。列宁认为,只有加强共产党的领导,才能吸引千百万工人、农民积极投身到革命斗争的行列中来,建立起无产阶级的武装力量和同盟军。③ 这一思想为俄共(布)第八次代表大会提供了指引,大会在党纲中明确规定了红军的性质:一是鲜明的无产阶级专政;二是由工人和劳动农民组成。“把军队的政治领导和对指挥员的全面监督集中于工人阶级手中。”④在党的第九次代表大会上,列宁在《俄共(布)中央委员会的报告》中,在分析年轻红军战胜外国武装干涉者和国内白卫军联合力量的原因时,再次强调了党的领导作用。他指出,只有加强党的具体领导和组织工作,才能为红军的建设打下牢固的基础。要做到党领导军队,必须在每一支部队中成立共产党支部。为了贯彻党领导军队的原则,党的第八次代表

① 《列宁全集》第 33 卷,北京:人民出版社,2017 年,第 2 页。

② 《列宁全集》第 33 卷,北京:人民出版社,2017 年,第 4 页。

③ 张树德:《列宁的政治建军思想研究》,《马克思主义研究》2020 年第 3 期。

④ 〔苏〕卡尔加洛夫等:《马克思列宁主义论战争、军队和军事科学》,曹汀等译,北京:时代出版社,1957 年,第 7—8 页。

大会通过的《俄国共产党(布尔什维克)纲领》规定:“除军事首长外,还必须设政治委员,由可靠的、具有忘我精神的共产党员担任,并在每一个部队中成立共产党支部,以建立内部思想的联系和自觉的纪律。”①大会专门强调了政委和党支部在军队建设上所起的作用。后来,列宁在一次全俄重要会议上又指出,虽然我们拥有庞大的军事机构,但是没有政治委员,我们就没有红军。②实践证明,自1918年7月全俄苏维埃第五次代表大会以立法形式将政治委员制度固定下来之后,政治委员制度就一直对捍卫苏维埃政权起到了十分重要的作用。③ 与此同时,红军中党支部的设立也充分发挥了共产党员在军队中的先锋作用,成为无产阶级军队建设必须始终坚持的一项基本原则。

2. 加强党的执政能力建设

与德国签署的《布列斯特和约》虽然让苏维埃俄国失去了大片领土,但正是这“有限的和平”让国家建设赢得了宝贵时间,政权基础得以巩固。对此,列宁说:“俄国没有别的出路,必须立即单独媾和,因为德国有可能在西线展开全面进攻,而我们是无力抵抗百万大军的进攻的。缔结和约后,我们就能处理国内事务特别是能够恢复和发展经济、增强国力,并开始探索苏俄向社会主义过渡的途径。”④为了进一步巩固政权,俄共(布)不断扩大党的队伍建设,鼓励工人阶级入党。然而,许多破坏分子也同时趁机加入。列宁分析说:“一方面,坏分子在攀附我们的党,这是很自然的,因为这是一个执政的党。另一方面,工人阶级已经疲惫不堪,它的力量自然因国家遭受破坏而被削弱。但是只有工人阶级的先进部分,只有工人阶级的先锋队,才能领导自己的国家。”⑤但是,由于受旧俄罗斯制度的影响,当时苏维埃俄国的现状是民众受教育程度低,文盲半文盲现象普遍。在这种情况下,党内许多干部由于自身综合素质不够,导致生活腐化,工作中营私舞弊的现象层出不穷,越来越远离群众,严重影响党的威信和执政能力。对此,列宁在《论俄国革命》中明确指出,“俄国还没有发展到可以实现社会主义的高度”,俄国的确还不具备“社会主义所需要”的“文化水平”,并强调这一点是“无可争辩的论点”。⑥ 要解决这一系列的问题,首先要纯洁党的队伍。对此,列宁指出,纯洁党的队伍是一项长期的任务,要随时把“混进党内的人”清除出去,而且要坚持清党的彻底性,“必须把欺骗分子、官僚化分子、不忠诚分子和不坚定的共产党员以及虽然‘改头换面’但内心里依然故我的孟什维克从党内清除出去”。⑦ 1921年十大后,大规模清党工作开

① 《列宁全集》第36卷,北京:人民出版社,2017年,第410页。
② 《列宁全集》第39卷,北京:人民出版社,2017年,第140页。
③ 水新营、刘中锋:《人民军队政治委员制度的来龙去脉》,《党史文汇》2015年第1期。
④ 《列宁全集》第33卷,北京:人民出版社,2017年,第350页。
⑤ 《列宁全集》俄文第5版第39卷第342—363页。载于1919年12月20日《俄共(布)中央通报》第9期。
⑥ 《列宁全集》第43卷,北京:人民出版社,1987年,第371页。
⑦ 《列宁选集》第3版修订版第4卷,北京:人民出版社,2012年,第562页。

始。十大决议再次指出:"党的政策极需要坚决加以改变:一方面吸收工人入党,同时根据工作情况和俄国共产党党员标准,实事求是地考察每个俄共党员,把非共产主义分子清洗出党。"①之后的十一大继续采取类似措施进行清党。

加强党的作风建设是杜绝官僚主义、享乐主义的有效手段。为此,列宁以在党内开展批评与自我批评为切入点,狠抓党员作风建设,他指出:"共产党人的责任不是隐讳自己运动中的弱点,而是公开地批评这些弱点,以便迅速而彻底地克服它们。"②事实证明,敢于开展批评和自我批评的党员,能够在工作中取得更大进步,也是衡量一个党的成熟标志。③ 为了开展批评和自我批评,保持党的严谨工作作风,列宁还要求"创办报刊(争论专页等)来更经常、更广泛地批评党的错误和开展党内各种批评"④,争论专页上刊登的内容包括对党和领导人进行批评和辩论。列宁认为:"一切党组织可以在符合代表大会意志的范围内对中央委员会的策略提出异议和纠正中央委员会的偏向和错误的权利。"⑤除了开展批评与自我批评,列宁在党内推行问责制。列宁主张在明确责任划分的基础上,通过问责解决部分党员存在的办事拖拉、责任缺失等问题。"一切党员对党和无产阶级国家都负有同等的责任"⑥,"任何时候,在任何情况下,实行集体管理都必须极严格地一并规定每个人对明确划定的工作所负的个人责任。借口集体管理而无人负责,是最危险的祸害"⑦。这一制度既发挥了集体领导的作用,也避免了个人办事拖拉、推卸责任等问题,对那些不负责的党员特别是党员领导干部予以淘汰,使党员的责任意识得到不断加强。

3. 妥善处理工农联盟关系

在国家治理方面,列宁主张"社会主义革命就要几千万人积极地、直接地、实际地参加国家管理才能完成"⑧,正如他在1919年11月7日苏维埃政权成立两周年的演说中所说的,"只有让工人参加国家的整个管理工作,我们才能在这样难以置信的困难条件下坚持下去,只有走这条道路,我们才会得到完全的胜利"⑨。可见,在列宁看来,工人和农民在苏维埃政权国家建设中的主体地位是不可动摇的。然而必须指出的是,建国初期的苏维埃制度是不完善的。当时的情况是,由于经济混乱以及由此引发的工业瘫痪等因素,工人阶级的人

---

① 《苏共决议汇编》第2分册,北京:人民出版社,1964年,第55页。
② 《列宁选集》第4卷,北京:人民出版社,2012年,第235页。
③ 《列宁选集》第4卷,北京:人民出版社,2012年,第167页。
④ 《列宁全集》第41卷,北京:人民出版社,1986年,第103页。
⑤ 《列宁全集》第13卷,北京:人民出版社,1987年,第192页。
⑥ 《苏共决议汇编》第2分册,北京:人民出版社,1964年,第43页。
⑦ 《列宁全集》第37卷,北京:人民出版社,2017年,第41—42页。
⑧ 《列宁全集》第28卷,北京:人民出版社,1987年,第403—405页。
⑨ 《列宁全集》第37卷,北京:人民出版社,1986年,第288—289页。

数大大减少，在苏维埃俄国国内阶级斗争不断加剧，这直接影响到了国家机关内部，导致官僚主义日益增强。而战时共产主义政策的实施又加剧了代表农民情绪的左派社会革命党与布尔什维克的紧张关系，它被作为“用无产阶级国家直接下命令的办法，在一个小农国家里按共产主义原则来调整国家的生产和分配”[①]，许多钻进布尔什维克党内的资产阶级分子和小资产阶级分子趁机破坏国家稳定，在行政机构和经济机构中谋取职位后，再利用种种方法来压制群众的积极性，这严重破坏了党的领导力。列宁敏锐地观察到了这一点，及时就关于如何正确处理建设中的党、国家机关和群众团体的关系提出了自己的论述。列宁在党的十大报告中强调，“必须立刻采取迅速的、最坚决的、最紧急的办法来改善农民的生活状况和提高他们的生产力”[②]。

关于如何将工人和农民与国家治理结合起来，列宁有着清晰的判断。他指出，执政党“最大最严重的危险之一，就是脱离群众”，就是没有“同极大多数工农群众保持牢固的联系”。[③] 为此，列宁尝试通过新经济政策让工农群众共同参与社会生产活动，认为这就将工人阶级“同千百万农民赖以为生的农民经济结合起来”[④]。可以看出，列宁希望通过新经济政策在无产阶级与农民间建立起某种互助关系，实质上就是形成工农在经济上的联盟。为发展工农间的信任关系，列宁在《论粮食税》中强调：“无产阶级作为一个领导阶级、统治阶级应当善于指导政治以便首先去解决最迫切而又最‘棘手的’任务。现在最迫切的就是采取那种能够立刻提高农民经济生产力的办法。只有经过这种办法才能做到既改善工人生活状况又巩固工农联盟巩固无产阶级专政。”[⑤]列宁所提及的指导政治，即发挥工人阶级在国家治理中的主要作用。事实上，这也是列宁推行新经济政策的本质，即建立起可靠稳固的工农联盟，最终目的是在党的带领下把以小农为基础的俄国引导发展成为社会主义的俄国。[⑥] 新经济政策为小农经济带来了活力，1922 年 3 月，尽管面临大饥荒，但第一次征收粮食税的计划全部顺利完成，“一年来农民不仅战胜了饥荒，而且交纳了大量的粮食税”[⑦]。1922—1923 年的第二次征收粮食税运动是在极其有利的条件下展开的。[⑧] 随着生活水平不断提高，农村生产力快速恢复，苏维埃政权得到越来越多农民的广泛支持和拥护。

① 《列宁全集》第 42 卷，北京：人民出版社，1987 年，第 176 页。

② 《列宁全集》第 41 卷，北京：人民出版社，1986 年，第 50 页。

③ 《列宁全集》第 42 卷，北京：人民出版社，1987 年，第 372 页。

④ 《列宁全集》第 43 卷，北京：人民出版社，1987 年，第 75 页。

⑤ 《列宁全集》第 41 卷，北京：人民出版社，1986 年，第 207 页。

⑥ 房广顺、哈龙：《列宁对“和平瓦解”苏维埃政权的警觉与应对》，《辽宁大学学报（哲学社会科学版）》2017 年第 4 期。

⑦ 《列宁全集》第 43 卷，北京：人民出版社，1987 年，第 280 页。

⑧ 〔俄〕A. A. 丹尼洛夫等：《俄罗斯历史（1900—1945）》，吴恩远等译，北京：中国社会科学出版社，2014 年，第 160 页。

(二)大力发展经济

1. 采取战时共产主义政策

苏维埃政权从建立之初就陷入了极为严重的危机之中:当时的国外帝国主义和国内反动势力企图用粮食问题压垮苏维埃政权,以自由贸易为名疯狂进行粮食投机,使得"粮食的黑市价格十倍于国家价格"①。为保障战争的物资需求,战时共产主义政策②孕育而生。关于战时共产主义政策的作用,列宁在《论粮食税》中指出:"'战时共产主义'是战争和经济破坏迫使我们实行的。它不是而且也不能是适应无产阶级经济任务的政策。它是一种临时的办法。"③可见,以纯粹的军事、行政手段代替市场功能只是临时性的过渡措施,但当时俄共(布)党内不少人非但不将此作为临时性的过渡措施,反而试图将其作为通往共产主义的路径。对于战时共产主义政策引发的错误,列宁是承认的,他作出了解释:"执行这个任务时,有很多情况不了解,如果不作适当的实际试探,就很难绝对准确或相当准确地决定可以用什么方法来攻占敌人要塞。"④列宁还表示:"我们现在正用'新经济政策'来纠正我们的许多错误,我们正在学习怎样在一个小农国家里进一步建设社会主义大厦而不犯这些错误。"⑤"必须坚决地、明确地承认过去的做法是错误的,不要让它阻碍新战略和新战术的发展,阻碍作战行动的发展。"⑥这一切体现出的不仅是列宁在如何建设社会主义方面的经验总结,更是对马克思主义的科学发展和运用。

2. 采取新经济政策

在放弃战时共产主义政策后,列宁于 1921 年颁布了新经济政策,并提出用粮食税代替余粮收集制。他认为"必须通过一系列特殊的过渡办法"⑦,才能在小农生产者占人口多数的国家里实行社会主义革命。但是,俄共(布)党内并没有形成统一的认识,不少党的领导人原想通过战时共产主义政策直接完成向共产主义的过渡,认为新经济政策是向资产阶级妥协和让步,甚至有人认为是走资本主义道路。⑧ 对此,列宁指出,只要无产阶级紧紧地掌握着国家政权、控制着经济命脉,就能保住革命的胜利成果,保住社会主义的方向。1922 年,列宁在共产国际第四次代表大会上的报告中将之前所主张的"全面消灭私有制"、建立"纯而又纯的公有制"称为是现在"力所而不能及的",他还

① 《列宁全集》第 37 卷,北京:人民出版社,1985 年,第 271 页。
② 战时共产主义政策主要包括强制征粮、严控工业发展、统一分配、禁止商业活动。
③ 《列宁全集》第 32 卷,北京:人民出版社,1987 年,第 364 页。
④ 《列宁全集》第 33 卷,北京:人民出版社,1987 年,第 79 页。
⑤ 《列宁选集》第 4 卷,北京:人民出版社,2012 年,第 569 页。
⑥ 《列宁选集》第 4 卷,北京:人民出版社,2012 年,第 596 页。
⑦ 《列宁全集》第 4 卷,北京:人民出版社,1986 年,第 50 页。
⑧ 王力:《列宁推动新经济政策的策略及其启示》,《四川师范大学学报(社会科学版)》2020 年第 3 期。

指出如果此时不允许私有制经济存在发展，那么就会有“灭亡的危险”。① 这表明，列宁已经认识到在生产力没有达到高度发达的状况下，人为地消灭私有制，盲目追求所谓社会主义公有制是十分行不通的，只能通过一个漫长的历史时期，允许多种所有制经济发展，提高生产力水平，再迂回过渡到社会主义。在这个漫长的过渡时期内，绝不能禁止、阻碍一切私有制经济的存在和发展，否则“它就是在干蠢事，就是自杀”②。事实也证明，苏维埃俄国的生产力处于较低水平，借助资本主义私有制经济是必要的。在这一思想指导下，苏维埃俄国不断推进和完善多种经济形式并存的发展模式，有力调动了人民群众参与国家建设的积极性。

在国际经济交往方面，随着苏维埃俄国的胜利，一时间无产阶级力量的快速壮大，形成了无产阶级与资产阶级间的某种“均势”③，资本主义各国的小资产阶级为谋求利益，自然不愿放弃社会主义市场的这块蛋糕。对此，列宁洞察秋毫，他说：“要知道，资本主义列强近年来最迫切、最实际和表现得最突出的利益，要求发展、调整和扩大同俄国的贸易。既然存在这种利益，那么，尽管会有辩论、会有争执、分歧各方会有不同的组合，甚至很可能闹到决裂的地步，但这个基本的经济需要最终还是会发生作用的。”④1920—1922 年，苏维埃俄国同英国签订了恢复贸易关系的协定，同德国、意大利签订了贸易协定，同爱沙尼亚、立陶宛、拉脱维亚、芬兰和波兰也签订了类似的协定。⑤ 为更多借助资本主义国家的资金和技术优势建设社会主义，列宁还推行了租让制⑥，他认为：“苏维埃政权‘培植’租让制这种国家资本主义，就是加强大生产来反对小生产，加强先进生产来反对落后生产，加强机器生产来反对手工生产，增加可由自己支配的大工业产品的数量（即提成），加强由国家调整的经济关系来对抗小资产阶级无政府状态的经济关系。”⑦依靠租让制，1921 年苏维埃俄国同资本主义国家签订了 5 份租让合同，1922 年签订了 10 份，1923 年签订了 37 份，1924 年签订了 32 份。1925 年以前有 14 家租让制企业开始生产，1925 年又有 17 家租让制企业投入生产。⑧ 关于如何利用资本主义国家优势建设社会主义经济，列宁主张向资本家学习，尤其是指导合作社运营、发展小工业、发挥地方主动性和创造性、消除官僚主义等方面，列宁认为“还有很多东西可以

---

① 《列宁选集》第 4 卷，北京：人民出版社，2012 年，第 681 页。

② 《列宁选集》第 4 卷，北京：人民出版社，2012 年，第 504 页。

③ 俞敏：《列宁关于正确处理苏维埃俄国与资本主义国家关系的思想研究》，《社会主义研究》2020 年第 2 期。

④ 《列宁全集》第 43 卷，北京：人民出版社，1987 年，第 71 页。

⑤ 郑异凡：《新经济政策的俄国》，北京：人民出版社，2013 年，第 206 页。

⑥ 租让制是指苏联新经济政策时期国家资本主义的一种形式。是苏维埃政权同外国资本家订立的一种合同。即由苏维埃国家与外国资本家订立合同，把暂时无力经营或开发的企业、矿山、森林区等租赁给这些资本家来经营。

⑦ 《列宁全集》第 41 卷，北京：人民出版社，2017 年，第 212 页。

⑧ 郑异凡：《新经济政策的俄国》，北京：人民出版社，2013 年，第 102 页。

而且应当向资本家学习”①。

(三)提升人民主体地位

1. 建立畅通人民参政议政通道

列宁十分重视通过工会调动人民群众发挥监督的作用。1919年3月,俄共(布)第八次全国代表大会上通过的《俄国共产党(布尔什维克)纲领》指出,工会参加经济管理并吸收广大群众参加这一工作,同时也就是防止苏维埃政权经济机关官僚化的主要方法,并且为对生产的结果实行真正的人民监督提供了可能性。② 一年后的第九次大会明确规定了工会的作用、与党的相互关系、共产党领导工会的形式和方法以及工会参加经济建设的方式。列宁认为,党是直接依靠工会来开展工作的,工会在形式上是一种非党组织,但是大多数工会都是由共产党组成的全俄总工会的中央机构或常务机构(全俄工会中央理事会)来领导的,全俄中央理事会是“一个形式上非共产党的、灵活而较为广泛的、极为强大的无产阶级机构”③。

与此同时,列宁还专门设立了非党工农代表会议,该会议是对工会的补充。因为列宁认为,仅仅通过工会的这个单一渠道“来联系‘群众’还是不够的”④,必须扩充人民群众参与的制度化途径,让人民群众能够更加广泛地享有监督权,使得人民群众既能表达意见,也能听取执政机关的反馈意见:“不仅定期召开工农群众的全体会议,而且定期收集所有负责的公职人员向工农群众所作的切实的工作报告。这样的工作报告每月至少安排一次,使广大非党工人和农民有机会对苏维埃机关及其工作提出批评。”⑤1921年4月,列宁在《关于对待非党工人的态度》一文中强调指出,非党代表会议有助于密切共产党员同非党人员的联系,有利于同官僚主义作斗争。⑥

2. 密切联系群众

人民群众是建设社会主义的基础,因为“社会主义不是少数人,不是一个党所能实施的。只有千百万人学会亲自做这件事的时候,他们才能实施社会主义”⑦。列宁认为,“不组织群众,无产阶级就一事无成”⑧。夺取政权后,俄共(布)立即颁布《土地法令》和《土地社会化基本法》,明确提出要废除地主土地所有制,将“地主的田庄以及一切皇室、寺院、教堂的土地,连同耕畜农具、庄园建筑和一切附属物,一律交给乡土地委员会和县农民苏维埃支配”⑨。一系

① 《列宁全集》第41卷,北京:人民出版社,1986年,第220页。
② 《列宁全集》第40卷,北京:人民出版社,2017年,第415页。
③ 吴成林:《试论列宁对人民群众监督制度的探索》,《中共山西省委党校学报》2020年第2期。
④ 吴成林:《试论列宁对人民群众监督制度的探索》,《中共山西省委党校学报》2020年第2期。
⑤ 《列宁全集》俄文第5版第43卷第253—254页,载于1932年《列宁文集》俄文版第20卷。
⑥ 《列宁全集》俄文第5版第43卷第390—392页,载于1921年5月7日《真理报》第97号。
⑦ 《列宁全集》第34卷,北京:人民出版社,1985年,第49页。
⑧ 《马克思恩格斯文集》第2卷,北京:人民出版社,2009年,第318页。
⑨ 《列宁全集》第33卷,北京:人民出版社,1985年,第18页。

列的土地改革措施让农民成为土地的主人，获得了基本的生存权益，使得广大农民紧密团结在党周围。但随之而来的战时共产主义政策在一定程度上损害了农民阶级利益，甚至引发了1921年2月28日的喀琅施塔得水兵暴动，打出了“要苏维埃，不要布尔什维克”的口号。事实上，经历了战争破坏的苏维埃俄国当时整体生产水平向后倒退了几十年，全国的经济已经破碎不堪，由于粮食短缺，工人、农民、士兵，整个苏维埃上上下下都忍饥挨饿，恢复生产发展经济是当时最为迫切的任务。然而，在一个拥有亿万人的国家里单靠几十万党员的力量去开展工作，是不现实的。列宁明确指出非党的工农队伍是无产阶级政党最可靠的朋友，只有这个政党才会满怀胜利的信心大胆地从最受压迫和最落后的劳动人民中汲取力量。这一切充分表明了列宁对人民的信赖和依靠，他始终将人民视为无产阶级政党能够战胜一切困难的力量和源泉。

对于战时共产主义的错误，列宁在认真总结分析后及时提出了更能为人民服务的“新经济政策”，允许农民一定程度上的交换自由。与此同时，为了采取一切办法来与尚未接触过政治的劳动群众建立更密切的联系，列宁还主张提拔成百上千的群众、普通工农的非党人员担任苏维埃的工作，特别是经济工作，根据他们工作的实际的检验成果可以将他们提升到更高的职位上去。针对俄共(布)在执政后出现的不正之风，列宁告诫全党：“一些政党有了骄傲自大的可能，这往往就是失败和衰落的前奏。”①自此，反对官僚主义、加强同人民群众的联系就被正式提上日程。在1921年3月召开的俄共(布)第十次代表大会上，列宁坚决表示要连续不断地采取措施“来反对官僚主义，扩大民主，发扬自主精神”②。在列宁看来，“只有当全体居民都参加管理工作时，才能把反官僚主义的斗争进行到底，直到取得完全的胜利”③。列宁认为：“如果说有什么东西会把我们毁掉的话，那就是这个。”④另外，列宁要求苏维埃政权机关的领导人员和工作人员认真做好信访接待工作。按照列宁的指示，克里姆林宫设立了供列宁接见来访群众的接待室，人民委员会也公开成立了接待来访群众的办公室。⑤

3. 推动民族间平等

十月革命的胜利标志着各民族人民享有了政治与法律上的平等，各民族渴望享有与俄罗斯民族同等的权利，但长期受俄国沙皇压迫的各民族还无法完全信任俄罗斯民族，加上各民族经济发展缓慢、生产力水平低下，难以赶上俄罗斯民族的发展步伐，民族间的差异很大。如果没有各民族无产阶级的合作和联盟，没有“共同性文化”和“一致性文化”的形成，那么一个民族的解放和

---

① 《列宁全集》第38卷，北京：人民出版社，2017年，第361页。
② 《列宁全集》第41卷，北京：人民出版社，2017年，第82页。
③ 《列宁全集》第36卷，北京：人民出版社，2017年，第154页。
④ 《列宁全集》第52卷，北京：人民出版社，2017年，第288页。
⑤ 汪亭友：《列宁是无产阶级革命领袖的卓越典范》，《马克思主义研究》2020年第4期。

平等是无法想象的。文化同化就是以新思想、新理念和新的价值追求去克服各民族文化的局限,将各民族文化有机统一起来。[①] 1918年3月,列宁在《被剥削劳动人民权利宣言》中明确指出:"俄罗斯苏维埃共和国是建立在自由民族的自由联盟基础上的各苏维埃民族共和国联邦。"[②]可见,列宁主张的是民族平等。对于民族压迫问题,列宁1922年在《关于民族和"自治化"问题》一文中指出:"必须把压迫民族的民族主义和被压迫民族的民族主义,大民族的民族主义和小民族的民族主义区别开来。"[③]为化解民族间矛盾,列宁巧妙地应用了无产阶级大联合这个概念,他以俄罗斯和乌克兰民族为例,"如果削弱目前存在的乌克兰无产阶级同大俄罗斯无产阶级在一国范围内的联系和联盟,那就是直接背叛社会主义";"大俄罗斯的无产阶级和乌克兰的无产阶级'同化'的事实是无可置疑的。而这一事实肯定是进步的"。[④] 列宁还补充说,民族同化不应该是"强制性的或者依靠特权进行的"[⑤]。

二、列宁领导形成的主要制度成就

当时的苏维埃俄国的国家治理是一种新型国家治理模式,列宁不断地在探索道路上为推动苏维埃俄国的国家治理做出了重要贡献。在列宁领导下,建立了议行合一的苏维埃政权,由国家权力机关统一行使立法权、行政权和司法权,不同于西方的三权分立。整体上看,这种模式极大体现了社会主义民主的优势,使国家机关能够无限接近人民群众,从而升华了苏维埃国家治理模式的意义。

(一)成就一:明确了坚持党"总的领导"的指导地位

十月革命胜利后,列宁和布尔什维克党一度尝试推动人民群众直接参加国家治理,为此,选拔了大批优秀的工人和士兵进入国家机关并担任重要职务,然而现实与理想的巨大差距,治理不但没有达成预想的效果,反而混乱一片,这让列宁意识到,工人阶级直接管理国家的时机还不成熟,"国家政权的一切政治经济工作"都必须"由工人阶级觉悟的先锋队共产党领导"[⑥]。这样一来,就自然杜绝了引发混乱的"直接民主"式的治理方式并调整为:在坚持"党的总的领导"的基础上,用合作制的方法引领人民参与国家治理,从而实现治理的有序性、可控性。

关于如何进一步巩固坚持党"总的领导"思想的根本地位,列宁认为,必须

① 李楠、石琳琳:《列宁民族文化建设思想及其现实启示》,《马克思主义研究》2018年第9期。
② 《列宁选集》第3卷,北京:人民出版社,2012年,第386页。
③ 《列宁选集》第4卷,北京:人民出版社,2012年,第758页。
④ 《列宁选集》第2卷,北京:人民出版社,2012年,第342、343页。
⑤ 《列宁选集》第2卷,北京:人民出版社,2012年,第348页。
⑥ 《列宁全集》第2版第42卷,北京:人民出版社,1986年,第370页。

先要通过法律手段解决党政不分的问题。他在党的八大上提出：不能党政不分，“党应当通过苏维埃机关在苏维埃宪法的范围内来贯彻自己的决定。党努力领导苏维埃的工作，但不是代替苏维埃”①。在党的九大《关于经济建设问题的发言》中，列宁进一步指出：“工人阶级夺取政权之后，像任何阶级一样，要通过改变同所有制的关系和实行新宪法来掌握和保持政权，巩固政权。”②在坚持通过立法程序理顺党政关系的基础上，列宁还要求俄共(布)必须不断改进领导方式，实行党政分开。1922 年 3 月，列宁在给莫洛托夫并转俄共(布)中央全会的信中对此作了十分简要而又清晰的表达，即：“必须十分明确地划分党(及其中央)和苏维埃政权的职责；提高苏维埃工作人员和苏维埃机关的责任心和独立负责精神，党的任务则是对所有国家机关的工作进行总的领导，而不是像目前那样进行过分频繁的、不正常的、往往是琐碎的干预。”③根据列宁的建议，党的十一大决议进一步明确要求：“党在保持对苏维埃国家的全部政策实行总的领导和指导的同时，应当十分明确地把党的日常工作和苏维埃机关的工作、党的机构和苏维埃的机构划分开来。这种有步骤的划分，一方面可以保证苏维埃机关更有计划地讨论和解决属于经济性质的问题，可以提高每一个苏维埃工作人员对本身工作的责任感，另一方面可以使党在必要的程度上把精力集中于党的基本工作上，即对一切负责教育和组织工人群众的国家机关的工作进行总的领导。”④这就是说，党实行总的领导，党和国家机关各司其职，必须实行明确的党政分工。列宁认为，只有这样，党才能从琐碎的日常事务中解脱出来，从而集中精力解决好党和国家的重大路线方针问题，实现党对国家政治上、思想上的领导权，为国家治理提供重要的政治保障。

如何在国家治理中发挥好党的领导优势，一直是列宁思考的问题。1922 年 2 月发生的“罐头事件”对列宁触动很大。表面上看，对外贸易人民委员部应该可以独立解决一个进口罐头问题，但结果却由于受战争期间形成的体制影响，最后还是要交到政治局专门讨论才得到解决。列宁在对此事作了调研之后指出：“这是典型的事例。这种事不光在首都莫斯科有，而且在所有独立共和国的首都都有，甚至严重百倍。”⑤很明显，这种状况严重影响了党的领导作用的发挥和苏维埃政权行政职能的实现，党的执政能力效力受到极大挑战。严酷的现实迫使列宁进一步反思党的领导方式、党政关系及人民民主实现等

① 《苏共决议汇编》第 1 分册，北京：人民出版社，1964 年，第 571 页。
② 《列宁全集》第 38 卷，北京：人民出版社，1986 年，第 299—300 页。
③ 《列宁全集》第 43 卷，北京：人民出版社，1987 年，第 64 页。
④ 《苏共决议汇编》第 2 分册，北京：人民出版社，1964 年，第 151 页。
⑤ 《列宁全集》第 43 卷，北京：人民出版社，1987 年，第 101—102 页。

问题。正是在这一反思过程中，列宁关于党"总的领导"的思想变得更为明确。[①] 对于党内出现轻视合作制重要性的问题，列宁及时予以纠正。他批判布尔什维克党以前所采取的立场，他说布尔什维克党"已经开始忘记合作制具有非常重大的意义"[②]。在讲到农民时，列宁强调："有了完全合作化的条件，我们也就在社会主义基地上站稳了。"[③]列宁认为"合作社是一笔极大的文化遗产，必须加以珍视和利用"[④]，但他还认为，合作制发展是一个很长的历史过程。这是因为在农民文化水平普遍很低的情况下，发展合作制的基础很薄弱。鉴于此，列宁提出了文化革命，他说："现在，只要是实现了这个文化革命，我们的国家就能成为完全的社会主义国家了。但是这个文化革命，无论在纯粹文化方面（因为我们是文盲）或物质方面（因为要成为有文化的人），就要有相当发达的物质生产资料的生产，要有相当的物质基础。"[⑤]今天我们再看这一点，可以说，列宁紧紧抓住了对当时苏维埃俄国进行治理的关键要害，果断放弃了由群众自己从下面来全面管理国家的思路[⑥]，转而将党领导经济建设的基础明确地定位于合作制，并在此基础上不断提高党的执政能力，从而推动国家治理的发展与完善。

（二）成就二：形成社会主义商品经济的雏形

列宁非常重视上层建筑对经济基础的反作用，指出上层建筑要适应经济转变。因此苏维埃国家治理要自觉地遵循经济发展规律，要最大限度最快地为建立和巩固社会主义经济基础服务，为经济发展创造有利的政治环境。1918年春季，列宁在《苏维埃政权的当前任务》中用新方式建立新经济基础作为苏维埃国家建设和治理的根本任务。[⑦] 而在1918年夏天开始的国内战争中形成的战时共产主义政策也极大加强了党内集权，加强了官僚主义。由于列宁强调党的任务是对所有国家机关的工作进行"总的领导"，"党的代表大会所通过的决定，对于整个共和国都是必须遵守的"[⑧]，"任何一个国家机关没有

---

① 有学者认为，列宁在1920年10月批判以波格丹诺夫为首的无产阶级文化协会强调"自治"而否定党的领导的错误时就提出了党"总的领导"的思想（参见魏泽焕：《列宁关于党"总的领导"的思想》，《党建研究》1992年第6期）。笔者认为，列宁这时提的是"在苏维埃政权（特别是教育人民委员部）和俄国共产党的总的领导下"（参见《列宁全集》第39卷，北京：人民出版社，1986年，第332页），还不是真正意义上的党"总的领导"，它与列宁在1922年3月给莫洛托夫的信中只提党"总的领导"是有根本区别的。在给莫洛托夫的信中，列宁在强调了必须明确划分党和苏维埃政权的职责之后提出"党的任务是对所有国家机关工作进行总的领导"。这就是说"总的领导"权只属于党，苏维埃政权不具有"总的领导"的权力。

② 《列宁全集》第33卷，北京：人民出版社，1987年，第481—482页。

③ 《列宁全集》第33卷，北京：人民出版社，1987年，第488页。

④ 《列宁全集》第35卷，北京：人民出版社，1985处，第198页。

⑤ 《列宁全集》第43卷，北京：人民出版社，1987年，第368页。

⑥ 《列宁全集》第2版第29卷，北京：人民出版社，1985年，第287页。

⑦ 《列宁选集》第3卷，北京：人民出版社，1995年，第477页。

⑧ 《列宁全集》第2版第41卷，北京：人民出版社，1986年，第55页。

党中央的指示，都不得决定任何一个重大的政治问题或组织问题”[①]。这一切使得党在领导方式上也逐渐形成了一套规则，“把苏维埃的‘上层’和党的‘上层’融为一体”[②]。在这种情况下，党对国家政权的绝对领导对经济建设产生了严重阻碍，直至 1920 年末国内乱局爆发后才得到控制。

为改变局面，俄共 1921 年 3 月开始实行以发展多种经济成分并存的新经济政策，苏维埃俄国的经济政治形势也开始好转。在恢复经济生产的同时，发展重工业成了列宁的优先选择。列宁指出，“不能挽救重工业，不能恢复重工业，我们就不能建成任何工业，而没有工业，我们就会灭亡，而不能成为独立的国家”[③]。列宁对社会主义经济建设提出了一系列新的观点和看法，他表示“为了作好向共产主义过渡的准备（通过多年的工作来准备），需要经过国家资本主义和社会主义这些过渡阶段”[④]，必须充分认识到社会主义建设是一个长期探索、不断实践的过程，同时要充分重视新经济政策，通过“把资本主义纳入国家轨道”[⑤]来建设社会主义。他在《苏维埃政权的当前任务》中提出：学会工作，这是苏维埃政权应该充分向人民提出的一项任务。资本主义在这方面的最新成果——泰罗制[⑥]，同资本主义其他一切进步的东西一样，既是资本主义剥削的最巧妙的残酷手段，又包含一系列的最丰富的科学成就，它分析劳动中的机械动作，省去多余的笨拙的动作，制定最适当的工作方法，实行最完善的计算和监督方法等等。苏维埃共和国无论如何都要采用这方面一切有价值的科学技术成果。[⑦] 从中可以看出列宁的态度：苏维埃政权和苏维埃管理组织同资本主义最新成果的结合，有助于提高苏维埃劳动生产力。

关于如何建设社会主义经济，列宁提出了要逐步实现公有化、改造农民的利益以及实行国家资本主义等建议。他认为，商品交换是促进城乡结合的新形式。为组织好商品交换，党和国家经济机关曾付出巨大努力，但还是落空了。对此，列宁总结说：“如果我们不想把脑袋藏在翅膀下边，不想故意看不到自己失败，不怕正视危险，我们就应当认识到这一点。我们必须认识到，我们所作的退却是不够的，必须再退却，再向后退，从国家资本主义转到国家调节商业和货币流通。”[⑧]在新经济政策推动下，商业交换等行为不断增加，贸易范

---

① 《列宁全集》第 2 版第 39 卷，北京：人民出版社，2017 年，第 27 页。
② 《列宁全集》第 2 版第 41 卷，北京：人民出版社，1986 年，第 11 页。
③ 《列宁全集》第 43 卷，北京：人民出版社，1987 年，第 282 页。
④ 《列宁选集》第 4 卷，北京：人民出版社，2012 年，第 570 页。
⑤ 《列宁选集》第 4 卷，北京：人民出版社，2012 年，第 578 页。
⑥ 20 世纪初，美国工程师泰罗发明了一种生产管理制度。这种制度以身体强壮、手艺灵巧的工人每一秒钟的劳动效果为基准，要求其他工人都达到这样的水平。而且它对工人的劳动情况作研究，确定工人哪些动作是必要的，哪些动作是不必要的，规定工人只去做那些必要的动作，不要做不必要的动作。这种制度意味着对工人剥削的加强。列宁认为，泰罗制里有科学的因素，要研究它、借鉴它，提高苏维埃国家的劳动生产率。
⑦ 《列宁选集》第 3 卷，北京：人民出版社，1995 年，第 491—492 页。
⑧ 《列宁全集》第 33 卷，北京：人民出版社，1987 年，第 73 页。

围不断扩大，货币流通与稳定日渐明显，这些因素大大促进市场的不断形成与完善。相应地，受市场强大作用的影响，货币、贸易、商业也纷纷恢复其固有的功能。看到了这一切变化的列宁开始转变对市场的态度，他后来指出，只有人民群众尤其是"农民熟悉市场，熟悉商业"[①]，"只有经过这条道路我们才能恢复经济生活"[②]。1921年12月俄共(布)召开的第十一次代表会议通过决议："必须从市场的存在出发并考虑市场的规律，掌握市场，通过有系统的、深思熟虑的、建立在对市场过程的精确估计之上的经济措施，来调节市场和货币流通。"[③]很显然，这是列宁对进一步发挥市场作用的探索，他开始尝试运用市场机制建设社会主义，为构建苏维埃俄国社会主义商品经济打下了坚实基础。

(三)成就三：不断完善社会主义民主政治制度建设

苏维埃俄国是在党不断发展完善民主政治制度的基础上建立起来的。关于党的性质，早在1903年7月俄国社会民主工党第二次代表大会就制定了党纲、党章，形成了布尔什维克政治思潮，其思想体系被称为布尔什维主义。列宁指出："布尔什维主义作为一种政治思潮，作为一个政党而存在，是从1903年开始的。"[④]布尔什维主义就是列宁主义，揭开了列宁主义新型无产阶级政党的历史，自此也拉开了民主政治建设的序幕：从列宁在1905年4月俄国社会民主党第三次代表大会上提出党内生活中尽可能真正实行选举原则"[⑤]，到"必须遵守民主集中制原则"[⑥]，再到1906年4月俄国社会民主工党第四次代表大会将民主集中制的条文载入党章"党的一切组织是按民主集中制原则建立起来的"[⑦]，最终将民主集中制作为了党的根本组织原则。到苏维埃政权建立前夕，列宁于1917年4月4日又提出"全部政权归苏维埃"，并在1918年7月10日全俄苏维埃五大通过的第一部社会主义宪法第一条中规定："俄国宣布的工兵农代表苏维埃共和国，中央和地方全部政权归苏维埃掌握。"[⑧]同时，第十二条指出："俄罗斯社会主义联邦苏维埃共和国的最高权力机关属于全俄苏维埃代表大会，而在代表大会闭会期间，则属于全俄苏维埃中央执行委员会。"[⑨]另外，由代表大会选举产生人民委员会，作为共和国一切政务总的管理的行政机关。至此，苏维埃俄国的民主政治制度基础奠定起来了。这一切也

---

① 《列宁全集》第43卷，北京：人民出版社，1987年，第109页。

② 《列宁全集》第42卷，北京：人民出版社，1987年，第229页。

③ 《苏联共产党和苏联政府经济问题决议汇编》第1卷，北京：中国人民大学出版社，1984年，第285页。

④ 《列宁选集》第4卷，北京：人民出版社，2012年，第135页。

⑤ 《列宁全集》第10卷，北京：人民出版社，1988年，第166页。

⑥ 沈志华、于沛等：《苏联共产党九十三年——1898至1991年苏共历史大事实录》，北京：当代中国出版社，1993年，第62页。

⑦ 《苏联共产党章程汇编》，北京：求实出版社，1982年，第10页。

⑧ 《俄罗斯社会主义联邦共和国宪法》，《宪法问题参考文件》，北京：人民出版社，1954年，第178页。

⑨ 《俄罗斯社会主义联邦共和国宪法》，《宪法问题参考文件》，北京：人民出版社，1954年，第181页。

充分验证了列宁在《国家与革命》中的预言："工人在夺取政权之后，就会把旧的官僚机构打碎，把它彻底摧毁，彻底粉碎，而用仍然由这些工人和职员组成的新机构来代替它。"①

为进一步加强苏维埃民主政治制度建设，列宁强调，苏维埃不仅有权决定一切，而且"这种新的民主能够推动劳动群众的先锋队，培养他们成为立法者、执法者和武装保卫队，并建立能够改造群众的机构，所有这些在理论上是无可争辩的"②。可见，在列宁看来，苏维埃的民主政治制度具有双重功能：一是苏维埃源于人民，能够代表人民行使权力；二是苏维埃能够有效引导工人阶级进行国家建设。这充分体现出一切行动都是在集体领导的原则下实施的，因为"苏维埃机关的管理工作问题一概通过集体讨论来决定"③。与此同时，为切实保障人民的民主权利，列宁十分注重社会主义法治建设，他强调，法治建设必须坚持以人民的利益是最高的法律为基本原则，即社会主义国家制定的一切法律都要以人民的意志和根本利益为出发点和根本宗旨。为此，列宁在1918年11月2日起草了《关于切实遵守法律的决定提纲草稿》并在全俄苏维埃第六次代表大会被通过。列宁指出，法律是人民意志的集中体现，任何组织和个人都必须在社会主义宪法和法律规定的范围内活动。列宁也多次告诫全党，遵守苏维埃共和国的法律，从党员自身做起，从党的领导干部做起，对于以权谋私、违法犯罪的领导干部，列宁要求依法严惩不贷，绝不容许姑息纵容。④加强法治建设是列宁实现民主的重要思想，也是发展民主集中制的有效体现。通过坚持民主集中制原则，列宁进一步发展了马克思和恩格斯关于民主和权威相统一的思想，将它作为发展无产阶级政党的组织原则，并把它作为国家治理的根本原则。

（四）成就四：坚持和平外交、合作发展理念

在十月革命胜利后，为了维护革命胜利果实不被窃取，列宁及时发布了《和平法令》，一方面彰显出列宁对于和平发展的渴望，另一方面也展现出苏联与其他国家和平相处的决心和愿望。尤其是在苏维埃俄国内战时期，资本主义国家一直都没有放弃颠覆新建立的苏维埃政权。在这种情况下，列宁充分认识到了社会主义和资本主义两个完全不同制度之间的矛盾，他曾经不止一次地提道："由于这两种制度在本质上的不同，因此这也造成社会主义国家和资本主义国家之间的矛盾和冲突将会长期存在。"⑤同时，他还表示："随着社会的不断发展，资本主义制度和社会主义制度之间的斗争必然会伴随一方的完全胜利而结束，然而在这个结果到来之前，资本主义和社会主义之间的矛盾

① 《列宁全集》第31卷，北京：人民出版社，1985年，第105页。
② 《列宁选集》第3卷，北京：人民出版社，2012年，第482页。
③ 《列宁全集》第35卷，北京：人民出版社，1985年，第51、359页。
④ 顾玉兰：《列宁社会主义国家治理思想及其当代启示》，《马克思主义研究》2015年第10期。
⑤ 《列宁全集》第27卷，北京：人民出版社，1990年，第80页。

是永远不会消除的。”①虽然列宁意识到了资本主义国家与社会主义国家之间长期存在的矛盾,但是他却并没有放弃同世界各国开展友好往来的指导思想。因为列宁认为,仅仅依靠社会主义国家自身力量去发展是不可能的,无产阶级的存在和发展离不开资本主义,“恢复资本主义也就是恢复无产阶级”②,应该将和平共处作为外交的主要原则,并且将此作为处理与资本主义国家关系的社会主义国家方针。列宁在俄共(布)第八次全国代表大会的有关决议草案中指出,苏维埃政权建立的主要目的就是为了实现世界和平,而且苏维埃政权一直以来也都为此目标而奋斗。因此为了实现这一目标,苏维埃政权会采取最大的努力促进世界和平,并且也会不断地通过自身力量的壮大促进这一目标的实现。③ 在形成清晰判断后,列宁在实践中充分利用资本主义国家间的矛盾,积极争取动摇者,把和平共处的必要性和可能性变成现实。他指出:“虽然从苏维埃俄国当时的情况来看,无论是在经济力量还是军事力量上都远远不如资本主义国家,而且全世界范围内的无产阶级斗争也并没有取得全面的进步,但是在对待资本主义国家时,为了实现和平的目的,要利用不同资本主义国家内部之间的矛盾,不断削弱瓦解资本主义的力量。”④在列宁和平共处思想指导下,苏维埃俄国取得国内战争胜利后,一方面积极在外交上采取和平共处的方针与资本主义国家进行交往,开展经贸合作;另一方面则通过政策思想传播,不断地支持全世界各地的无产阶级斗争和革命,并且将两方面有效地结合在一起。

三、列宁对苏维埃俄国国家治理探索的当代价值

在继承和发展马克思、恩格斯的“巴黎公社”思想基础上,列宁建立了世界上首个无产阶级专政的苏维埃社会主义国家。在领导苏维埃俄国社会主义建设进程中,列宁坚持以马克思主义基本原理与俄国实际相结合,创造性地回答了社会主义国家如何治理的问题,形成了一些重要思想,主要体现在他对构建社会主义制度、维护苏俄政权稳定、发展社会经济文化建设方面具体思想的论述。

(一)为后发国家探索社会主义国家治理积累了宝贵经验

马克思和恩格斯创立的科学社会主义基础是基于资本主义发达国家,马克思和恩格斯设想社会主义应建立在发达的生产力和文化水平之上,巴黎公社政权正是诞生在当时发达的法国。而现实是,世界上第一个社会主义国家

① 《列宁全集》第29卷,北京:人民出版社,1985年,第128—129页。
② 《列宁全集》第42卷,北京:人民出版社,1987年,第186页。
③ 《列宁全集》第41卷,北京:人民出版社,1986年,第167页。
④ 《列宁全集》第31卷,北京:人民出版社,1985年,第400页。

苏维埃俄国是一个落后国家，列宁积累了这方面的宝贵经验，既对马克思和恩格斯的观点做了有力补充，也为后来包括中国在内的经济文化比较落后国家治理社会主义社会提供了经验借鉴。特别是在国家制度建设问题上，把人民主体地位作为制度安排，把民主集中制作为苏维埃国家权力机关运行的组织原则，建立起了人民依法管理国家事务的有效模式。这对今天我们在全面深化改革中推进国家治理体系和治理能力现代化，具有实践借鉴意义。

（二）为社会主义经济建设提供有益参考

关键在于列宁形成了在坚持党“总的领导”的大前提下搞好社会主义经济建设的指导思想，优先发展重工业，把利用资本主义优势与发展社会主义经济建设结合起来、将改造农民的利益与商品交换的形式结合起来，对市场机制进行了探索。虽然列宁的尝试都是初步探索，但对中国社会主义经济建设提供了极大的借鉴，如新中国成立初期毛泽东为了能够早日恢复新中国的经济实力、更快更好地进行社会主义建设，就实施了赶超和优先发展重工业战略。又如为邓小平探索发展中国特色社会主义市场经济提供了指导，与列宁对农民政策十分相似，邓小平选择将农村经济体制改革作为突破口，尝试实行以“大包干”为主的“家庭联产承包责任制”来发展农村经济。这一机制在调动农民对生产的积极性、解放生产力的同时，也在农村尝试了多种的经营生产方式，为试行包括非公有制经济制度在内的市场经济提供了依据。

（三）为社会主义国家对外交往事业提供了宝贵指南，开创了社会主义经济外交的先河

列宁在苏维埃俄国国内战争时期大胆尝试学习利用西方先进技术，解决了当时困难的社会现实问题。建国之初，鉴于苏俄自身经济基础薄弱并缺乏发展动力的实际情况，考虑到人民群众强烈的和平愿望，列宁主动打破与西方资本主义对立的局面，签订了《布列斯特和约》。对此，列宁指出：“如果能够赢得时间来进行组织工作，哪怕是短暂的喘息时机，我们也必须争取。”①《布列斯特和约》的签订，标志着苏维埃俄国正式退出了第一次世界大战。为建设国家，列宁提出向资本主义国家学习。他号召学习资本主义国家先进的科学技术、经验和行政管理知识，主张租用西方先进的生产机器来促进国内经济的发展，使用资产阶级专家，爱护那些真诚工作、精通和热爱本行业的专家。这不仅对苏维埃俄国在国内战争时期为改善人民群众的生活状况起到了巨大作用，对当代中国的国家治理仍然有着深刻的影响和意义。

通过总结分析列宁的治国理政经验，我们应该看到，中国在不断推进国家治理体系和治理能力现代化的进程中，有必要学习列宁这种不断探索创新的精神，时刻将人民的利益放在首位，以坚持党的领导为主线，努力将国家治理

① 《列宁全集》第 33 卷，北京：人民出版社，1985 年，第 406 页。

提升到一个新水平，特别是在当今百年未有之大变局深刻演变的条件下，在复杂的斗争环境中，学习列宁的斗争精神与技巧并服务于中国特色社会主义事业的建设。鉴此，我们有责任有使命深入做好这方面的研究工作。

参考文献

[1]杨家荣、张森等：《苏联怎样利用西方经济危机》，北京：世界知识出版社，1984 年。

[2]仉建涛、刘玉珂：《经济增长模式比较》，北京：经济科学出版社，1999 年。

[3]陆南泉：《苏俄经济改革二十讲》，北京：生活·读书·新知三联书店，2015 年。

[4]王亚萍：《列宁关于工人阶级执政党处理好同其他阶级、阶层之间关系的思想》，《社会主义研究》2007 年第 1 期。

[5]李雪梅、王洁：《列宁群众观的内在逻辑分析》，《马克思主义研究》2015 年第 2 期。

[6]彭进清：《列宁提出了社会主义商品经济思想吗》，《求索》2015 年第 6 期。

[7]刘子旭、程恩富：《苏联经济发展状况与苏联解体的原因分析》，《思想理论教育导刊》2018 年第 1 期。

[8]李楠、石琳琳：《列宁民族文化建设思想及其现实启示》，《马克思主义研究》2018 年第 9 期。

[9]吴成林：《试论列宁对人民群众监督制度的探索》，《中共山西省委党校学报》2020 年第 1 期。

[10]刘同舫：《马克思唯物史观叙事中的劳动正义》，《中国社会科学》2020 年第 9 期。

[11]王力：《列宁推动新经济政策的策略及其启示》，《四川师范大学学报(社会科学版)》2020 年第 3 期。

[12]俞敏：《列宁关于正确处理苏维埃俄国与资本主义国家关系的思想研究》，《社会主义研究》2020 年第 2 期。

An Analysis of Lenin's Exploration of State Governance in Soviet Russia and Its Contemporary Value

Sun Ming

Abstract The world today is undergoing profound changes unprecedented in a century. The Chinese communists need to have an accurate understanding of the fundamental changes in the external environment and the new situations, problems and challenges facing China's reform, development and stability. It requires that the Chinese communists be prepared for danger in times of safety, strengthen their awareness of potential dangers, improve prevention and control capabilities, and putting forth effort to prevent and resolve major risks. The analysis of Lenin's exploration of state governance in Soviet Russia and its contemporary value is of great relevance. Although Soviet Russia was beset by both internal and external difficulties in the time of Lenin, the model of state governance in Soviet Russia established in Lenin's time has provided a reliable institutional infrastructure and guarantee for the consolidation and development of the newborn Soviet socialist regime, and is well worthy of reference for today's China.

Key Words Lenin; Soviet Russia; State Governance; Model

论阶级视域下的马克思主义整体性

石柱邦

内容提要 阶级立场、阶级观点和阶级分析方法贯穿于马克思主义哲学、马克思主义政治经济学和科学社会主义这三个主要组成部分,渗透于马克思主义整个理论体系之中。研究马克思主义理论的整体性,不能忽略马克思主义的阶级立场、阶级观点和阶级分析方法。党的十八大以来,习近平总书记提出的"以人民为中心"思想就是我们党在新时代坚持马克思主义阶级立场、阶级观点和阶级分析方法的集中体现。东欧剧变、苏联解体,实质是在这些国家的工人阶级和共产党在严峻的阶级斗争中吃了败仗。面对百年未有之大变局,我们只有坚持马克思主义的阶级立场、阶级观点和阶级分析方法,才能在复杂多变、波谲云诡的国际斗争中赢得战略主动权。

关键词 阶级观点;马克思主义;整体性

中图分类号 F0—0

近年来,马克思主义整体性成为马克思主义理论研究的一个热点问题。研究马克思主义整体性,不能忽略马克思主义的阶级立场、阶级观点和阶级分析方法,因为阶级立场、阶级观点和阶级分析法贯穿于马克思主义的三个主要组成部分之中,是我们理解马克思主义整体性的一条重要线索。正如习近平总书记所说的那样:"必须坚持马克思主义政治立场。马克思主义政治立场,首先是阶级立场,进行阶级分析。"①

一、阶级立场是马克思主义哲学的基本立场

(一)阶级立场的转变始于马克思和恩格斯早期著作

早在《莱茵报》时期的系列论战性文章中,马克思就已经站在劳苦大众立场抨击普鲁士封建专制制度,初步认识到物质利益的极端重要性,但由于其"批判武器"的局限性后转而开始对黑格尔法哲学的批判。在《德法年鉴》时

作者简介:石柱邦,北京大学马克思主义学院博士研究生。

① 转引自刘世军:《中国政治学研究新时代的到来》,《文汇报》2014 年 6 月 30 日。

期，马克思已经提出“无产阶级要求否定私有财产”[①]的主张，阐明无产阶级的任务是“必须推翻使人成为被侮辱、被奴役、被遗弃和被蔑视的东西的一切关系”[②]。在批判政治解放局限性的基础上，马克思阐发了人类解放的目标。列宁后来评论：马克思在这个杂志上发表的文章表明他已经是一个革命家。他“主张‘对现存的一切进行无情的批判’，尤其是‘武器的批判’；他诉诸群众，诉诸无产阶级”[③]。这就表明当时的马克思已经坚定地站在了无产阶级的立场，明确提出无产阶级的历史使命就是在革命的实践中推翻一切压迫、剥削、奴役的关系，消灭无产阶级及阶级自身，从而实现人的彻底解放。

列宁认为《〈黑格尔法哲学批判〉导言》和《论犹太人问题》标志着马克思从唯心主义向唯物主义、从革命民主主义向共产主义转变的“彻底完成”[④]。从最初利用“批判的武器”开展的论战到后来在“武器的批判”中逐步确立并坚定了无产阶级的立场、观点和方法。阶级性从马克思主义哲学创立之初就是其鲜明的特征。

与马克思从理论层面完成这两个转变不同，恩格斯从实际生活出发实现了自己在世界观和政治立场上的转变。他在英国曼彻斯特期间积极投身工人运动，不惜放弃宴会等社交活动，把自己的空闲时间大部分用来和工人交往，从而“异常清晰地观察到，迄今为止在历史著作中根本不起作用或者只起极小作用的经济事实，至少在现代世界中是一个决定性的历史力量；这些经济事实形成了产生现代阶级对立的基础；这些阶级对立，在它们因大工业而得到充分发展的国家里，因而特别是在英国，又是政党形成的基础，党派斗争的基础，因而也是全部政治史的基础”[⑤]。

恩格斯在《德法年鉴》时期发表的《国民经济学批判大纲》以及《英国状况：评托马斯·卡莱尔的过去和现在》标志着他两个转变的完成。恩格斯在《国民经济学批判大纲》中批判国民经济学家从未“过问私有制的合理性的问题”[⑥]，揭露资本主义生产方式的对抗性矛盾所带来的各种社会问题，并提出消灭私有制、变革所有制关系和生产方式的主张。马克思认为这篇著作“已经表述了科学社会主义的某些一般原则”[⑦]。而在《英国状况：评托马斯·卡莱尔的过去和现在》中，恩格斯赞扬卡莱尔谴责资本主义金钱统治给劳苦大众带去的灾难与贫困，同样表明了其鲜明的阶级立场。马克思主义创始人的一切理论和实践活动，自始至终都站在无产阶级和劳动人民的立场，把为绝大多数

① 《马克思恩格斯文集》第 1 卷，北京：人民出版社，2009 年，第 17 页。
② 《马克思恩格斯文集》第 1 卷，北京：人民出版社，2009 年，第 11 页。
③ 《列宁全集》第 26 卷，北京：人民出版社，1988 年，第 49 页。
④ 《列宁全集》第 26 卷，北京：人民出版社，1988 年，第 83 页。
⑤ 《马克思恩格斯文集》第 4 卷，北京：人民出版社，2009 年，第 232 页。
⑥ 《马克思恩格斯文集》第 1 卷，北京：人民出版社，2009 年，第 57 页。
⑦ 《马克思恩格斯文集》第 3 卷，北京：人民出版社，2009 年，第 491 页。

人谋利益、实现全人类的彻底解放作为他们终生的奋斗目标。

(二)科学的阶级观的形成是马克思主义形成的重要标志

马克思在 1852 年致约·魏德迈的信中曾经指出,无论是发现现代社会中有阶级的存在或发现各阶级之间的斗争,都不是他的功劳。在他以前很久,资产阶级的历史编纂学家就已经叙述过阶级斗争的历史发展,资产阶级经济学家也已经对各个阶级作过经济上的分析。马克思指出,在阶级问题上,他加上的新内容,就是证明了下列几点:(1)阶级的存在仅仅同生产发展的一定历史阶段相联系;(2)阶级斗争必然导致无产阶级专政;(3)这个专政不过是达到消灭一切阶级和进入无阶级社会的过渡。①

科学的阶级观点和阶级分析方法的形成是以对社会生产方式的关注为前提的。马克思指出,历史的诞生地不是在"天上的迷蒙的云兴雾聚之处",而是在"地上的粗糙的物质生产"中。② 恩格斯在《共产党宣言》1883 年德文版序言中则进一步明确指出:"每一历史时代的经济生产以及必然由此产生的社会结构,是该时代政治的和精神的历史的基础"③。他们把生产资料所有制问题看作生产关系乃至整个经济关系的核心问题。在《共产党宣言》中,马克思和恩格斯还明确指出:"共产主义的特征并不是要废除一般的所有制,而是要废除资产阶级的所有制。但是,现代的资产阶级私有制是建立在阶级对立上面、建立在一些人对另一些人的剥削上面的产品生产和占有的最后而又最完备的表现。从这个意义上说,共产党人可以把自己的理论概括为一句话:消灭私有制。"④在《哥达纲领批判》中,马克思针对拉萨尔"劳动是一切财富和一切文化的源泉"这个错误观点严肃指出:"劳动不是一切财富的源泉。自然界同劳动一样也是使用价值(而物质财富就是由使用价值构成的!)的源泉,劳动本身不过是一种自然力即人的劳动力的表现。"⑤"劳动是一切财富和一切文化的源泉"这个口号之所以是错误的,根本原因就在于:把劳动当作一种"超自然的创造力"⑥,有意回避生产资料所有制关系这个根本问题,掩盖了资本家对雇佣工人的剥削关系,掩盖了无产阶级贫困的根源是资产阶级占有生产资料这一客观事实,因而只有利于资产阶级而不利于无产阶级。大家知道,在《伟大的创举》中,列宁给阶级下了这样一个定义:"所谓阶级,就是这样一些大的集团,这些集团在历史上一定的社会生产体系中所处的地位不同,同生产资料的关系(这种关系大部分是在法律上明文规定了的)不同,在社会劳动组织中所起的作用不同,因而取得归自己支配的那份社会财富的方式和多寡也不同。所

① 《马克思恩格斯文集》第 10 卷,北京:人民出版社,2009 年,第 106 页。
② 《马克思恩格斯文集》第 1 卷,北京:人民出版社,2009 年,第 350—351 页。
③ 《马克思恩格斯文集》第 2 卷,北京:人民出版社,2009 年,第 9 页。
④ 《马克思恩格斯文集》第 2 卷,北京:人民出版社,2009 年,第 45 页。
⑤ 《马克思恩格斯文集》第 3 卷,北京:人民出版社,2009 年,第 428 页。
⑥ 《马克思恩格斯文集》第 3 卷,北京:人民出版社,2009 年,第 428 页。

谓阶级,就是这样一些集团,由于它们在一定社会经济结构中所处的地位不同,其中一个集团能够占有另一个集团的劳动。"[①]在这里,列宁就是直接把阶级定义为人们同生产资料的不同占有关系,并且指出,人们同生产资料的不同占有关系,直接导致一部分人能够占有另一部分人的劳动。

(三)阶级性是马克思主义哲学的根本特征之一

在阶级社会里,哲学的本质属性是阶级性,抽象的、超阶级的哲学是没有的。与过去一切旧哲学把自己打扮成全人类利益的代表者不同,马克思主义哲学公开申明自己是为无产阶级服务的,阶级性是马克思主义哲学的鲜明特征。正如马克思所说:"哲学把无产阶级当做自己的物质武器,同样,无产阶级也把哲学当做自己的精神武器……哲学不消灭无产阶级,就不能成为现实;无产阶级不把哲学变成现实,就不可能消灭自身。"[②]

列宁高度评价马克思主义的阶级观点和阶级分析方法,他深刻指出:"马克思主义提供了一条指导性的线索,使我们能在这种看来扑朔迷离、一团混乱的状态中发现规律性。这条线索就是阶级斗争的理论。只有研究某一社会或某几个社会的全体成员的意向的总和,才能科学地确定这些意向的结果。其所以有各种矛盾的意向,是因为每个社会所分成的各阶级的地位和生活条件不同。"[③]列宁还指出,马克思主义学说中的主要的一点,就是阐明了无产阶级作为社会主义社会创造者的世界历史作用。"马克思的哲学是完备的哲学唯物主义,它把伟大的认识工具给了人类,特别是给了工人阶级。"[④]

(四)自有文字记载以来的历史都是阶级斗争的历史

唯物主义历史观认为:阶级是生产力发展到一定阶段的产物,它不是从来就有的,也不会永远存在下去。它随着生产力的发展而发展,并随着生产力的发展而逐步走向消亡。在原始社会不存在阶级,在未来的共产主义社会,当社会生产力得到充分发展,人与人之间对生产资料的关系不存在任何差别,阶级和阶级差别也将不复存在。因此,从整个人类社会历史发展的长河看,阶级社会只是一个短暂的历史现象。

在《共产党宣言》1883年德文版序言中,恩格斯明确指出:从原始土地公有制解体以来"全部历史都是阶级斗争的历史,即社会发展各个阶段上被剥削阶级和剥削阶级之间、被统治阶级和统治阶级之间斗争的历史;而这个斗争现在已经达到这样一个阶段,即被剥削被压迫的阶级(无产阶级),如果不同时使整个社会永远摆脱剥削、压迫和阶级斗争,就不再能使自己从剥削它压迫它的那个阶级(资产阶级)下解放出来"[⑤]。这就是说,资产阶级社会是人类历史上

① 《列宁全集》第37卷,北京:人民出版社,1986年,第13页。
② 《马克思恩格斯文集》第1卷,北京:人民出版社,2009年,第17—18页。
③ 《列宁全集》第26卷,北京:人民出版社,1988年,第60页。
④ 《列宁全集》第23卷,北京:人民出版社,1990年,第45页。
⑤ 《马克思恩格斯文集》第2卷,北京:人民出版社,2009年,第9页。

最后一个剥削、压迫和阶级对立的社会。虽然资产阶级在历史上曾经起过非常革命的作用，但是资产阶级社会本质上并没有消除剥削与阶级对立。马克思和恩格斯指出："过去的一切运动都是少数人的，或者为少数人谋利益的运动。无产阶级的运动是绝大多数人的，为绝大多数人谋利益的独立的运动。"①"过去一切阶级在争得统治之后，总是使整个社会服从于它们发财致富的条件，企图以此来巩固它们已经获得的生活地位。无产者只有废除自己的现存的占有方式，从而废除全部现存的占有方式，才能取得社会生产力。"②资产阶级创造了巨大的生产力，然而却无力驾驭这个巨大的生产力。资产阶级不仅锻造了置自身于死地的武器，而且还产生了将要运用这个武器的人——现代的工人。因此，资产阶级的灭亡和无产阶级的胜利是同样不可避免的。

现在国内外有一些学者，以所谓唯物史观主要是由斯大林时期的苏联概括出来的为由，扬言要解构或重建唯物史观，其根本目的，不仅要否定20世纪以来的社会主义实践，而且要从根本上否定马克思主义的阶级观点和阶级分析方法。阶级立场是马克思主义哲学的基本立场，阶级观点是马克思主义的基本观点，阶级分析方法是马克思主义的基本方法。抽掉了阶级观点和阶级分析方法的唯物史观，决不会再是马克思的唯物史观。否定了阶级观点和阶级分析方法的哲学，也决不会再是马克思主义的哲学了。我们对此一定要保持高度警觉。

二、马克思主义政治经济学本质上是无产阶级经济学

不同于作为维护资本主义制度和资产阶级统治工具的古典经济学，马克思主义政治经济学是无产阶级政治经济学，其根本宗旨和目的是为了维护无产阶级的根本利益，揭示资产阶级和无产阶级这两大阶级之间对立的经济根源、阶级斗争规律及其发展趋势。被誉为"工人阶级的圣经"的经济学著作《资本论》，研究的是资本主义社会经济运动的规律及其发展的必然趋势，归根到底，是研究无产阶级与资产阶级两个阶级之间的经济冲突和矛盾发展的规律。

(一)资本主义私有制是无产阶级与资产阶级对立的根源

马克思运用人类社会发展的一般规律——唯物史观来分析资本主义社会，发现了现代资本主义社会生产方式和它所产生的资产阶级社会的特殊运动规律。生产力与生产关系、经济基础与上层建筑的矛盾是人类社会的基本矛盾。在资本主义制度下，人类社会的基本矛盾表现为生产社会化与生产资料资本家私人占有之间的矛盾。

---

① 《马克思恩格斯文集》第2卷，北京：人民出版社，2009年，第42页。
② 《马克思恩格斯文集》第2卷，北京：人民出版社，2009年，第42页。

资本主义的基本矛盾在经济上进一步表现为：个别企业生产的有组织性和整个社会生产的无政府状态之间的矛盾，生产无限扩大的趋势和劳动人民有支付能力的需求不足之间的矛盾，这两对矛盾都必然导致周期性频繁爆发的经济危机。经济危机的根本原因是资本主义的私有制，不彻底消灭资本主义私有制就根本无法摆脱周期性爆发的经济危机。恩格斯指出："只要你们继续以目前这种无意识的、不假思索的、全凭偶然性摆布的方式来进行生产，那么商业危机就会继续存在，而且每一次接踵而来的商业危机必定比前一次更普遍，因而也更严重，必定会使更多的小资本家变穷，使专靠劳动为生的阶级人数以增大的比例增加，从而使待雇劳动者的人数显著地增加。"①

资本主义基本矛盾在阶级关系上表现为无产阶级与资产阶级之间的根本对立。在资本主义制度下，由于生产资料掌握在资本家私人手里，劳动的产品也必然为资本家私人所垄断，工人得到的只是勉强维持劳动力生命再生产的可怜的劳动力价值——工资。随着资本积累的不断扩大，必然导致资本家阶级和工人阶级之间贫富两极分化。正如马克思所说的那样："在一极是财富的积累，同时在另一极，即在把自己的产品作为资本来生产的阶级方面，是贫困、劳动折磨、受奴役、无知、粗野和道德堕落的积累。"②两极分化必然导致无产阶级用暴力推翻资产阶级，从而建立自己的政治统治，否则无产阶级就不能抬起头来、挺起胸来。

资本主义基本矛盾已经使得资本主义的生产关系由生产力的发展形式变为生产力的桎梏。"在私有制的统治下，这些生产力只获得了片面的发展，对大多数人来说成了破坏的力量，而许多这样的生产力在私有制下根本得不到利用。"③经济危机期间，大量的产品由于滞销而被迫直接销毁，而已经发展到一定程度的生产力也被毁灭掉了。"生产资料的集中和劳动的社会化，达到了同它们的资本主义外壳不能相容的地步。这个外壳就要炸毁了。资本主义私有制的丧钟就要响了。剥夺者就要被剥夺了。"④"无产者在这个革命中失去的只是锁链。他们获得的将是整个世界。"⑤

(二)马克思的科学劳动价值论代表的是工人阶级的利益

劳动价值论在马克思之前就已经存在，古典经济学家从资产阶级的立场出发也提出过商品的价值是由生产该商品的劳动创造的理论观点，但是古典政治经济学家所创立的劳动价值论，并没有解决什么劳动创造什么价值以及怎样创造价值等一系列本质性的问题。马克思在批判地继承古典经济学的劳动价值论的基础上，对这些问题给出了科学的回答，创立了科学的劳动价值

---

① 《马克思恩格斯文集》第1卷，北京：人民出版社，2009年，第75页。
② 《马克思恩格斯文集》第5卷，北京：人民出版社，2009年，第743—744页。
③ 《马克思恩格斯文集》第1卷，北京：人民出版社，2009年，第566页。
④ 《马克思恩格斯文集》第5卷，北京：人民出版社，2009年，第874页。
⑤ 《马克思恩格斯文集》第2卷，北京：人民出版社，2009年，第66页。

论。科学的劳动价值论指出:商品的二因素是商品的使用价值和价值,而不是商品的使用价值和交换价值。交换价值只是价值的表现形式,价值才是商品的内在的本质属性。资产阶级经济学家只看到了交换价值这个价值的表现形式,而没有看到在交换价值背后掩盖着的价值内容。价值是商品的社会属性,它本质上反映的是商品生产者之间的交换关系。商品的二因素是由生产商品的劳动的二重性决定的,具体劳动创造商品的使用价值,抽象劳动创造商品的价值。这实际上就告诉我们:资本家的投资本身并不创造价值,它只有和工人的具体劳动结合起来才能参与使用价值的创造。工人的抽象劳动才是价值创造的唯一来源。

马克思科学劳动价值论的形成,不仅是劳动价值论的一次革命性变革,而且科学地说明了工人阶级这个在资本主义制度下受剥削、受压迫阶级作为社会财富创造者的历史地位,为剩余价值学说进一步揭露资本家剥削工人的秘密奠定了理论基础。

自问世以来,马克思的劳动价值论就不断受到资本主义的辩护士的挑战。比如,有人就提出,由于科学技术的进步,体力劳动的比重不断下降,脑力劳动的比重不断增大,而马克思说的是体力劳动创造价值,所以马克思的劳动价值论过时了。其实,这种说法是完全错误的。随着科技进步,体力劳动比重不断下降,脑力劳动比重不断增大,这只是具体劳动的结构的变化,只能使使用价值即社会财富的数量和品种不断增加,与抽象劳动创造价值毫无关系。价值的唯一来源仍然是工人的抽象劳动。因此,借口科技进步和体力劳动、脑力劳动比重的变化来否定马克思劳动价值论只能是徒劳的。还有人认为,工人劳动创造价值,得到了工资,资本家的投资也创造价值,所以资本家并没有剥削工人。这个说法就更站不住脚了。如上所述,价值的唯一来源是工人的抽象劳动,资本家的生产资料只参与使用价值的创造,并不参与价值创造。这种说法如果不是没有读懂马克思的劳动价值论,就是在有意为资本家的剥削辩护。实践证明,马克思的劳动价值论是科学的,是否定不了的。

(三)剩余价值学说揭露了资本家剥削工人的秘密

马克思在科学的劳动价值论的基础上,进一步探索资本主义生产方式的奥秘,创立了剩余价值学说。剩余价值理论是马克思主义政治经济学的核心内容。剩余价值学说的创立,彻底揭露了资本家剥削工人的秘密。剩余价值理论是马克思继唯物史观之后的第二个伟大发现,这一伟大发现,"使明亮的阳光照进了经济学的各个领域,而在这些领域中,从前社会主义者也曾像资产阶级经济学家一样在深沉的黑暗中摸索。科学社会主义就是以这个问题的解决为起点,并以此为中心的"①。恩格斯在1877年写的《卡尔·马克思》中指

① 《马克思恩格斯文集》第9卷,北京:人民出版社,2009年,第212页。

出:“马克思的第二个重要发现,就是彻底弄清了资本和劳动的关系,换句话说,就是揭示了在现代社会内,在现存资本主义生产方式下,资本家对工人的剥削是怎样进行的。”①

剩余价值学说的创立,彻底揭露了资本家剥削工人的秘密。在资本主义制度下,工人的工资只是劳动力的价值,而不是劳动的价值。工人的劳动时间实际上包括两部分:一部分是必要劳动时间,用于生产劳动力的价值,即资本家在工人劳动结束以后支付给工人的工资;另一部分是剩余劳动时间,生产剩余价值,则完全被资本家无偿占有。剩余价值学说揭示了资本主义制度下,平等的商品生产所有权规律如何转化为资本主义占有规律。剩余价值规律是资本主义的基本规律,追求剩余价值是资本主义生产的唯一目的。

剩余价值学说告诉我们:表面上看,资本和雇佣劳动的关系,完全符合商品生产和商品交换的规律,工人向资本家出卖劳动力,资本家支付给工人工资,而且这种交换也是按照等价交换进行的。但是,这只是一种假象。实际上,资本家支付给工人的工资,是由工人自己生产出来的,资本家是用从工人身上剥削来的剩余价值,再来继续购买工人的劳动力。表面上,资本家支付给了工人工资,实际上资本家什么也没有拿出来。工人不仅为自己生产了工资的价值,而且还为资本家生产了剩余价值,不是资本家养活了工人,而是工人养活了资本家。不仅如此,资本家手里的全部资本都是由雇佣工人创造的。不断利用无偿占有的工人的剩余价值来继续无偿占有工人更多的剩余价值,以增殖资本、扩大资本规模,这就是等价交换的外衣所掩盖的资本主义占有方式的本质。

恩格斯在《社会主义从空想到科学的发展》中指出:剩余价值学说“已经证明,无偿劳动的占有是资本主义生产方式和通过这种生产方式对工人进行的剥削的基本形式;即使资本家按照劳动力作为商品在商品市场上所具有的全部价值来购买他的工人的劳动力,他从这种劳动力榨取的价值仍然比他对这种劳动力的支付要多;这种剩余价值归根到底构成了有产阶级手中日益增加的资本量由以积累起来的价值量。这样就说明了资本主义生产和资本生产的过程”②。

由于马克思的剩余价值学说揭露了资本家剥削工人的秘密,戳中了资本家阶级的痛点和要害,所以,剩余价值学说历来成为资产阶级学者攻击的对象。有人说,正如工人的劳动创造价值,因而得到了工资一样,资本家的管理和监督也是劳动,也创造价值,因此,资本家没有剥削工人。这种说法是根本站不住脚的。姑且不说,事实上绝大多数资本家并不从事生产管理和监督,而

① 《马克思恩格斯文集》第3卷,北京:人民出版社,2009年,第460页。
② 《马克思恩格斯文集》第3卷,北京:人民出版社,2009年,第545页。

是把这类事情交给他的代理人或职业经理来负责。即使他们也从事管理和监督,这个说法也是不能成立的。我们不要忘记,剩余价值生产是资本主义生产的实质,攫取剩余价值是资本家阶级的唯一目的。他们亲自参加管理和监督,不外乎是为了强迫工人更加紧张、更加有效地劳动,以便为他们创造更多的剩余价值。这些管理和监督,实质上不过是剥削活动,而根本不是劳动。①

三、科学社会主义是无产阶级解放的学说

(一)"两个必然"是运用阶级分析方法得出的科学结论

在《共产党宣言》第一章中,马克思和恩格斯正是通过对资本主义社会两个经济利益根本对立的阶级——无产阶级与资产阶级的矛盾、斗争的辩证分析,得出"两个必然"科学结论的。

马克思和恩格斯指出,资产阶级在历史上曾经起过非常革命的作用。它无情地斩断了把人们束缚于天然尊长的形形色色的封建羁绊,开拓了世界市场,使农村屈服于城市,使未开化和半开化的国家从属于文明国家,使东方从属于西方,自然力的征服,机器的采用,化学在工业和农业中的应用,轮船的行驶,铁路的通行,电报的使用,整个大陆的开垦,河川的通航等等。"资产阶级在它的不到一百年的阶级统治中所创造的生产力,比过去一切世代创造的全部生产力还要多、还要大。"②但是,资产阶级的生产关系太狭窄了,再容纳不了它本身所造成的财富了。在经济危机期间,社会突然发现自己回到了一时的野蛮状态,仿佛是工业和商业全部被毁灭了。资产阶级用来对付封建制度的武器,现在却对准资产阶级自己了。

关于无产阶级的革命彻底性及其伟大历史使命,马克思和恩格斯指出:"在当前同资产阶级对立的一切阶级中,只有无产阶级是真正革命的阶级。其余的阶级都随着大工业的发展而日趋没落和灭亡,无产阶级却是大工业本身的产物。"③无产阶级之所以具有彻底的革命性,这是由其经济地位决定的。无产阶级只有当他们找到工作的时候才能生存,而且只有当他们的劳动增殖资本的时候才能找到工作。无产阶级作为资本主义社会的最下层,如果不炸毁构成官方社会的整个上层,他们就不能抬起头来、挺起胸来。无产阶级的革命彻底性决定了只有他们才能够担负起推翻资本主义旧世界和建设社会主义共产主义新社会的历史使命。

(二)无产阶级的最终奋斗目标:消灭阶级,实现共产主义

马克思和恩格斯是在批判旧世界中发现新世界的。他们在对资本主义经

① 徐禾等:《政治经济学概论》,北京:中国人民大学出版社,2011年,第88—89页。
② 《马克思恩格斯文集》第2卷,北京:人民出版社,2009年,第36页。
③ 《马克思恩格斯文集》第2卷,北京:人民出版社,2009年,第41页。

济运动的规律和发展趋势深刻分析的基础上，对未来非资本主义社会的基本特征进行了科学预测。在他们看来，未来社会将实行生产资料社会所有制，人与人之间对生产资料的关系不存在任何区别。人们使用共同的生产资料共同劳动，实现了生产资料与劳动者的直接结合，从而避免了一部分人依靠对生产资料的占有去剥削和奴役另一部分人的可能性。由于社会所有制的实现，商品经济也将不复存在，取而代之的是有计划的产品经济。这样一来，阶级和阶级差别将自行消亡，因为阶级本身就是人们对生产资料的不同关系。当然，马克思和恩格斯所说的未来社会的基本特征不是没有条件的，这个条件就是生产力的高度发达。只有在生产力得到充分发展的基础上，才具备实现社会所有制的条件。

近年来，不断有人对马克思主义经典作家关于未来社会基本特征的科学预测进行贬低和否定，这是我们不能同意的。马克思对共产主义社会基本特征的科学预测，是以实现全人类彻底解放为目的的。在他们看来，只有具备了以上特征，全人类的彻底解放才能真正实现，否则，在不具备上述特征的情况下，全人类的彻底解放就只能是一句空话。马克思对未来社会基本特征的科学预测，已经被资本主义发展几百年的历史实践所证明。资本主义制度产生以来，其生产关系已经经历了四次调整，从单个私人资本所有制到股份制，从股份制到垄断，从垄断到国家垄断，从国家垄断到国际垄断。资本主义生产关系的四次调整告诉我们，一部资本主义发展史，实际上就是一部资本主义生产关系不断调整的历史，就是一部面对迅速发展的生产力，资产阶级生产关系不断妥协退让的历史。资本主义生产关系的四次调整表明：资本主义的生产关系正在逐步靠近马克思的社会所有制，也就是说，离私有制越来越远，而离社会所有制越来越近。社会所有制的实现是不以任何人的主观意志为转移的客观规律。因此，贬低和否定马克思主义经典作家对未来社会基本特征的科学预测是根本站不住脚的。

（三）无产阶级专政是向无阶级社会过渡的国家

马克思和恩格斯认为，无产阶级要完成实现全人类彻底解放的历史使命，不仅在夺取政权以前，而且在夺取政权以后，直到进入无阶级社会之前，都要高度重视阶级观点、阶级斗争学说和无产阶级专政理论。在《共产党宣言》中，他们提出，无产阶级革命的第一步是用暴力推翻资产阶级，建立自己的政治统治。在《哥达纲领批判》中，马克思指出："在资本主义社会和共产主义社会之间，有一个从前者变为后者的革命转变时期。同这个时期相适应的也有一个政治上的过渡时期，这个时期的国家只能是无产阶级的革命专政。"①其实，早在《1848年至1850年的法兰西阶级斗争》中，马克思就把过渡时期无产阶级

① 《马克思恩格斯文集》第3卷，北京：人民出版社，2009年，第445页。

专政的任务明确概括为四个达到,他说:无产阶级的阶级专政,“这种专政是达到消灭一切阶级差别,达到消灭这些差别所由产生的一切生产关系,达到消灭和这些生产关系相适应的一切社会关系,达到改变由这些社会关系产生出来的一切观念的必然的过渡阶段”①。这就明确告诉我们,要消灭阶级和阶级差别,最终实现共产主义,必须坚持无产阶级专政。

列宁高度评价马克思的无产阶级专政学说,他认为:“只有懂得一个阶级的专政不仅对一般阶级社会是必要的,不仅对推翻了资产阶级的无产阶级是必要的,而且对介于资本主义和‘无阶级社会’即共产主义之间的整整一个历史时期都是必要的——只有懂得这一点的人,才算掌握了马克思国家学说的实质。”“只有承认阶级斗争,同时也承认无产阶级专政的人,才是马克思主义者。”②

近年来,民主社会主义、新自由主义、历史虚无主义等各种错误思潮有所抬头,这些错误思潮的一个突出特点就是“去阶级化”、“去政治化”。其实,这些错误观点是根本站不住脚的,也是不值一驳的。马克思主义的阶级斗争和无产阶级专政理论,已经被世界社会主义运动的正反两方面经验教训所证明。巴黎公社胜利了,又失败了;十月革命胜利了,苏联又解体了。血的教训告诉我们,无产阶级夺取政权并不是阶级斗争的结束,而是阶级斗争在新形式下的继续;阶级斗争的形式虽然变了,但是阶级斗争的实质并没有变。无产阶级夺取政权后,世界范围内的资产阶级敌对势力决不会善罢甘休,一定会集结起来,以百倍的努力,企图把无产阶级政权扼杀在摇篮之中。当他们发现用武力手段不能解决问题的时候,他们就提出和平演变的战略,我们对此必须保持高度警惕,切不可麻痹大意。

苏东剧变、苏联解体已经为我们提供了前车之鉴。美国最后一任驻苏联大使马特洛克在回忆录《苏联解体亲历记》中,在讲到戈尔巴乔夫放弃阶级斗争学说时指出:“如果苏联领导人真的愿意抛弃这个观念,那么他们是否继续称他们的指导思想为‘马克思主义’也就无关紧要了。这已是一个在别样的社会里实行的别样的‘马克思主义’。这个别样的社会则是我们大家都能认可的社会。”③所以,他认为:“当时的戈尔巴乔夫已经完全支持把人类的共同利益作为其对外政策的基石,明确无误地抛弃了阶级斗争观念。”④东欧剧变、苏联解体是阶级斗争的反映⑤,实际上就是这些国家的工人阶级和共产党在严峻的阶级斗争中吃了败仗。

---

① 《马克思恩格斯文集》第 2 卷,北京:人民出版社,2009 年,第 166 页。

② 《列宁全集》第 31 卷,北京:人民出版社,1985 年,第 32—33 页。

③ 〔美〕小杰克·F. 马特洛克:《苏联解体亲历记》(上),北京:世界知识出版社,1996 年,第 169 页。

④ 〔美〕小杰克·F. 马特洛克:《苏联解体亲历记》(上),北京:世界知识出版社,1996 年,第 176 页。

⑤ 程恩富:《要高度重视马克思主义的阶级分析方法》,《天府新论》2017 年第 1 期。

当前面对百年未有之大变局，面对波谲云诡、复杂多变、扑朔迷离的国际形势，我们只有坚持运用马克思主义的阶级观点、阶级分析方法、阶级斗争学说和无产阶级专政的理论，才能不被各种迷雾所蒙蔽，在百年未有之大变局中赢得战略主动权。

参考文献

[1]程恩富:《要高度重视马克思主义的阶级分析方法》,《天府新论》2017 年第 1 期。

[2]《"阶级、阶级斗争和阶级分析方法"理论座谈会综述》,《马克思主义研究》2014 年第 12 期。

[3]周新城:《阶级斗争理论与依法治国》,《马克思主义研究》2015 年第 12 期。

[4]梅荣政:《正确认识和处理社会主义时期一定范围的阶级斗争》,《南京师大学报(社会科学版)》2016 年第 1 期。

[5]刘世军:《中国政治学研究新时代的到来》,《文汇报》2014 年 6 月 30 日。

[6]田心铭:《马克思对阶级和阶级斗争理论的新贡献》,《马克思主义理论学科研究》2016 年第 4 期。

On the Integrity of Marxism from the Perspective of Class

Shi Zhubang

Abstract Class position, class viewpoint and class analysis method run through the three main components of Marxist philosophy, Marxist political economy and scientific socialism, permeating the whole theoretical system of Marxism. To study the integrity of Marxist theory, we cannot ignore Marxist class position, class viewpoint and class analysis method. Since the Eighteen National Congress of the Communist Party of China, the "people-centered" idea put forward by General Secretary Xi Jinping is a concentrated expression of our party's insisting on Marxist class position, class viewpoint and class analysis method in the new era. The drastic changes in the Soviet Union and Eastern Europe and the disintegration of the Soviet Union were in essence the result of the defeat of the working class and the communist parties in the severe class struggle in these countries. Facing the great changes unprecedented in a century, only by adhering to the Marxist class position, class viewpoint and class analysis method can we win the strategic initiative in the complex international struggle full of sudden and perplexing changes.

Key Words Class View; Marxism; Integrity

乡村振兴的文化困境与化解路径

李 燕 吕春燕 张国献

内容提要 乡村文化是民间百姓生活智慧的记录及演变,是乡村生活的生机和灵魂。乡村文化振兴的现实困境主要是:仪式坍塌与离土摩擦的传承瓶颈,精英流失与空心乡村的主体困局,内源冲突与重塑危机的价值困境,乡土虚置与文化疏离的主题脱域,格式管理与看客心态的治理境遇。困境成因包括:行政逻辑局限、财政资金约束、教育功能缺失、异质文化浸染、工业市场双蚀。新时代乡村文化振兴的路径在于,赓续优秀乡村文化,激活乡村文化主题,厚植主流意识形态,核心价值融入生活,型塑乡村生活教育,健全人才培养机制,创设文化专项资金。

关键词 乡村文化;乡村振兴;文化传承

中图分类号 F0—0

中国是农业大国,农民人口占人口总数一半以上,国家的发展、社会的稳定都离不开农业、农村和农民。党的十九大报告提出了实施乡村振兴战略,要坚持落实战略要求,利用有效的文化建设满足乡村居民的文化需求,并逐步对城乡发展体系和制度机制进行优化,为农村现代化建设奠定坚实的基础。党的十九大中针对乡村振兴做出的战略部署,符合我国现代化建设的基本要求,也是新时代背景下,为有效解决“三农”问题而做出的战略安排。过去一段时期我国偏重发展乡村经济,乡村振兴战略的提出则摒弃了这一特点,是针对当前我国农村发展的实际诉求和历史现实提出的科学论断、理论判断和行动指南。文化兴则国运兴,文化强则民族强。乡村文化属于我国社会文化的重要构成部分,凝聚着乡土之美、人文之美,是我国社会主义文化体系的重要组成

作者简介:李燕,郑州旅游职业学院讲师,中国社会科学院大学马克思主义学院博士研究生;吕春燕,河南艺术职业学院讲师、硕士;张国献(通讯作者),上海外国语大学志远学者、马克思主义学院教授、创新马克思主义研究中心主任、硕士生导师。

基金项目:本文系教育部人文社会科学研究一般项目“基于乡村振兴的乡村协商治理现代化问题研究”(20YJA710020)、河南省高校人文社会科学研究一般项目“共享视域下农村思想扶贫问题研究”(2021-ZZJH-403)、上海市教育科学研究项目“基于意识形态安全的高校防范极端宗教问题研究”(C2-2020071)、上海外国语大学规划基金一般项目“基于三权分置的农地流转问题研究”的阶段性成果。

部分。也可以说,乡村文化兴则乡村兴,乡村文化强则乡村群众强。实现乡村振兴的伟大使命,必须振兴高度自信和繁荣发展的乡村文化。乡村文化的繁荣发展能够提升乡村群众思想水平,提高乡村群众价值感,提升农民精气神,从而促进乡村的和谐稳定,使乡村振兴得到精神上的支持。由此可以看出,文化振兴对于促进乡村经济发展有着积极作用,对于提升乡村人民的生活水平有积极作用。在中华民族伟大复兴的时代背景下,必须对乡村文化建设予以高度重视,利用乡村文化的繁荣发展支撑乡村经济的快速发展。

一、新时代乡村振兴的文化困境

乡村文化是乡村生活的生机和灵魂,是维系乡村各种社会关系的重要纽带,也是村民的精神家园。乡村文化振兴是新时代党和国家对"三农"问题做出的重大决策部署,是全面建成小康社会、实现社会主义现代社会建设的重要保障,也是落实习近平总书记乡村振兴战略的重要举措。必须把实施乡村文化振兴摆在优先位置,凝心聚力、接续奋斗,全力打造新时代乡村文化振兴的时代典范。乡村文化和城市文化有着地域因素上的差别,主要指的是乡村的主体农民在生产生活过程中的风俗习惯、思想观念、处世态度、人情世故以及日常行为方式等,同时也表现为一些有形的文化形式,比如乡风乡俗、族法制度、生活用品等。乡村文化有很强的地域性,主要指那些体现乡村独特意境的因素,例如村风村貌、传统节日、祭祀庙会、地方戏曲、民间习俗、红白喜事等,这些文化通过日常生活中的言传身教,在潜移默化之中代代相传,使得受教者内化于心,外化于行,隽刻在受教者的行为、观念、心态等方方面面。乡村文化是民间百姓生活智慧的一种记录,有其独特自然的淳朴特征。这种文化中包含民间信仰、村民朴素的道德观、交往中的良善原则、平和安然的生活态度,更是乡民对于美好精神家园的追求和希冀。

(一)传承瓶颈:仪式坍塌与离土摩擦

"文化是个好东西","是后物质主义时代的重要幸福来源,发展文化避免了社会对经济无限增长的追求,破除了人们对物质财富和消费主义价值观的迷恋"。① 乡村文化既包括贯穿着价值、道德、习俗的思想元素,也包括价值、道德、习俗、知识、娱乐、物化文化(如建筑等)。乡村文化是以村落方式为依托,村民在生产生活中形成的一定文化类型,这种文化类型,费孝通先生曾评价它为以熟人社会为基础的文化现象。现实的开放流动性改变了乡村传统的生活模式和乡村群众的价值观念。村民更为注重的是自身有限的生命过程,

① 王历荣、严梅萍:《经济学"幸福悖论"的文化进路:文化人构想》,《海派经济学》2021年第1期。

而不再以无限意义的超越性追求作为唯一价值追求。个体村民强烈的“历史感”归属正在逐渐淡化，具体体现在个体对家族延续的超越性情感淡化。农民自身对“当地感”的体验日益淡薄。伴随着老龄化趋势的进一步加强，乡村价值正不断弱化，从而降低了“在地”认同感。从当前的情况来看，乡村家际、代际关系已逐渐朝着“交换型”转变。此类代际关系以工具理性作为核心，注重交换时间的即时性和内容的明晰性，已经形成了一种全新的规范性的新秩序。乡村社会制度的变迁，加之乡村环境的特殊性，致使乡规民约难以全面贯彻落实，家族宗族至多作为一种观念而存在，影响力日渐式微。长期以来，农民的生活方式始终以土地为中心，并形成了既定的乡村文化，随着不断发展，许多文化和习俗正在不断改变，村民生活方式与土地之间的联系正逐步淡化，不再似以往密切，同时，部分乡村节庆仪式也逐渐弱化。受制于知识水平的局限，年长者正逐步被现有的乡村文化淘汰，而作为年轻一代，极少有长住乡村的计划，进而不会介入乡村社会秩序的建设。乡俗是自我拓展的一个象征性符号，而要实现衍生递进，则需依托于相关的仪式，由于劳动力流动性的增强，致使布迪厄(Bourdieu)“仪式体操”受到毁灭性打击，形成了民俗演绎和传承的新断层。

(二)主体困局:精英流失与乡村空心

“共同富裕是乡村振兴的价值追求”,“农村劳动者是推动乡村振兴的主体力量”。[①] 从当前乡村的现实情况来看，农民流动已成为乡村常态，这种流动性不但改变了农民的个体存在形式，而且也改变了其生存空间。除此之外，农民的文化寄托及文化情感也随之改变，在这种情况下，致使他们未能重视乡村文化建设，历经多代的乡村文化已经在逐步被淘汰和摒弃。由于自身文化水平所限，留守妇女无法完全理解乡村文化在乡村振兴中的重要作用。她们需要肩负起家庭、农务、子女等重任，没有足够的精力和时间去参与乡村文化振兴。父母或父母一方家庭角色的缺席，导致乡村文化的魅力难以通过父母的言行举止彰显出来，进而致使留守孩童难以深刻感受乡村文化的价值。信息化多媒体时代的来临，正在逐步改变留守孩童对整个乡村社会发展的认知，让他们从内心深处更趋同于城市文化，从而致使他们对于乡村文化的认知逐步模糊化。由于人口的频繁流动，致使乡村呈现“空心化”趋势，进而出现了振兴乡村文化主体的“空心化”。在这种情况下，曾经民风淳朴、欢声笑语的乡村正在逐步走向落寞，致使乡村文化振兴缺乏生机和内动力。扮演着国家代理人、社区守望人和家庭代表人角色的乡村精英在流动开放和互联网时代难以形成独特的权威，对整个乡村社会所产生的影响力也严重不足。在市场经济大背景下，这些精英群体同样有自身的利益需求，其中不乏有部分人凭借自身权力

① 赵意焕:《乡村振兴与〈资本论〉共同体理论》,《海派经济学》2021年第1期。

谋取私利，对整个乡村利益产生严重损害，导致乡村文化振兴难度加大，也严重影响精英群体的整体形象。

(三)价值困境:内源冲突与重塑危机

乡村文化历经岁月沉淀，逐渐形成其核心价值，镌刻着其独特的价值认同。在一代代乡村人的生活实践过程中，人们逐渐形成了节俭勤劳的消费观、淳朴真诚的人格观、和谐善良的人际观、敬畏万物的生态观，正是得益于这一系列的价值观，才构建了完整的乡村文化价值链。自对外开放以来，乡村正从以往的“熟人社会”朝着“半熟人社会”转变，生产方式也出现了显著变迁，农民不再以乡村为核心，由此也动摇了传统文化的根基。城市文化和异质文化正不断涌向乡村社会，传统文化的地位逐渐下降，传统礼仪也正逐步消逝。现代城市文化对传统乡村文化产生了巨大的冲击，对农民的文化价值理念产生了深远影响。在主观层面，现代村民不断舍弃乡村文化，摒弃传统民俗文化，家庭和集体意识正逐渐淡化。不但如此，由于农民对城市文化的盲目追求，个人主义、拜金主义等现代错误价值理念正在逐渐蔓延。受到异质文化的巨大冲击，原有的乡村文化逐步淘汰，其统治地位被撼动。由于市场经济的全面推进，资本逻辑促成农民的价值认知产生偏颇，肆意破坏生态环境，不再注重乡村人伦，由于利益冲突引发的矛盾日益增多，传统的道德准则、行为规范、乡俗民情组成的价值体系已得不到认可，引发了比经济诉求更为激烈的价值冲突和重塑危机。

(四)主题脱域:乡土虚置与文化疏离

当前的乡村文化被置于脱域机制下，被从特定的时空场景中抽离出来，重新进行了转换组合，并在一个更为宏大的背景下赋予了一种抽象的意义。伴随着市场经济的不断渗透，农民阶层的逐渐分化，农民的生产生活方式开始趋于异质化和多元化。而由于不断加剧的社会流动，致使村民逐渐疏离乡村，乡村经济的不断衰弱进一步导致民俗规范难以起到实际作用，乡村文化正以一种“封闭性”、“私有性”呈现在我们面前。个体家庭的私密性空间日益扩张，村集体和农民呈现出“悬浮—冷漠”的关系特征。日益紧张的公共资源致使乡民之间的利益冲突愈发明显，公共人物的日益减少使乡村公共空间缺少了人才支撑。乡村公共生活日渐式微，普通村民更热忱于个体或家庭之间的私密活动。乡村文娱活动严重缺乏，乡村传统文化难以传承，取而代之的是低俗文化，对质朴的乡村文化产生了巨大冲击，动摇着整个文化基础，当代利益为上的价值标准逐渐取代了传统的价值评判标准。急功近利的畸形心态正在乡村蔓延，传统的勤俭节约、诚信友善等道德观逐步丧失。由于价值判断缺乏正确标准，致使农民的信仰缺失，进一步导致宗教文化时常传播，封建迷信思想部分冒出势头。

(五)治理境遇:格式管理与看客心态

政府意志对乡村文化施行“格式化管理”,忽视乡村文化的内生性,过分强调政府的作用,试图通过行政规范体制的形式振兴乡村文化,而农民作为乡村文化的主体,其地位和作用未能得到充分重视。在振兴乡村文化的过程中,由于交流互动的缺乏,导致一些文化工程未能充分考虑农民的现实需求,浪费了大量文化资源,同时,政府制定的部分政策与实际不符,难以切实发挥应有作用。文化政策的“一刀切”,改造形式的“标准化”让整个乡村文化趋于同质化,难以彰显其地域特色和多样性。农民无法直接参与到政府组织的文化活动之中,致使作为乡村主体的农民始终未能深入走进文化振兴的过程中,而是变成了一个旁观者。治理文化的保障是基层组织,但从当前的具体实践来看,在执行政策的过程中,部分基层组织并未精心组织,未能全面贯彻落实。部分基层领导只注重乡村经济建设,忽视文化振兴的重要性,未能重视乡村文化在整个文化振兴中的关键性作用。由于受到错误政绩观的影响,部分干部将文化振兴划归为经济行为,最大限度地追求乡村文化的商业价值,进而导致文化自身蕴含的价值理念和独特内涵未能引起重视。这种脱离文化主体,畸形看待乡村文化,采取“标准化”、“一刀切”,由政府主导的改造模式,不但导致党的文化政策难以贯彻落实,而且也会对农民的文化认知产生错误引导。

二、新时代乡村文化振兴的困境成因

乡村文化的繁荣发展能够提升乡村群众思想水平,有利于提高乡村群众价值感和农民精气神,从而促进乡村的和谐稳定,使乡村振兴得到精神上的支持。乡村文化振兴的困境成因是多方面的,体制、资金和市场经济等方面的影响非常大。

(一)行政逻辑局限

社会主义制度的建立,促使乡村文化、乡村经济、乡村政治等出现了翻天覆地的变化。新民主主义文化取代了以往落后的封建思想文化。依靠政权力量摧毁和抑制了乡村社会传统家族宗法组织的存在和发展,消除了农民对宗法组织的依附性,用新的政治伦理渗透和改造了乡村社会的文化生活。这是前所未有的历史进步。改革开放以后,经济发展的压倒性政策,致使乡村管理机制对于乡村文化人才的保障严重不足,比如,没有对乡村文化人才薪资水平进行应有的保障,导致部分乡村文化人才的待遇低,且难以为继,很难调动他们对工作的热情和兴趣。乡村公益性文化得不到有效的供给,缺乏相应的准则。针对乡村文化所采取的管理方式存在较多问题,弹性不够,难以体现有效管理模式的作用。而经营性文化虽然是在市场中运行,由于缺乏足够的制度供给,导致民间资本不愿意投入乡村文化领域,严重阻碍乡村文化发展。由于政府对文化单位进行了严格的管控，导致这些机构难以自主化运作，它们各行其是，互不交流，致使乡村文化活动难以有效开展，从而进一步限制了乡村文化活动的创新性。

(二)财政资金约束

乡村文化振兴的难点是资金问题。比如，河南是农业大省，农业发展对乡村经济起着重要作用，而财政资金主要流向经济产业，对乡村文化振兴投入不足，导致农村文化活动得不到足够的资金支持。国家在城市建设上的投入力度较大，与农村相比存在着较大的差距，这导致城乡文化差距明显。城市文化设施建设水平较高，层次较高，而乡村文化基础设施建设覆盖率明显较低。受资金因素的限制，乡村地区的文化设施差，无法满足乡村群众需求，有的成为摆设。基层政府和乡村文化站缺乏固定的经费来源，在有资金需求的时候，只能依赖临时性方式筹集，导致乡村文化振兴缺乏足够资金保障。改革开放后农村集体经济非常薄弱，除部分发达地区乡村企业每年可以创造固定收入外，很多乡村处于负债态势，经济落后、集体经济实力弱的情况在乡村十分突出。上级主管部门自身能力较弱，难以为下级文化振兴提供有效支持。由于经费缺乏，导致乡村文化基础设施落后，人才缺少且素质低下，乡村已有文化基础设施也难以发挥有效作用。

(三)教育功能缺失

乡村现代化建设需要得到高素质人才的支持，群众的文化素质直接影响着乡村文化振兴的效果。在城乡差距的影响下，优秀教师从乡村流向城市，农村内的教育资源再次受到挤压。受资金投入量的限制，乡村教师的待遇水平较差，为改善生活条件，追求更高的生活品质，优秀教师纷纷选择离弃，而这也直接限制了乡村教育的发展。受地理因素影响，城市与乡村公共教育投入存在严重差距，不平衡情况十分显著。受教学环境、教学设施、师资力量等因素限制，偏远乡村的整体办学水平较差，一些需要硬件设施支持的课程，由于缺少器材，难以发挥好课程自身的作用，学生更难以参与到课程当中，造成学生动手能力较差。部分乡村学校专业教师较少，对教学质量提升产生了极大限制。基层政府对乡村群众的道德教育、文化教育等关注不够，由于教育宣传力度相对欠缺，乡村群众的科技素质不高，一些封建落后思想在农村中仍旧存在，对于乡村文化振兴十分不利。

(四)异质文化侵染

在市场经济体制普遍化和全球化趋势不断推演下，乡村社会多元文化交流和碰撞已成为必然趋势。伴随着信息技术的飞速发展，传统乡村文化可凭借多媒体进行及时传播和展现。当代信息技术将各类文化以不同的形式及时地呈现出来，虽然方便了广大民众感受不同文化精神，但也致使各类文化没有了鲜明的时间顺序，原本历史性的文化已经褪去了“历史色彩”。农耕时期的文化模式被彻底颠覆,意识形态也完全被改变,多元化的文化价值观念冲击着整个乡村社会文化。文化的审美功能、休闲消费功能逐渐强化,在很大程度上对整个社会价值理念和心理意识进行了重新塑造。外来文化的兴起和发展,对乡村文化产生了较大冲击,不同利益主体之间的相互联系,逐步形成了不同的文化价值观念,而在相互融合的过程中也表现出诸多矛盾与冲突。

(五)工业市场双蚀

在工业化、城市化时代,农本价值解体,乡村精神魂魄丧落,网络科技的飞速发展,导致传统文化的认同感逐渐削弱,现代文化对传统文化产生了更大的冲击力,推动了传统乡村社会的转型。市场经济和现代化思维的全面覆盖,改变了农民的思想和行为,传统的文化认同也逐步被取缔。市场经济从本质上对人们的思想理念、生活方式以及思维方式都进行了改变,以市场经济为基础的开放性现代文化逐渐取代了以往的传统性乡村文化,不管是生活方式的变迁还是思想理念的转变,都逐渐与传统乡村文化相分离。工业化的技术要求,也使越来越多的农民工实现了身份的转换。伴随着市场经济的发展,农民的生活方式、价值理念都趋于现代化,但伴随而来的功利主义、拜金主义、伦理失纲等错误价值理念也正在逐步渗透,对整个乡村文化产生了严重的负面影响。城乡经济差距的持续拉大,进一步激发了农民的物欲意识,致使其行为失范、文化心态失衡。消费文化不但改变了农民的价值取向,同时也彻底改变了其交往、生活、行为方式,不但彻底颠覆了中华民族传统文化的根基,而且也将整个乡村优秀传统文化基本瓦解。

三、新时代乡村振兴的文化路径

乡村振兴不但要注重经济发展,还需要注重乡土文化的传承和乡村文化的自我更新。振兴乡村文化要重视发挥政府主导作用,关注农民主体地位,突出马克思主义的指导地位,弘扬社会主义核心价值观,以重建乡村公共文化为核心,构建全新的乡村文化格局,确定好管理、建设和服务的重点。

(一)赓续优秀乡村文化

中国农民赖以生存的是土地,土地是其获取生产生活资料的基础,因此,不同地域造就不同的乡村文化,也会积淀出独特的文化形态。丰厚的自然地理环境为人们生活奠定了良好的物质基础,乡村群众对土地的依赖,拥有难以割舍的土地情节。马克思主义认为,每段时期的观念的发展可以通过对这一时期经济的变动以及政治关系的变动情况进行说明。乡村文化涵盖乡村的风俗、道德、制度、价值观念等方方面面,具有很强的地域性,地理环境不同造就了各具特色的乡村文化。因此,振兴乡村文化要结合地域特色,制定符合实际的发展战略。乡村优秀文化传承是振兴乡村的核心所在。乡村文化经历中华几千年的生产实践和岁月累积，产生了具备乡村风味和独一无二的乡村文明。振兴乡村文化要“铸魂强根”。一方面，要保存住乡村淳朴风貌，瞧得见山，看得见水，记得住乡愁，留得住回忆，同时还要与时俱进，使社会主义核心价值观扎根乡村，创造出适合新时代、新局面、新改变的活泼形式，并深入挖掘乡村传统文化资源，弘扬乡村优良传统。另一方面，要灵活机动，因材施策，找准发力点，不遗余力地挖掘青山绿水生态文化、农耕文化、古村落古镇等宝藏，突显“地方风貌，老神气，新活力”。再就是打磨“一村一品”的乡村文化品牌，生成持有不同特色的“十里不同风，百里不同俗”的乡村文明，不断彰显出独有的乡村文化魅力和传统文化价值。借助于有效的表达方式，使乡村文化的历史底蕴、价值观念得到充分展现，并符合时代特性。要关注农村历史文化资源的挖掘与保护，使乡土文化得到有效激发，使资源得到有效利用。乡土文化在提升村民精神风貌等方面具有积极作用，应推出更加优秀的文艺作品，凸显乡村气息，使乡村文化的感染力得以增强，借助于文化的发展对村民思想产生积极影响。在农村中小学教育中展开各种红色革命文化题材的交流活动，持续加强农村红色革命文化教育的生动性和感染力，让红色革命文化能够得到有效的传承，促使乡村文化的积极作用得到最大限度的发挥。

(二)激活乡村文化主题

文化是一个民族的灵魂，是一个国家发展进步的重要标志，是社会发展的主要推动力，为社会生产力的发展提供了重要支持。文化的发展模式、发展方向对整体的社会经济发展方向产生了极大的影响。《辞海》对文化的定义是：广义上的文化指的是人类在生产生活中创造的所有物质财富和精神财富的总和。而狭义的文化主要是指，社会意识形态以及与之相关的组织结构。“中国传统文化博大精深，在不同历史背景和经济发展水平的影响下显现出明晰的时代性”①。文化是一定时期社会政治和经济的体现，同时反作用于政治和经济，使人们在实践过程中达到价值目标的要求。乡村文化体现出了中华优秀文化的核心内容，其中体现着诸多农耕文明的优秀内容。乡村优秀传统文化一般都带有鲜明的民族特色和地方特色，体现出了这一地区的历史发展特点。构建保护村落的发展规划，在关注历史价值的基础上，对保护名单进行构建，致力于对古村落、古民宅的保护，尤其是要对乡村非物质文化遗产进行关注。在农村地区积极开展文化遗产保护工作，做好文化传播、文化挖掘工作，将农耕文明中包含的道德规范、人生智慧充分体现，让乡村文化体现出鲜明的时代特征。激活乡村文化是乡村文化振兴的核心。首先，应做文化的坚守者，坚定乡村文化自信。新时代人们依然向往“采菊东篱下，悠然见南山”的自得，仍然

---

① 李冬莲、谢元态：《中国经济学的中国传统文化基因简论：宏观视角》，《海派经济学》2020 年第 4 期。

留恋“绿树村边合，青山郭外斜”的美景，“友善、勤劳、有礼、淳朴……”依然是我们对农民最深刻的印象。乡村文化振兴战略中，农民是主体。农民需坚定乡村文化自信，传承、弘扬优秀乡村传统文化，孝敬老人、邻里和谐、团结互助，树立一个个鲜活的先进典范。其次，应做文化的传承者，大力弘扬优秀乡村文化。始终坚持精神文明和物质文明两手抓。常态化开展“环境卫生评比活动”，让“环境卫生干净整洁”深入人心，消除农村家庭“脏乱差”的第一印象。完善“农家书屋”在册书籍机制，坚持“农家书屋”全天开放，让村民在农家书屋学到知识、感受温暖。最后，扩大知名度，做乡村文化的传播者。建立村级微信群，让更多的能人参与家乡的发展，为家乡出谋划策。创新“党建＋文化”模式，引领农村文化发展，通过“文化党建”品牌的打造，在全村形成“党建引领文化振兴，文化凝聚民心民力”的良好氛围，为服务壮大乡村集体经济发挥积极作用。

(三)厚植主流意识形态

始终以马克思主义为指导，以正确的价值导向引导乡村文化的发展。马克思主义价值理念为振兴乡村文化提供了强有力的理论支持，而振兴乡村文化旨在不断拓展其与马克思主义的价值契合，促使乡村文化成为马克思主义的载体。主流意识使乡村文化价值得以塑造和发展，使乡村文化能够保持正确的发展方向，使自身价值得以体现。厚植主流意识形态，对乡村道德价值进行重塑，构建全新的道德规范，使全新的乡村文明得以塑造。厚植主流意识形态，要从公共文化的角度考虑问题，采用生活化的方式使乡村文化价值得以体现，完成价值重建。要采用合适的方法构建乡村文化价值，使乡村文化带有全新的精神内涵，从而使乡村文化带有的价值得以发挥，增强乡村文化影响力。要激发农民的文化自觉，使农民对自身所拥有的文化概念和本质有清楚的认知，能够从文化地位入手对乡村文化进行传承，并对当前的文化事物进行反思，避免盲从，确立正确的方向，使农民的文化自觉意识得以提升。只有对这些内容进行关注，才能够塑造起更加深刻的文化认同，提升共同的理想信念，做到对社会稳定的维护，达到和谐、融合的发展目标，为国家和社会的发展奠定坚实的基础。应始终以习近平新时代中国特色社会主义思想武装广大基层党员干部及民众，不断推动乡村精神文明建设。加强“中国梦”宣传教育，提倡时代精神与民族精神，利用理论创新对社会主义主流意识形态进行创新，要落实以人为本的基本理念，从系统化的角度入手重塑乡村社会主流意识。红色革命文化是中国人民在革命战争的艰苦时期所积累的宝贵精神财富，反映了中国无产阶级强大的精神理念，强调斗争、奋斗的精神取向。红色革命文化是提升、激发群众吃苦耐劳，努力奋进的强有力的精神力量。继往开来地弘扬红色革命文化，要遵循爱国主义为核心的中华民族精神和改革开放的时代精神，令其化作执行乡村文化振兴战略的重要保障，并为该战略的有效实施提供精神支柱。积极探索乡村红色文化的教导方式,以爱国主义为导向,开展优秀红色文化作品学习,组织红色革命文化专题,讲述红色革命故事,做好乡村红色文化学习工作。搭建主体传播的平台,带动红色革命故事的弘扬与传播。在农村中小学教育中开展各种红色革命文化题材的交流活动,持续加强农村红色革命文化教育的生动性和感染力,让红色革命文化能够得到有效的传承,发挥好乡村文化的积极作用。通过弘扬优良文化传统,更好实现乡村文化振兴是乡村振兴战略实现的保障,需要群众和干部的共同努力,只有这样才能更好地进行乡村文化建设。

(四)核心价值融入生活

习近平总书记明确提出,要想发挥一种价值观的实际作用,必须促使人们在不断的实践过程中感知它,必须与民众社会生活融为一体。社会主义核心价值观以具有现代公民特征的价值理念对农民的价值认知加以科学引导,促使其内化并转变成为具体的社会实践行为。从国家层面来说,乡村文化具备社会主义核心价值观的“文明、和谐”因素;从社会层面来说,乡村文化具备“公正、法治”的社会要义;从个人层面来说,乡村文化具备“爱国、敬业、诚信、友善”的精髓。作为基层政府,应当立足于农民现实需求,举办相应的文化活动,让广大农民融入文化活动之中,进而对其内在的文化内涵加以感知和领悟,让农民重新感知到“熟人社会”的温情,感知到乡村文化的魅力所在。通过直观的乡村文化体验,让农民从内心深处感知到乡村文化的独特魅力,并加以正确引导,在实践中不断加深理解。凭借运用和深入解读传统礼俗文化,促使诚信友善、互帮互助、真诚待人等社会主义道德思想得到宣扬和传承。促使礼俗文化的教化作用得到充分发挥,逐渐形成文明和谐的乡风,激发村民内在活力,不断提升广大村民的凝聚力,促使其主动为振兴乡村文化贡献自己的力量,从而进一步形成一股强劲的推动力。基层干部需要加大集体意识的宣传力度,确保广大村民的乡村归属感和认同感得到全面提升。致力于打造协同共进的乡村环境,倡导健康向上的乡村生活方式,对农民加以正确引导,促使其主动抵制低俗乡村文化。

(五)型塑乡村生活教育

乡村教育的推行,让广大农民深切感受到乡村文化的历史厚重感,亲身体验到乡村情感带来的温暖和人文情怀,从内心深处认同乡村文化的价值和魅力所在。乡村教育活动不仅应关注乡村青少年的培养和对农民主体的生存教育,还要关注对农民世界观、文明观的培育,积极利用乡村文化资源,发挥好资源配置优势,让农民能够更好地理解自身所生产和创造的文明,对自己生存的环境形成正确的理解,了解生命存在的价值,从而能够以更加积极的态度对待生命世界,使他们对本土文化的认同感得以增强。“对乡村文化的重塑和村民精神面貌的改变，使现代乡村文明成为农民的主流意识。”[①]在这个过程中开展针对性较强的乡村教育活动，使其发挥着重要作用。要重视对乡土性的保留，对教育条件的改善，提升乡村教师教育水平，使乡村青少年得到有效教育。要重视对教材体系的优化和完善，借助于更加优化的体系为生活方式的构建提供基础。要认识到乡村文化价值构建是一个复杂过程，系统化程度高，内容复杂，比如农业生产、农民生活等，涉及物质文明、社会文明等多方面的建设活动。考虑到其本身带有的复杂化的特点，在乡村教育中必须对要素之间的整合和配合进行关注，使社会力量得到有效利用，实现优化和建构。凭借不断培养乡村文化意识，促使农民深刻认识到乡村文化的价值，树立文化自信，在振兴乡村文化的具体实践过程中形成共同的文化认知，不断推动乡村文化振兴，在传承优秀传统文化的基础上，促使乡村文化朝着更好的方向发展。

(六)健全人才培养机制

中国共产党非常重视新文化扎根乡村的能力培育，力图凭借对乡村社会旧力量的转变、新力量的扶助来培养文化政策的内生基础。始终以党的领导为核心，不断健全基层党组织的文化功能。作为振兴乡村文化的领导核心，共产党编制了政、群等组织，力图全方位构建乡村文化组织网络，促使农民群体和知识群体之间的联系更加紧密，同时，也促使乡村文化共同体和马克思主义文化共同体的辩证统一得以全面实现。文化人才培养机制的健全要完善“党管人才”工作格局，健全乡村人才工作领导体制，实现人才力量全覆盖。大力重视新型农民的培育，实现对乡村文化人才队伍的构建，发挥好乡村文化人才的积极作用，创新乡村人才培育引进使用机制，鼓励乡村文化优秀人才投身乡村建设。按照“家底清、现状明、全覆盖、不遗漏”的要求，各社区应对优秀专家人才的特长、经历、爱好等情况逐项摸底、分类汇总、建档立册。做好联系服务工作台账，及时跟进掌握相关专业人才思想动态和发挥作用情况，及时为他们办实事、做好事、解难事。街道成立人才工作领导小组，要强化乡村振兴战略这一理念，真正做到对人才的重视，将人才培养工作落到实处。社区党支部应牢记自己的职责和使命，加强自身建设，向先进看齐，发挥模范带头作用，搞好人才服务工作。

(七)创设文化专项资金

针对乡村文化组织实际情况，设立专项资金，促使先进的民俗文化和内生文化不断发展。农民始终是乡村文化的核心所在，只有充分调动农民的积极性，才能有效推动乡村文化振兴。因此，对于农民自发的民间文化组织，应当予以支持和鼓励，促使其为推动整个乡村文化振兴贡献力量。自发文化组织源自民间，农民文艺骨干是组织的主体，对农民的文化需求有着深层次的了

① 戴媛媛:《乡村振兴视角下的脱贫攻坚战略选择》,《海派经济学》2020 年第 2 期。

解，所开展的文化活动与广大农民的实际需求相一致，不但能得到农民的支持，而且能促使农民主动参与到文化活动中来，这类文化组织除了发挥自身的文娱功能以外，还具备生动贴切的教化作用，对于增强农民的文化认同感起到了不可忽视的作用。实地调查发现，目前许多民间文化组织都面临着资金短缺、资源投入不足等问题，尤其是民间自发文化组织此类问题表现得尤为突出。究其原因，主要是当前许多村级组织的支持也只是流于形式，无法从实质上提供支持，大多采取农民分摊、拉拢集资等方式筹措资源，即便如此，“搭便车”的情况依旧难以避免。在这种情况下，许多优秀的民间文化组织受限于资金和资源短缺，逐渐被埋没，甚至于解散。由此可以看出，政府有必要设立专项资金，加大对乡村文化振兴的投入，有效解决资金短缺问题，激发文化组织的积极性，促使广大农民能够主动参与到乡村文化活动之中，重新建立起农民的文化价值归属感，同时，也为推动中国特色现代化战略奠定坚实的文化基础。

总而言之，振兴乡村文化，必须立足于新时代乡村发展的实际，精准把握乡村振兴对“三农”工作的新要求，准确把握当前乡村发展新趋势，精准实施乡村文化振兴战略，夯实乡村更加出彩的坚实基础，实现新时代乡村文化振兴的伟大目标。

参考文献

[1]孟祥林：《乡村公共文化内卷化困境与对策》，《西北农林科技大学学报（社会科学版）》2019年第5期。

[2]孙喜红、贾乐耀、陆卫明：《乡村振兴的文化发展困境及路径选择》，《山东大学学报（哲学社会科学版）》2019年第5期。

[3]范建华、秦会朵：《关于乡村文化振兴的若干思考》，《思想战线》2019年第4期。

[4]詹绍文、李恺：《乡村文化产业发展：价值追求、现实困境与推进路径》，《中州学刊》2019年第3期。

[5]魏磊：《习近平总书记执政风格研究》，《理论学刊》2019年第2期。

[6]孙春晨：《改革开放40年乡村道德生活的变迁》，《中州学刊》2018年第11期。

[7]张国献：《农村教育精准扶贫的共享困境与化解路径》，《理论学刊》2018年第4期。

[8]魏磊：《论深化社会控制科学化研究》，《理论学刊》2017年第2期。

[9]张国献：《社会主义乡村协商治理：现实逻辑、制度导向与实践旨趣》，《理论探讨》2017年第1期。

[10]蔡瑞林、陈万明：《城镇化进程中文化的断裂与传承》，《中州学刊》2014年第11期。

[11]张国献、李玉华：《乡村协商民主的现实困境与化解路径》，《中州学刊》2014年第3期。

[12]魏磊：《充分发挥中国共产党在社会控制中的领导核心作用》，《理论探讨》2013年第5期。

Cultural Dilemma of Rural Revitalization and the Solution Path

Li Yan Lv Chunyan Zhang Guoxian

Abstract The record and evolution of folk life wisdom of rural culture is the vitality and soul of rural life. The practical difficulties of rural cultural revitalization are mainly the inheritance bottleneck of ritual collapse and friction as a result of people leaving the land, the subject dilemma of the loss of elites and the hollowing of villages, the value dilemma of endogenous conflict and reconstruction crisis, the theme of local emptiness and cultural alienation, the governance situation of format management and spectator mentality. The causes of the dilemma include the limitation of administrative logic, the restriction of financial funds, the lack of educational function, the infiltration of heterogeneous culture and the erosion of both industry and market. The revitalization path of rural culture in the new era lies in continuing the excellent rural culture, activating the theme of rural culture, planting the mainstream ideology, integrating the core values of life, shaping rural life education, improving the talent training mechanism and creating special cultural funds.

Key Words Rural Culture; Rural Revitalization; Cultural Inheritance

中国共产党百年经济理论创新与社会主义现代化历史征程

——中国政治经济学学会第 31 届年会暨中国海派经济论坛第 24 次研讨会述要

李政　张爽

为庆祝中国共产党成立 100 周年,深入推进习近平新时代中国特色社会主义思想的学习和阐释,守正创新马克思主义政治经济学,加强对全国建设社会主义现代化国家内在规律的理论研究,"中国政治经济学学会第 31 届年会暨中国海派经济论坛第 24 次研讨会"于 2021 年 10 月 16—17 日在吉林长春成功召开。本届年会的主题为"中国共产党百年经济理论创新与社会主义现代化历史征程",会议由中国政治经济学学会、教育部人文社会科学重点研究基地吉林大学中国国有经济研究中心、上海财经大学海派经济学研究院联合主办,教育部人文社会科学重点研究基地吉林大学中国国有经济研究中心等单位承办。来自中国社会科学院、北京大学、中国人民大学等国内科研机构和著名院校的专家学者以及《马克思主义研究》《政治经济学研究》等期刊媒体代表近 200 人参加了本届年会。

一、中国共产党百年经济理论创新及其历史经验

中国政治经济学学会会长、中国社会科学院大学学术委员会副主任程恩富教授在主旨演讲中指出,中国共产党建党一百周年是今年国内的首件大事,有关建党百年经济思想的回顾、发展与创新是本届年会的研究重点,学者们要广泛交流,要围绕党的理论建设和发展创新所取得的经验与不足多做独立的

作者简介:李政,吉林大学中国国有经济研究中心主任,吉林大学经济学院教授、博士生导师;张爽,吉林大学经济学院博士研究生,吉林财经大学讲师。

基金项目:本文系国家社科基金重点项目"以创新为引领增强国有经济'五力'研究"(22AZD032)的阶段性成果。

学术研究。

(一)建党百年来实现共同富裕问题的研究

习近平在中央财经委员会第十次会议上强调:"共同富裕是社会主义的本质要求,是中国式现代化的重要特征。"实现共同富裕是彰显社会主义本质特征和优越性的内在要求。程恩富教授围绕"共同富裕"强调了五个问题:一是共同富裕关乎社会主义长远大计。从毛泽东憧憬共同富裕,到邓小平鼓励先富共富,再到习近平倡导共享共富,均体现了共同富裕观念的传承和发展。从当前直至2050年,促进共同富裕不仅是我国经济工作的一个重要方针,而且是学术研究的一个重要主题;二是要把促进社会各阶层共同富裕作为工作重心来抓,要树立共富共享共福的理念、要从实物和价值两个方面考虑政策安排、要将共同富裕理解为制度优势和竞争优势;三是建立国有资产收益向全民分红的制度,以国资收益全民分红的方式促进共享共富;四是促进社会各阶层共同富裕的财税政策,通过扩大高收入所得税边际税率及征收退籍税、遗产税、资本利得税等,以增加二次分配的财富来源;五是实行有利于共同富裕的高中义务教育、免费医疗和住房政策。

上海社会科学院李正图研究员从现实逻辑出发探索中国特色共同富裕的实现道路,认为脱贫攻坚和全面建成小康社会两项历史任务的圆满完成是开启共同富裕道路的前提。他强调,共同富裕的理论基础主要有四个方面:一是马克思对于人类美好社会的伟大构想;二是邓小平理论的核心要义,即解放生产力,发展生产力,消灭剥削,消除两极分化,最终实现共同富裕;三是习近平关于共同富裕的重要论述;四是中国传统文化对于追求大同世界的美好愿望。

上海财经大学丁晓钦教授从理论、制度和实践三个层面对新时代社会主义共同富裕作出了具体阐释。他指出,要深入学习马克思主义及其中国化关于共同富裕的思想和习近平关于共同富裕的系列重要论述,坚持"四个自信",发挥制度优势,全面贯彻新发展理念,始终把满足人民对美好生活的新期待作为发展的出发点和落脚点,树立正确观念、巩固脱贫成果、做强做优做大国有企业、确立以民生为导向的发展模式,最终稳步实现共同富裕目标。

华东政法大学黄一玲教授从历史逻辑出发,将中国共产党带领人民奋力实现共同富裕的发展历程梳理为四个阶段:新中国成立前对共同富裕的理论求索与革命实践(1921—1949年);新中国成立初期赶超式发展战略下的共同富裕探索(1949—1978年);改革开放政策下的先富带动后富战略(1978—2012年);新时代以人民为中心的共享发展(2012年至今)。她指出,党带领人民坚持社会主义道路是实现共同富裕的正确抉择;党对共同富裕内涵的认识在不断深化并且规划日益完善;党坚持以人民为中心,持续推进共同富裕的实践充分体现了党全心全意为人民服务的宗旨。

北京大学张杨副教授从马克思主义及其中国化理论视角对共同富裕的现

代化进行了阐释。他指出，习近平在党的十九届五中全会上把全体人民共同富裕作为社会主义现代化的重要特征，新时代只有科学运用习近平经济论述才能够拓展发展中国家走向现代化的途径，向着共同富裕和全体人民解放的目标前进，才能实现经济的高质量发展、社会的全面进步、人与自然的和谐共生、人的全面而自由的发展。

吉林大学王婷副教授梳理了中国特色社会主义共同富裕理论的演进脉络与发展历程。她指出，一百年来中国共产党将马克思列宁主义与中国实践相结合，形成了毛泽东思想、邓小平理论、"三个代表"重要思想、科学发展观、习近平新时代中国特色社会主义思想，进而形成了中国特色社会主义共同富裕思想体系。中国共产党以这一思想体系为指导，带领全国各族人民在奔向共同富裕的道路上不断探索，已经取得了全面建成小康社会的胜利。进入新发展阶段，中国共产党共同富裕思想的创新发展也必将带领全国人民走向共同富裕。

（二）建党百年来农业农村土地问题的研究

"三农"问题始终是关系国计民生的根本性问题，贯穿于现代化建设和实现中华民族伟大复兴全过程。中共广东省委党校危旭芳教授回顾了中国共产党百年对"三农"问题的探索历程，指出"三农"问题始终是贯穿中国共产党百年历史的重大主题，我国"三农"发展取得历史性成就、发生历史性变革、实现历史性跨越的事实充分证明：中国共产党的领导是做好"三农"工作的根本保证。并提出了四点建议：一是必须立足中国国情、农情解决"三农"问题；二是必须尊重农民诉求制定"三农"政策；三是必须遵循客观规律实施"三农"发展策略；四是必须基于城乡关系大局谋划"三农"发展全局。

吉林省社会科学院郭连强研究员梳理了改革开放以来我国农村土地流转问题并将其历程分为四个阶段：法律禁止和政策松动阶段（1978—1987年）、法律许可和政策规范阶段（1988—2002年）、法律保护与政策支持阶段（2003—2014年）和政策成熟阶段（2015年至今）。对未来土地流转和"三农"发展问题提出了五点政策建议：一是完善土地流转中的产权抵押制度、信贷市场和要素市场；二是建立农民保障体系，减少农民土地流转的后顾之忧；三是完善农村土地产权交易平台，规范农地流转市场；四是通过技术引进，降低买卖双方的信息不对称，降低交易成本；五是通过确权赋能，创新农村经济经营形式，为土地流转和新型信贷提供良好的外部环境。

四川大学纪志耿教授梳理了习近平关于"三农"工作重要论述的发展脉络与创新性贡献，指出习近平关于"三农"工作重要论述既包含了对各个行政层级"三农"工作的经验总结和理论概括，又体现了对新时代中国特色"三农"问题的系统思考。其创新性贡献表现在："三农"重要性认识由"重中之重"向"优先发展"转变；"三农"工作总目标由"农业现代化"向"农业农村现代化"转变；

农业经营由双层经营向多元经营转变;城乡关系由城乡统筹向城乡融合转变;减贫战略由消除绝对贫困向缓解相对贫困转变。

河南农业大学赵意焕副教授指出,中国共产党以马克思主义经典兴农思想为指导进行农村改革,百年发展历程充分证明了只有社会主义生产方式,才能够孕育和承载社会主义政治生活和精神文化生活,才能够有效促进农村农业各方面的进步。新的历史时期,要更加重视党在农村工作中的领导地位,更加重视农村劳动者的主体地位,更加重视社会主义生产目的和社会主义经济规律。

厦门大学肖斌副教授梳理了我国家庭农场的发展历史,并提出对发展家庭农场的建议:第一,土地集体所有制是发展家庭农场的前提和基础,这是区分社会主义家庭农场和资本主义家庭农场的一个重要前提;第二,家庭成员为主要劳动力决定了家庭农场的社会主义劳动性质,现阶段这种劳动性质应该主要表现为自我雇佣或者是带有轻微剥削的小业主形式;第三,全生产要素的适度集中和倾斜流动是家庭农场的发展动力,现阶段只表达为对土地的集中和流转是不全面的;第四,家庭农场不是唯一或主要的经营组织形式,还需要集体经营的统筹协调。

(三)建党百年来其他理论与实践问题的研究

上海市发展改革研究院傅尔基研究员梳理了中国共产党领导的百年所有制变革史。百年来中国共产党带领全国各族人民,将马克思主义理论与中国具体实际相结合,开展了深刻、广泛、独特、有效的新民主主义所有制变革与中国特色社会主义所有制变革。进入新时代,必须以习近平新时代中国特色社会主义理论为指导,坚持“两个毫不动摇”方针,全面深化改革,积极发展混合所有制经济,加快构建和服务以国内大循环为主体、国内国际双循环相互促进的新发展格局。

中共浙江省委党校杨俊副教授从中国共产党自诞生以来的百年发展轨迹出发,系统回答了马克思主义政党有效驾驭资本的逻辑。他指出,这背后的成功之道在于驾驭资本逻辑必须一切从实际出发,分阶段精准施策,防止跌入“左”与“右”的泥潭;必须坚持以公有制为主体,坚持中国共产党对一切工作的领导;必须着眼长远,探索发展资本、利用资本、治理资本、消灭资本的全过程规律;必须让中国共产党在应对与克服资本矛盾的过程中走向成熟与强大。

电子科技大学欧阳彬副教授回顾了中国共产党领导金融建设的百年历程。他将中国共产党领导下的百年金融史划分为四个阶段,提出了中国共产党领导金融建设的基本经验:一是牢固宗旨意识,秉持金融建设服务人民的价值理念;二是坚持阵地意识,始终把握党对金融建设的领导权;三是树立科学意识,保证金融建设遵循客观规律;四是强化制度意识,不断推进金融建设的制度化进程;五是明确创新意识,与时俱进推进金融建设思想创新。

二、中国特色社会主义政治经济学创新与中国式现代化道路

习近平指出："马克思主义政治经济学要有生命力，就必须与时俱进。"与会学者立足于我国国情和发展实践，深入研究我国经济面临的新情况、新问题，揭示新特点、新规律，提炼和总结我国经济发展实践的规律性成果，把实践经验上升为系统化的经济理论，不断开拓中国特色社会主义政治经济学新境界。

（一）中国特色社会主义政治经济学的理论创新

中共广东省委党校郑志国教授对中国现代化进程中的生产力升级换代问题进行了深入剖析，将人类社会生产力分为四代：第一代为采集狩猎生产力；第二代为农业手工业生产力；第三代为机械电气化生产力；第四代为生产智能化生产力。对于发展第四代生产力，提出了六点建议：一是要正确认识第三次生产力升级换代的历史趋势；二是大力发展生态碳汇农业，通过生态农业的发展实现碳平衡；三是加快水能、风能、太阳能等清洁能源对石油煤炭的替代进程；四是大力推进制造业的智能化和清洁化；五是建立和完善有利于发展第四代生产力的生产关系；六是加强发展第四代生产力的国际合作。

吉林大学李政教授从三个方面充分阐释了新发展阶段国有企业的功能定位与重要作用：首先，国有企业是经济高质量发展的主导力量。国有企业是我国现代产业体系的重要支撑，是国家创新体系的重要组成部分，是建设世界一流企业的主力军。其次，国有企业是国家战略的重要支撑力量。国有企业在构建新发展格局中发挥关键作用，在实施创新驱动发展战略、实现高水平科技自立自强、确保产业链安全稳定等方面发挥排头兵和"压舱石"作用，在"一带一路"建设中发挥主力军作用。再次，国有企业是实现社会公平与共同富裕的重要保障力量。国有企业具有以人民为中心、发展成果全民共享的性质和特点，具有保证社会公平正义的功能，具有维护和保障劳动者合法权益、促进共同富裕的特点与功能。

复旦大学高建昆副教授立足于我国新发展阶段，从理论与实践两个层面分析了新发展格局下扩大内需战略基点的理论逻辑与核心要义。理论层面，扩大内需战略基点要以新发展理念为引领，遵循按比例分配社会劳动的规律，统筹把握供给侧与需求侧、内需与外需的辩证关系，以推动构建以内需为基础、内需和外需协调发展的需求体系。实践层面，扩大内需战略基点要从消费需求和投资需求两个基本面系统推进，高质量地全面促进消费需求以实现经济循环的畅通，高水平地系统拓展投资空间以实现高水平的自立自强。

党的十八大以来我国开启了全面深化改革的新时期，吉林财经大学孙亚南副教授总结了党的十八大以来我国经济体制改革的突破性进展与成效。在

所有制改革方面，稳步推进农地“三权分置”改革和三项试点改革，深化国资国企改革，更大力度支持非公有制经济发展；在分配制度改革方面，完善初次分配机制，规范收入分配秩序，大力扶贫减贫和提高农民收入，注重再分配领域中税收和社会保障的调节作用；在市场经济体制改革方面，重点推进要素市场改革，推进“放管服”改革，创新和完善新时期中国特色宏观调控经验总结。

(二)中国现代化发展道路的实践探索

近年来，数字经济的发展成为学术界的研究热点。结合我国数字经济发展的新趋势，吉林大学纪玉山教授从数字经济的内涵与特征、发展趋势与挑战、对策建议三个方面进行了深入研究。他指出，数字经济是数字化、网络化、智能化的新经济形态，面对我国数字化经济发展的新趋势和新挑战，提出发展数字经济的八项举措：一是发挥中国特色社会主义市场经济体制优势，集中力量办大事；二是加快大数据、云计算、计算机识别、机器深度学习等人工智能领域的关键核心技术创新；三是数字经济不能和传统经济相脱离；四是以智能化提升社会治理水平；五是以智能化为人民群众创造高品质生活；六是突破数字信息垄断瓶颈，最大限度地实现数据共享；七是支持并引导数字经济的特大型骨干企业健康发展；八是加强数据产权制度建设。

南京财经大学王爱华副教授围绕如何解决数字平台经济的垄断问题进行了研究，指出数字平台经济具有天然的垄断倾向，经历了从自由竞争到初级垄断再到双轮垄断的发展过程，双轮垄断带来了数据垄断、流量垄断、市场垄断和不正当竞争问题。为应对平台经济垄断，应当从规范数据建设、建立流量分配机制、树立行为监管理念、建设平台中立制度等方面实施综合治理。

以“管资本为主”深化国资国企改革的背景下，相较于国有资产委托代理，国有资本委托代理一词更能够准确反映改革深化的时代内涵。吉林大学魏益华教授通过构建国有资本委托代理数理模型和博弈模型，对如何进一步提高国有资本委托代理经营效率提出四点建议：一是推动国有资本投资公司与运营公司高效配合；二是健全与国有资本经营双重诉求相配合的短期薪酬激励制度；三是打造明晰稳定的国有资本委托代理经营制度环境；四是推进国有资本经营管理数字化平台建设。

上海财经大学陆夏副教授指出，应对当代国际垄断资本主导下的新型技术全球垄断新战略，要从政府与企业两个层面采取相应策略：一是要鼓励规模化资本的发展，加大政府财政支出对高科技的研发投入；二是要积极参与并主导国际技术标准的制定；三是要警惕虚拟化国际垄断资本对我国高科技行业的渗透；四是要高度重视农业技术的扩散，从政策上加强在农业核心技术领域上的研发投入。

东北师范大学孙业霞副教授指出，在构建人类命运共同体进程中，中国在推进“一带一路”倡议、构建发展中国家命运共同体、发展全球伙伴关系、参与全球治理等方面都体现了责任与担当,此外还分析了资本主义新变化对构建人类命运共同体的双重影响。

(三)中国特色社会主义政治经济学方法论的守正与创新

上海财经大学马艳教授从马克思主义政治经济学视角对数字经济在理论和实践中的热点问题作出了思考和回应,认为数字经济为马克思主义政治经济学提出了挑战,带来了诸如数字经济的价值来源、数字经济的劳动关系、数字经济的新生产要素、数字经济的新劳动方式、马克思关于生产过程"四过程法"的新变化、数字经济的新循环体系等问题。她指出,一方面我们要坚信数字经济所带来的新变化没有离开经典马克思主义的逻辑,另一方面要积极运用马克思主义经济学原理去解释以上提出的相关问题。

复旦大学周文教授认为,我国社会主义市场经济不被西方接受,一个重要原因是我们的市场经济概念一直是在西方的话语体系下,他强调政治经济学的发展特别是社会主义市场经济理论必须要建立我们自己的话语体系和理论逻辑。在中国特色社会主义政治经济学中,有特别重要的两点:一是政府的作用,中国发展的奇迹,政府的作用是功不可没的,政府在经济发展中的作用是中国特色社会主义政治经济的特点;二是市场经济不是西方的产物,事实上早在战国时代,我国就有了市场的概念和实践,市场经济发展的基础不是私有制而是交换。

吉林财经大学魏旭教授从学理视角出发,对如何在马克思主义整体性视域下坚持马克思主义政治经济学的学理地位进行了深入剖析,梳理了马克思主义理论的形成过程和重要观点及贡献,列举了诸多中外学者的学术观点与批判意见,从中外马克思主义理论发展的现实出发,表达了政治经济学在马克思主义理论中逐渐被边缘化的担忧。

三、马克思主义经济学原理及其对西方经济学的批判借鉴研究

中国社会科学院程恩富教授曾指出,对于西方经济学我们要秉持既批判又继承又超越的科学态度,在坚持马克思主义经济学原理的基础上,我们还要对吸收借鉴的理论进行合理超越。

(一)运用马克思主义经济学原理对西方错误理论的批判

"三要素创造价值理论"起源于200年前萨伊提出的"三位一体公式",即劳动、资本和土地三要素共同创造价值。在"三要素创造价值理论"基础上逐渐发展出"边际生产力理论"。北京师范大学白暴力教授对该理论进行了系统批判,指出边际生产力理论具有三个内在逻辑缺陷:一是资本的测度与新古典生产函数的存在性问题;二是成本函数的成立性问题;三是"没有剩余"假定前

提的一般性与最大利润二阶条件存在性问题。这些逻辑缺陷外在地表现为对现实问题解释的三个理论困难:分配主体确定的困难、“贡献”确定的困难和无所有权要素“贡献”归属问题。他提出,马克思建立的科学的劳动价值理论以及在此基础上的分配理论,在理论上具有自整性,不存在类似于“三位一体公式”命题的内在逻辑缺陷。

“置盐定理”是对马克思在《资本论》中揭示的一般利润率趋于下降规律的系统性反驳。四川大学张衔教授指出,批评置盐定理的文献存在两个缺陷:未追究作为该定理论证基础的生产价格说是否成立;未深入考察定理所隐含的经济理论基础之真伪。通过对置盐定理批判性解构,张衔教授逐一指出置盐定理的逻辑错误,并指出置盐的生产价格完全背离马克思的定义,是商品流通加价的产物,定理遵循的是斯密价值论和李嘉图转型论的庸俗成分。置盐不理解一般利润率趋于下降恰恰是单个资本追求超额利润的复合结果,这是资本家的“囚徒困境”。

庞巴维克是奥地利学派第二代领军人物,他提出“时差利息论”,其核心观点是一切资本利息的来源在于现在物品和未来物品的价值之间存在差别。陕西师范大学姚宇副教授运用马克思主义政治经济学基本原理对庞巴维克“时差利息论”进行了全面批判:从居民行为视角,混淆了浪费与消费的关系;从厂商行为视角,混淆了社会储蓄选择与社会技术选择的根本不同;从分配视角,混淆了市场信用和资本的不同;从金融视角,丧失了利率领域的历史判断。

(二)运用马克思主义经济学原理对西方错误思潮的批判

中国科学技术大学黄卫东副教授指出,美国大张旗鼓地宣传私有化,隐藏其后的深层目的是输出美元,控制别国经济。他分析了我国市场经济运行中存在的问题,认为央行应将外汇储备交给政府,不得增发人民币购买外汇;政府应安排专业人员负责,将大部分外汇储备逐步投入外汇交易市场,推动人民币汇率增加;政府应大力发展公有经济,取消一切优待外资的政策,不得动用人民币资金购买外来投资者的外汇。

受西方自由主义思潮影响,我国经济发展中出现了非公资本无序扩张的现象。天津理工大学乔惠波副教授认为,资本具有促进生产力发展的一面,也有无序扩张破坏经济发展的一面。马克思所开创的超越资本逻辑的实践之路,在社会主义中国成为现实,社会主义基本经济制度的建立使中国实现了对资本逻辑的超越。为此,要从坚持和发展基本经济制度的视角出发,强化制度的治理效能,限制和约束资本无序扩张的冲动,引导和规范资本投资行为,有效防止资本无序扩张带来的风险。

“虚假需要”是法兰克福学派的重要代表人物马尔库塞在《单向度的人》一书中提出的概念。中国社会科学院博士后李静对“虚假需要”进行了批判分析,指出“虚假需要”的本质在于满足资产阶级对于超额剩余价值的追求,它通过广告、促销和公关等市场营销手段在全社会广泛传播，给人带来了无尽的精神痛苦，阻碍了社会的进步。“虚假需要”的破解之道在于个人对受奴役状态的觉悟、制度更替以及审美革命。

在资本逻辑的推动下，原本作为一种“生活需要”的娱乐逐渐走向阻碍人自由全面发展的“过度娱乐”。上海社会科学院经济所助理研究员谢超基于政治经济学的分析方法，从资本逻辑的视角考察了资本主义生产方式背景下“过度娱乐”的形成过程、原因及其影响。通过评述正统与非正统经济学关于消费者行为的相关理论，明确了娱乐产品过度需求的性质——资本创造出的“虚假的需要”，指出使娱乐回归“生活需要”属性的核心是驾驭娱乐业背后的资本。

四、海派经济学经济理论与政策创新

海派经济学自 1995 年创建以来，在学派带头人程恩富教授的带领下，不断推陈出新、探索真理，提出了诸多理论创新点，为中国特色社会主义政治经济学理论创新和发展作出了重要贡献。

(一)对社会主义市场经济分配理论的新探索

程恩富教授创造性地提出了“五次分配方式论”，为新马派政治经济学即海派经济学又增加一个理论创新点。“五次分配方式论”是包含分配原则、分配途径和分配层次的系统的分配理论：一是起决定作用的“劳主资辅”分配方式。“劳主资辅”分配方式是公有制为主体、非公有制为辅体的产权基础决定的。二是起辅助作用的“国家法策”分配方式。国家的法律、法规和政策，既会影响到作为微观主体的企事业单位的初次分配（如国家规定每小时或每月最低工资），也会较全面影响个人、家庭、群体、阶层、城乡、地区、产业和民族等再分配。三是起调节作用的“物价变动”分配方式。市场主体和政府制定或调整与生活有关的消费资料（含住房）和劳务价格，都会影响财富和收入的重新分配。四是起胀缩作用的“资本市场”分配方式。证券、债券等资本市场的价格变动，会引起参与者财富和收入的膨胀或收缩变动。五是起微补作用的“捐赠穷弱”分配方式。应鼓励有条件的个人和单位捐赠财物给穷人、弱者和遭灾难者等。

南开大学张俊山教授从马克思基本原理出发，对有学者提出的“三次分配论”进行了分析。他指出，一次分配不同于马克思主义理论中的初次分配，二、三次分配也不同于再次分配。在马克思主义理论中，初次分配发生在生产领域，按照劳动力价值进行分配。再次分配发生在非生产领域，是为了维持一定的生产关系运转而进行的，与“三次分配原则”中的第二次分配所强调的公平原则并不一样。他认为应该慎重使用“三次分配”的说法，因为有学者解释的“三次分配”提法忽略了生产关系中的剥削关系，容易陷入市场拜物教观念，本质上与马克思主义以物质生产为中心的思想方式是不相容的。

(二)对马克思主义政治经济学的继承和发展

对外经济贸易大学杨国亮教授指出,实现人类异化“复归”和彻底解放是马克思毕生的理想。社会主义的价值目标是:一方面使人们成为“自然界的自觉的和真正的主人”,为此要解放生产力、发展生产力;另一方面使人们成为“自身的社会结合的主人”,为此要消灭剥削、消除两极分化。我们必须清醒地认识到,现阶段全面建成小康社会只是万里长征走完了第一步,距离使人们成为自然界的自觉的、真正的主人和自身的社会结合的主人、实现人的自由而全面的发展还有漫长的路要走。

福建师范大学鲁保林教授从新帝国主义的角度揭露了资本主义治理体系的系统性缺陷。他认为,新帝国主义是全球化金融化条件下垄断资本主义的特殊发展形态,是全球性垄断、高度金融化虚拟化、新自由主义主导的资本主义。新冠肺炎的全球蔓延,再次暴露了资本主义治理体系的系统性缺陷,相比之下,以中国为代表的新兴经济体表现强劲,持续引领全球增长。以此为起点,人类极有可能实现对资本主义体系的历史性超越,尽管社会主义从整体上取代资本主义是一个漫长而又艰辛的过程,但社会主义的兴起将是一种不可逆转的历史趋势。

吉林财经大学孙立冰副教授指出中国经济学的现代化发展是时代的呼唤,将西方经济学的“本土化”或“中国化”作为中国经济学现代化的构建目标是国内较有代表性的错误观点。构建中国特色社会主义政治经济学必须厘清中国经济学的现代化与中国经济学“全盘西化”的界限。中国经济学现代化的指向绝不是西方经济学,评判是否是现代化经济学,关键在于它能否揭示现代经济发展中的客观规律,能否解决时代所面临的重大问题。马克思主义政治经济学才是中国经济学走向现代化的科学道路。

南京信息工程大学贾后明教授指出,从思想传承来说,国家创新驱动战略并不是来自西方经济学的创新理论,而是《资本论》创新理论在当代社会主义国家发展中的具体实现。国家创新驱动战略从国家战略层面树立了社会创新的主体和动力机制,必须深化创新理论,激发社会各方的创新。要用唯物史观的科学方法,深刻地领会和把握习近平创新思想的历史传承和当代价值,为全面理解和实施国家创新驱动战略提供更加坚实的理论支撑。

中共四川省委党校王伟副教授提出了“红色经济思想”的概念。他指出,中国共产党百年红色经济思想史是一部始终为中国人民谋幸福、为中华民族谋复兴,持续探索现代化的奋斗历史。中国共产党的百年红色经济思想始终围绕“以人民为中心”的思想理念,以马克思主义政治经济学为思想来源,以问题为导向的矛盾论和实践论为思想方法,以生产力得到解放、发展和保护为评价标准,孕育了一系列符合历史逻辑和时代发展要求的经济发展新思想、新论断。

美国的医疗卫生体系问题是美国左翼学界长期探讨的热点之一。中国社会科学院博士后符豪指出，美国医疗体系以权力分配资源、以资本剥削病患，带有显著新帝国主义特征。新冠疫情造成美国医疗卫生体系崩溃的根本原因是资本主义的政治制度和经济制度。这些批判对新时代我国扩展马克思主义研究视野、洞悉当代资本主义发展实质、维护人民群众健康福祉具有重要理论价值和重大现实意义。

在本届年会上，中国政治经济学学会颁发了第四届"程恩富政治经济学奖"。会议决定 2022 年中国政治经济学学会第 32 届年会在上海对外经贸大学举行。

海派经济学
第20卷第1期，2022 Journal of Economics of Shanghai School No. 20,1,2022

建党百年与马克思主义政治经济学的创新发展

——第十届全国马克思主义经济学论坛暨第十一届全国马克思主义经济学青年论坛综述

齐义军　赵晓倩

为庆祝中国共产党成立100周年，深入贯彻习近平总书记"七一"重要讲话精神，鼓励青年学者坚持用马克思主义观察时代、解读时代、引领时代，中国社会科学院马克思主义理论学科建设与理论研究工程、中国社会科学院马克思主义研究院和内蒙古师范大学联合主办，中国人民大学书报资料中心和《政治经济学研究》、《世界社会主义研究》、《海派经济学》、《内蒙古社会科学》、《内蒙古师范大学学报》、《前沿》、《内蒙古农业大学学报》等编辑部协办的"第十届全国马克思主义经济学论坛暨第十一届全国马克思主义经济学青年论坛"于2021年7月20日在内蒙古师范大学召开。来自中国社会科学院、北京大学、清华大学、中国人民大学等全国50多所高校、科研院所的200余位专家学者围绕"中国共产党成立100周年与马克思主义政治经济学的发展和重要贡献"进行了广泛而深入的研讨，提出了许多具有理论和实践价值的观点。

内蒙古师范大学副校长王来喜教授主持开幕式。中国社会科学院马克思主义研究院党委书记、副院长辛向阳致辞指出，深入学习和领会习近平总书记在庆祝中国共产党成立100周年大会上的讲话精神，是全国哲学社会科学理论学者的第一要务，以习近平总书记"七一"重要讲话精神指导当前的马克思主义经济学的理论研究工作，是全党全国学习工作的重要内容。马克思主义经济学的青年学者们要紧密团结在中国共产党的旗帜下，把青春奋斗融入党和人民的事业，在学术岗位上坚持中国人的志气、骨气和底气，矢志建立具有中国风范的新时代马克思主义经济思想，切实成为有视野、有担当，经得起风雨历练，勇于践行初心使命的先锋力量。内蒙古师范大学党委书记阿拉坦仓教授致辞指出，马克思主义政治经济学是马克思主义的重要组成部分，也是我们坚持和发展马克思主义的必修课，我们要深入学习习近平总书记的重要讲话精神，不断开拓当代中国马克思主义政治经济学新境界，为马克思主义政治经济学创新发展贡献中国智慧。"青年学者强，则中国学术强；青年学者兴，则

作者简介：齐义军，内蒙古师范大学经济管理学院院长、教授；赵晓倩，内蒙古师范大学经济管理学院硕士研究生。

中国学术兴。”打造和构建具有中国特色、中国风格、中国气派的马克思主义经济学学科体系、学术体系和话语体系，是所有马克思主义青年学者的责任与担当。内蒙古师范大学高度重视马克思主义政治经济学研究，衷心希望各位专家学者能够为该校政治经济学研究和学科建设建言献策、精准把脉，齐心协力推进我国马克思主义政治经济学研究实现新发展。

开幕式后，中国社会科学院学部委员、中国社会科学院大学首席教授程恩富，中国社会科学院马克思主义研究院马克思主义原理研究部主任余斌研究员，中国社会科学院经济研究所、全国马克思列宁主义经济学说史学会副会长张旭教授做主旨报告。内蒙古师范大学经济管理学院院长齐义军教授主持报告会。

获奖论文主题报告由内蒙古师范大学经济管理学院党委书记智如水、辽宁大学张广辉教授主持。经专家评审，共12篇论文获评优秀论文奖。复旦大学高建昆、西北大学吴丰华、张柔、中国农业大学王娜、内蒙古师范大学乔涵、西南财经大学冯鹏程、江苏师范大学马丽娟、北京大学包倩文、兰州大学王寅、四川大学贾卓强、西南大学李真真、北京大学陆一凡、武汉大学戴一帆等12位获奖代表作主题报告，武汉大学周绍东教授、《当代经济研究》编辑部魏旭主任进行了点评。

本届论坛同步开设八个分论坛。中国社会科学院杨静研究员主持闭幕式，中国人民大学赵峰教授、西南大学王丰教授作大会总结发言，河北师范大学张广兴教授代表下一届会议承办方发言。

一、中国共产党百年经济理论的历史变迁与基本经验

百年来，中国共产党基于马克思主义基本原理，从历史方位和发展阶段的现实出发，运用马克思主义政治经济学的方法论形成了具有中国特色的经济思想和经济理论，丰富和发展了马克思主义政治经济学。探究中国共产党百年经济思想历史变迁，进一步深刻领会经济发展规律，掌握促进我国经济发展的新时代经验是本次论坛的一大热点。

（一）分配思想

西南财经大学蒋海曦副教授认为中国共产党创立中国特色社会主义分配制度经历了四个阶段。一是新中国成立到1978年，主要实行从多元分配形式到单一分配形式的阶段；二是1979年至1992年，主要开始尝试以按劳分配为主体、其他分配方式为补充的分配制度；三是1992年到2003年，倡导体现效率优先、兼顾公平的原则，形成了按劳分配与按要素分配并存的分配制度；四是2003年至今，贯彻了处理好效率与公平的关系、再分配应更加注重公平的分配原则，创立完整的中国特色社会主义分配制度的阶段。

四川大学博士研究生贾卓强认为，分配思想蕴含着生产与分配的关系、公平与效率的关系，表现为不同的分配方式和分配原则。其中，分配原则的变化即如何权衡公平与效率的地位、如何处理经济增长与公平正义的关系，经历了由新民主主义革命时期及新中国成立初期的平均主义倾向到改革开放后的兼顾效率公平，再到中国特色社会主义新时代的追求公平正义的转变。分配方式随着所有制结构和经济体制变革而调整，经历了由革命战争时期的供给制到计划经济时期的单一按劳分配制，再到社会主义市场经济时期的按劳分配为主、多种分配方式并存的变迁。

(二)“三农”思想

济南大学冯道杰教授认为，乡村社区发展力决定着乡村经济社会的发展状况，而解决农民问题的两大根本途径是在基层党组织领导下，在农村土地集体所有制和邻里乡情基础上，主要以血缘、地缘、情缘、业缘、趣缘和利益联结等为纽带，不断提升农民的组织化、知识化程度和水平，进而持续增强乡村社区发展组织力、经济力、文化力、政治力和生态力等，提升和增强内生性乡村社区发展力，同步推进新型农村工业化、城镇化、信息化和农业现代化，构建工农互促、城乡互补、协调发展、共同繁荣的新型工农城乡关系。

河南农业大学赵意焕副教授认为，中国共产党以马克思主义经典兴农思想为指导，创新开展农村工作，通过土地革命激活农村生命力(1921—1937年)；通过大生产运动开启打造劳动英雄的时代(1938—1945年)；通过土地改革彻底摧毁封建土地所有制(1946—1953年)；通过合作化运动逐步进行农村社会主义改造(1952—1957年)；通过人民公社的劳动积累改善生产条件(1958—1983年)；通过多样化生产经营方式提高生活水平(1983年至今)。

深圳大学朱与墨副教授发现，毛泽东在深入组织工人运动和农民运动中，在工业与农业产业链存在显著差异的政治经济学逻辑启发下，发现农民的革命性比工人更彻底，因此提出中国革命的“农民问题中心论”，其理论依据是马克思主义政治经济学，其逻辑依据是经济基础决定上层建筑。另外，毛泽东从当时中国城乡人口比例、经济比例和反革命势力比例的结构出发，认为城市离不开乡村，乡村却能不依赖城市而存在，因此创造性地提出了“农村包围城市”的革命道路。

武汉大学硕士研究生戴一帆基于马克思地租理论，认为农村土地政策的核心在于确定所有权、经营权等土地权能的归属，而落脚于农地生产效益，以此为阶段划分标准，分为农民所有自主经营土地时期、集体所有统一经营土地时期、集体所有农户承包经营时期、集体所有农户承包流转经营土地时期四个阶段，阐明以级差地租Ⅰ经由初步呈现、显著回落、充分实现向级差地租Ⅱ跨越为主线的农村土地政策发展逻辑。

(三)生产力思想

兰州财经大学张存刚教授认为,人工智能代替人类劳动创造了价值,引起了整个社会的结构性变革。人工智能的出现虽然改变了传统的生产方式,但并没有动摇马克思劳动价值论的正确性,是对马克思劳动价值论的运用和发展。人工智能实质上是一种生产力形态,作为信息技术时代科技创新的产物,属于生产力范畴,生产力也会因为人工智能的发展而得到更深层次的发展和进步。人工智能机器作为一种生产力的表现形式,其发展具有阶段性特征,对于那些提前掌握了人工智能先进技术的企业而言,人工智能技术的应用会使他们在竞争中处于优势地位,能够通过提高生产率的方式降低生产成本。而对于那些相对落后的企业而言,将在竞争中处于劣势地位。

北京大学张杨副教授认为,应该从生产力和生产关系两个方面去认识现代化的理论内涵。在生产力层面,应包含工业化以及由此得到发展的机械化、信息化、自动化;在生产关系层面,应包含与生产力发展水平相适应的全民所有制和集体所有制为主体的所有制关系。他提出,要联系生产力、上层建筑、全民所有制来完善、夯实、发展集体化理论,在低水平的集体化向高水平的集体化发展的过程中,需要更加注意生产力的发展、社会分工的优化以及商品经济的繁荣,无论是发展生产力还是解放生产力,都需要上层建筑来积极地引导与保护生产力的发展。

(四)反贫困思想

广西大学硕士研究生程仕杰基于劳动者与生产资料相分离、异化劳动、劳动力价格波动、剩余价值生产方式变化等方面阐述无产阶级贫困的转化机制。他认为,无产阶级贫困,除了关注贫困的生理和自然边界,更应重视贫困的社会意义和历史特质,机会平等不同于实际平等,个别工人通过打拼而改变贫穷,但作为无产阶级的大多数工人则难以改变相对贫困。消除无产阶级劳动能力与经济地位的贫困,除了发展生产力,还需要推动市场经济制度的自我调整,打破资本积累的“贫困积累”,扭转无产阶级贫困化趋势。

中国社会科学院大学博士研究生吕晓凤提出,中国共产党反贫困的发展历程可以划分为四个阶段:民主革命时期中国共产党反贫困事业的艰难起步、新中国成立后中国共产党反贫困事业的系统开展、改革开放以来中国共产党反贫困事业的快速推进、新时代中国共产党反贫困事业的决战决胜,得出了中国共产党是中国反贫困的领导力量、人民群众是中国反贫困的主体力量、中国特色社会主义制度是中国反贫困的根本保障、共同富裕是中国反贫困的战略目标、立足实际是制定反贫困策略的基本遵循、发展的理念是中国反贫困的行动依据等基本经验。

二、马克思主义政治经济学基础理论及其时代价值

中国特色社会主义政治经济学的研究不能仅局限于马克思对所处时代的资本主义自由竞争经济关系及生产方式的研究,而是要在理论和实践中更突出对社会主义初级阶段生产关系等问题的研究。与会代表将马克思主义政治经济学与当代中国具体实际相结合,对马克思主义政治经济学进行了具体化的理论研究和发展。

(一)经典著作理论研究

中国社会科学院学部委员、中国社会科学院大学首席教授程恩富教授在主旨报告中指出,《资本论》既是揭示资本主义经济特殊规律,又是研究社会主义经济一般规律的理论,是社会主义市场经济理论的科学基础。他认为,中国特色社会主义政治经济学研究需要把握十大要义:以马列主义及其中国化经济理论为研究导引;以初级社会主义物质和文化领域的经济关系或经济制度为研究对象;以唯物史观和唯物辩证法为研究要法;以揭示初级社会主义社会不同的经济规律为研究任务;以公私商品及其内部矛盾运动为研究起点;以劳动为研究元概念、以公有剩余价值理论为研究主线;以主体性公有资本与自由联合劳动的关系为研究轴心;以维护工人阶级和劳动人民利益为研究立场;以不断满足全体人民日益增长的美好生活需要为研究目的;以完善初级社会主义经济关系促进生产力和上层建筑现代化发展为研究方针。

中国社会科学院马克思主义研究院马克思主义原理研究部主任余斌研究员将马克思主义微观经济学分为资本主义微观经济学和社会主义微观经济学。他认为,资本主义微观经济学可以由《资本论》中只涉及单个资本的内容构成,社会主义微观经济学要研究社会主义国家内部不同经济成分性质的经济单元的生产方式以及与之相适应的生产关系和交换关系。马克思主义宏观经济学分为资本主义宏观经济学和社会主义宏观经济学。其中,资本主义宏观经济学可以由《资本论》中涉及多个资本甚至社会总资本的运动的内容构成,核心问题是社会总资本的价值补偿和物质补偿;社会主义宏观经济学特别要研究计划经济的经验教训和社会主义市场经济的宏观调控。

中央党校讲师毕照卿基于马克思《资本论》的第六章《直接生产过程的结果》,分析直接生产过程视域内贫困的生成逻辑,认为马克思从异化劳动的角度分析了异化劳动与工人阶级贫困问题的内在关联,揭示了工人在劳动中只能不断致贫的必然结局与社会层面上"分裂为两级"的必然趋势,这些论断都离不开对直接生产过程以及作为直接生产过程结果的商品和生产关系的探究。

北京大学博士研究生毛菲认为,对"私有财产的本质是异化劳动"的认识

形成了马克思货币拜物教批判的萌芽，而货币拜物教批判的逻辑基础为货币是“劳动必然表现为价值”的中介。在《资本论》中，马克思将货币拜物教批判呈现为系统的逻辑化表述，包括 3 个逻辑环节：第一环节为“劳动必然表现为‘价值’——商品——货币”，也就是探究货币自身的形成过程；第二环节是对“价值必然表现为货币自身的自然属性”这一客观事实的反映；第三环节是对金钱崇拜的批判。

（二）当代资本主义新变化研究

辽宁大学周健教授认为，以美国为代表的发达资本主义国家在资本主义私有制下实现了一定程度的城乡融合和统一发展，但只是完成了部分生产力意义上的城乡融合和统一发展，生产关系上的城乡分离和对立依然长期存在着。因此，资本主义社会为城乡融合和统一发展创造了物质前提，也会在一定程度上转化为现实，不过是不彻底的，而城乡融合和统一的真正实现必须坚持生产资料公有制。

西南财经大学蒋海曦副教授认为，单边主义及金融霸权是在当代金融资本主义高度垄断及高度泛化基础上进一步发展的必然结果。资本主义已从 19 世纪末 20 世纪初到第二次世界大战后的早期金融资本主义，发展到 20 世纪 80 年代至今的现代金融资本主义，超级垄断与高度泛化成为当代金融资本主义的重要表现形态及社会基础，而高度泛化将使金融商品乃至金融资本高度扩张，超级垄断使金融商品乃至金融资本的垄断地位得到极大加强，从而经常发生不同于其他资本主义社会时期的危机。超级垄断与高度泛化的进一步加强，必将导致当代金融资本主义崩溃的宿命。

郑州轻工业学院讲师裴卫旗提出，在经济金融化条件下，现代金融资本背离其原有职能，变成与其自身相异的一种资本，形成了在虚拟经济形态基础上相对独立的功能变异，金融资本供给出现不合理现象，降低了经济基础与社会根基的稳定性，导致经济衰退，驱使贫富分化，成为历次危机的源头，而金融资本异化会带来实体经济萎缩、信用崩溃、社会风险加大、贫富差距扩大等问题，要使金融资本还原到本原，资本必须通过自由流动来达到最优配置，同时要发挥好政府干预和市场的作用。

内蒙古师范大学讲师乔涵基于对美国股份资本职能形态与虚拟形态的价值偏离的考察，发现其泡沫形成和破裂的周期性过程，在 20 世纪 80 年代以后呈现出几个比较明显的特征：股份资本虚拟形态价格同职能形态价值偏离的存在性和周期性；股份资本职能形态与虚拟形态价值偏离程度的波动周期不再与经济繁荣和衰退的周期高度吻合；股份资本职能形态与虚拟形态的价值偏离从低谷到复苏的周期明显缩短，也就是股票市场的衰退期明显缩短；股份资本职能形态与虚拟形态价值偏离程度的波动频率与幅度都有所提高，即股票市场价格的波动和震荡变得愈加频繁和剧烈。这种更为频繁和剧烈的波动和震荡本身就是私人性与社会性之间矛盾不断积累和加深的现实表现之一。

(三)政治经济学基础理论的时代价值

福建师范大学蔡华杰教授从马克思的劳动价值论出发，解释其是否具有反生态性，以及对生态危机的解决是否具有现实意义，认为自然要素并不形成价值，但资本主义劳动的二重性、资本主义劳动过程的二重性和资本主义财富的二重性导致了自然也在其中呈现二重性，即自然的“自然形式”和“社会形式”。

武汉科技大学陈秀华教授基于马克思主义剥削观，认为以公有制为主体、多种所有制共同发展的社会主义初级阶段仍然存在剥削，且剥削具有必然性、进步性、可控性和过渡性，其剥削形式可划分为合法剥削与非法剥削。合法剥削可分为私营企业主剥削、外资企业剥削、国企老总高额年薪中的剥削等。非法剥削由私营企业主、外资企业超经济剥削和政府官员、党政干部以权谋私、权钱交易等非法收入构成。

南京信息工程大学贾后明教授认为，从思想传承来说，国家创新驱动战略来自马克思主义关于生产力发展和社会创新思想。国家创新驱动战略要着重解决两个方面的问题：一是基础领域的创新和关键领域的创新；二是发挥市场在创新驱动上的决定性作用，确立企业技术创新的主体地位，形成积极研发的体制机制，实现创新的市场价值。

上海海事大学韦镇坤副教授认为，新技术时代发展马克思劳动价值论，是马克思理论与时俱进的内在要求，也是马克思劳动价值论科学性的体现。只有结合当今时代解决技术工作者创造价值的问题，才能进一步丰富和发展马克思劳动价值论。“数字劳动”作为一种特殊商品，它的生产不仅能创造出本身的价值，而且出售后还可以进一步创造价值，但是这种新的形式的特殊商品并没有改变人的活劳动创造使用价值，仅仅是“劳动”形式的改变，其本质仍然符合马克思劳动价值论的逻辑思维。

北京理工大学博士研究生李旖旎认为，恩格斯最早关注工人的生存境况。恩格斯认为，工资的低廉、劳动时间的强制性延长，以及资产阶级对工人教育的漠不关心是造成工人教育状况极端恶劣的根源。为改变工人的教育状况从而改变他们的生存境况，恩格斯不仅拟定了包括义务教育、工厂教育、未来教育在内的三个基本教育设想，而且指明了争取教育独立的根本策略，即无产阶级联合起来共同消灭产生竞争的资本主义私有制。恩格斯的这些思想对于我们认识当前中国工人阶级的状况，进而贯彻落实“十四五”规划提出的“加快提升劳动者技能素质”、“保障劳动者待遇和权益”等重要举措，具有十分重要的指导意义。

中国社会科学院大学博士研究生潘越认为，在社会市场经济条件下，价值规律表现为新的形式。以生产力为终极标志、生产关系为直接标志，可以将价值规律演变划分为三阶段:简单商品经济的价值阶段、资本主义商品经济的生产价格阶段和社会主义商品经济的社会生产价格阶段。他认为,实现社会主义市场经济的优势,就要在充分认识价值规律演变阶段的基础上做到发挥价值规律社会生产价格阶段的特色,防止资本主义商品经济对社会主义市场经济价值规律的扭曲,将计划规律与价值规律有机地结合起来。

三、马克思主义政治经济学中国化及新时代指导价值

百年来,中国共产党推进马克思主义政治经济学中国化的经验,呈现了理论自觉、创新自觉、问题自觉和时代自觉。在新时代,以习近平新时代中国特色社会主义经济思想为核心的中国特色社会主义政治经济学不断丰富完善,面临百年未有之大变局,提出了"数字经济与实体经济融合发展"、"高质量发展与现代化经济体系建设"、"构建双循环新发展格局"等推动国民经济发展的战略任务,指明了新时代中国特色社会主义政治经济学研究的现实课题,与会代表对此进行了热烈讨论。

(一)习近平新时代中国特色社会主义经济思想研究

中国社会科学院经济研究所、全国马克思列宁主义经济学说史学会副会长、秘书长张旭教授做主旨报告,对习近平新时代中国特色社会主义思想经济方面的内容进行了深入阐述,解读了新发展理念、中国特色社会主义基本经济制度等一系列重大理论和现实问题。他认为,社会主义市场经济体制能够有效防范资本主义市场经济的弊端,在社会主义市场经济条件下,公有制和非公有制经济具有不同的功能和优势,各自发挥着不可替代的作用,二者是相辅相成、相得益彰的,而不是相互排斥、相互抵消的。

陕西师范大学吴正海副教授阐述了习近平总书记从新常态、供给侧结构性改革到新发展理念,深刻揭示了我国经济发展的阶段性特征。其中,新发展理念是针对新时代我国发展面临的问题而做出的回答,是改革开放以来中国改革发展经验的集中体现,是中国共产党对中国发展规律认识的深化拓展,是中国共产党治国理政思想的重大理论创新,是对中国特色社会主义政治经济学的丰富发展,是习近平新时代中国特色社会主义经济思想的重要组成部分。

广西区委党校种项谭副教授认为,习近平经济思想是习近平新时代中国特色社会主义思想的有机组成部分,是马克思主义政治经济学中国化的最新理论成果,并且随着实践的发展不断增加新的内容,不断开拓中国特色社会主义政治经济学新境界。习近平经济思想的理论特性是理论创新的系统性、兼收并蓄的包容性、与时俱进的实践性。习近平经济思想以继承和发展马克思主义政治经济学和中国特色社会主义经济思想为主,是推动我国经济发展实践的理论结晶,也将在引导我国经济高质量发展过程中不断丰富发展。

复旦大学博士研究生陈海若对习近平总书记关于共同富裕的论述进行概括。他认为，习近平总书记对共同富裕的内涵阐释主要包含四个层次：共同富裕是全体人民的共同富裕，包含各个领域的协调发展，实现具有渐进性，是以人民为中心发展思想的重要体现。

（二）数字经济与实体经济融合发展研究

山东财经大学崔宝敏副教授认为，在“新式分工”下，劳动在形式上既具有自由性也具有联合性，但从本质上来说，都是平台资本控制下的相对自由和相对联合，劳动者依然是产业资本增值链条的一环。“新式分工”下，雇佣关系不再表现为单一企业通过固定职位对劳动者的直接雇佣，而是突破了地域界限和时间限制的不在雇佣和无形雇佣模式，其表面上使劳动者具备了自由劳动的形式，本质上真正实现了平台资本对“自由职业者”的整体不在剥削。只有突破对生产资料所有制的整体物质束缚，新式分工以及自由人的联合体才能真正成为现实。

福建社会科学院孙璇副研究员认为，马克思的“机器工人论”是历史唯物主义解剖新型“人机关系”并探索“人机和谐”新型生产关系的重要理论依据和源泉。人工智能发展过程中劳动者与智能机器之间形成了新型“人机关系”，它既有和谐共生的一面，又存在矛盾对立的特质，其背后的劳资关系也趋于复杂化，反映着人工智能应用的生产逻辑和资本的技术治理逻辑。构建新型“人机关系”必须妥善引导新型“人机关系”中的资本治理逻辑，维护“机器代人”的劳动力更替秩序，保障智能化生产中的劳动主体性。

北京大学博士研究生包倩文认为，随着数字技术的发展，平台劳工与传统雇佣劳动者相比，在工作时间、工作空间和劳动方式上都发生了巨大变化。平台对劳动者的控制同时存在于生产过程和劳动力市场中，平台经济下，劳动者劳动过程具有强吸引和弱契约并存、强控制和弱反抗并存的特征。这种生产组织形式和劳动控制的转变对劳动者的影响主要表现为两个方面：一方面，多样化的就业形式有利于增加劳动者的收入，提高劳动参与率；另一方面，就业的不稳定性日益深化，劳动者依附平台进行再生产，劳动者及其家庭的再生产处于极不稳定的状态。

兰州大学博士研究生王寅认为，平台资本主义的实质还是数字资本主义的发展形式，平台这种强大的数字引擎垄断了海量的数据，将人类由物化带至数字异化，由商品拜物教带至数字拜物教。因此，要规制数字平台所引致的无形资本垄断和无序扩张，必须坚持和规范社会主义平台经济，将社会主义的法治与平台经济相接榫，把握平台经济运行规律，监控数字剥削，有序建立健全社会主义平台经济治理体系，从而消灭隐性平台私有制和“数字资本逻辑”。然而消灭数字剥削和数字贫困则必须发展新共产主义实景下的人民主权力量，建立全体人民当家做主的共产主义社会。

中央党校博士研究生刘伟杰对数字劳动的结构展开分析，他认为，与传统物质劳动不同，数字劳动分为雇佣数字劳动和非雇佣数字劳动两种形式，前者主要由企业雇佣体系内生产经营数据的劳动构成，后者则主要由个人数据、中间数据、公共数据的劳动构成。由于非雇佣劳动形式的出现，数字商品的价值构成也分为两个层面：一是雇佣劳动产生的价值；二是非雇佣劳动产生的价值。资本家能够同时占有两种劳动成果。在分析数字劳动的基础上，提出了“数字化的人”这一范畴，认为它呈现出三个方面的特征：第一，资本主义生产方式下“数字化的人”并不拥有关键性生产资料的所有权；第二，资本为“数字化的人”的劳动力再生产所付出的代价大幅降低；第三，数字劳动过程中劳方对资方的依赖性进一步加深。

北京大学博士研究生石先梅认为，数据生产要素在社会生产过程中的作用日益提升，但数据确权却面临着如何在保护私人信息的同时提高数据利用效率的难题。私人数据同时具有人格属性与财产属性，数据确权的重点是发挥其财产属性。从数据生产要素的生成过程来看，源数据与数据处理者的劳动都起着重要作用。在产权不明晰的状态下，私人的源数据与企业的数据生产要素都得不到应有的保护，不利于数据交易的畅通。反不正当竞争法、反垄断法等更多的是一种事后救济举措，不能取代事前的数据确权，并且司法很大程度上也是以数据确权为依据的。构建私人拥有源数据所有权、企业拥有数据生产要素用益权的二元权利结构，能够在保护私人信息人格权的同时，优化数据资源配置。

西南大学硕士研究生李真真将资本主义在数字化时代的业态界定为“数字资本主义”，即由“实在”所构筑的“实体世界”正被置换成由“数字虚体”座驾的“赛博空间”。在资本新的“代理人”数据平台的控制性、支配性话语体系之下，本应为中立性存在的数字“虚体”，被饕餮的资本所吞噬，演绎出数字化衰退、数字霸权、数字垄断、数字劳动异化等发展迷局。她认为，只有把握生产、分配、交换、消费统一体内部的差别，才能从整体角度认识数字资本主义的特征与机制，当下应通过洞察数字资本主义实质、破除数字资本主义迷局、超越数字资本主义限度探究出符合社会主义中国发展情势与数字化时代趋势的新型数字化发展道路。

同济大学硕士研究生翟佳欣认为，当资本形态由金融资本转向数字资本，将面临受资本逻辑支配的两种“帝国”：一种是以数据支配人、将人整体异化的存在于抽象层面的数字帝国；另一种是以数据垄断公司主导数字经济，以新型数字技术掠夺他国的数字帝国主义。因此，要超越西方的固有模式和传统的数字资本逻辑，既不囿于“数字帝国”也超越“数字帝国主义”，相较于短期利润更加重视法制和道德，相较于数字的经济价值更重视引导数字的外部作用，发挥数字的隐形价值，探索出一条每个个体不被算法与数据异化，数字经济发展不受制于国际数据垄断公司，也不在国内数据市场培养巨型垄断企业的科学道路。

（三）高质量发展与现代化经济体系建设研究

辽宁大学张广辉教授在厘清宅基地所有权、资格权和使用权之间关系的基础上，明确宅基地“三权”分别通过所有权虚位权能实现、资格权潜在价值显化、使用权多元化流转路径促进农民收入增长。“三权”在促进农民收入增长过程中，面临着所有权虚位权能实现“难”、资格权潜在价值显化“杂”、使用权多元化流转遇“阻”等现实困境，应通过激发所有权实现动能、激活资格权潜在价值和畅通使用权流转通道等途径来推动宅基地“三权分置”对农民收入的增长作用。

郑州轻工业大学李国政教授认为，枢纽经济是以枢纽为引擎衍生出的一种新经济形态，正在成为区域经济发展的重要动力，其本质是通过优化资源要素的时空配置重塑产业体系，促进生产力空间布局的提升和完善。功能聚疏性、空间开放性、多维融合性、形态多样性、迭代周期性是枢纽经济的基本特征。枢纽经济的总体进程由起步、成长、强化、成熟四阶段构成，内部动力和外部刺激共同形成的循环累积因果效应是枢纽经济形成和发展的内在机理。现阶段我国枢纽经济发展中存在顶层设计不足、枢纽形态单一、枢纽驱动力不强、产业结构不合理等问题，在新发展格局视野下需要进一步从国家视角完善枢纽经济规划体系，搭建枢纽经济运行平台，进一步优化培育枢纽产业，推进枢纽经济与城市高效协同发展。

复旦大学高建昆副教授认为，在我国新时代经济发展中，劳动者财富与收入不断提高，必须坚持和完善促进劳动者劳动致富与共同富裕的经济制度。另外，我国产权体系的公有制为主体与国有制为主导，分配体系的按劳分配为主体，以及社会主义市场经济体制中的国家经济调节，不仅不妨碍劳动致富，而且是劳动致富的根本性制度保障。劳动者财富与收入的不断提高，在根本上取决于生产资料所有制、初次分配机制和再分配机制等制度性因素。他认为，弱化或缺失政府监管的金融创新只能加剧金融风险的放大与蔓延，国有土地和国有资产的私有化和“证券化”，以及“不需要监管的金融创新”，不仅不能实现劳动者致富，反而会加剧贫富分化趋势，并放任和加大经济风险，金融发展尤其是金融创新必须统筹发展与安全，并把金融安全放在首位。

西北大学吴丰华副教授认为，巩固拓展脱贫攻坚成果同乡村振兴有效衔接的理论源泉是中国共产党的共同富裕观，理论基石是社会主要矛盾转换理论，理论指导是习近平总书记脱贫攻坚与乡村发展系列重要论述。其现实逻辑是巩固拓展脱贫攻坚成果同乡村振兴时间相继、空间相叠、内容相通，“十四五”期间的实现路径是产业衔接、人才衔接、生态衔接、文化衔接和组织衔接。围绕实现路径，必须强化主体责任、重点空间、保障体系的全面衔接。

兰州大学邓金钱讲师认为，新时代推动我国经济实现高质量发展，一是要加快动力转换，实现中国经济增长从“要素驱动”向“创新驱动”的稳态转换。二是跨越转变经济发展方式、优化经济结构、转换增长动力、净化市场环境、提升人力资本素质、增强国家治理能力、建设现代化经济体系等常规性关口，以及防范化解重大风险、精准脱贫和污染防治三大攻坚战等非常规性关口，补齐发展短板。三是必须牢牢把握供给侧结构性改革这条主线，提高产品供给能力和质量，推动中国经济由低水平供需平衡向高水平供需平衡的跃升。四是提出实施“乡村振兴战略”和“区域协调发展战略”，着力扭转“城乡区域发展和收入分配差距依然较大”的发展趋势。五是构建高质量发展的体制机制，处理好政府与市场的关系。

内蒙古师范大学硕士研究生任佳佳提出，我国制造业向高质量发展还有一系列短板，需要从四个方面推动制造业高质量发展：一是大力加强制造业应用基础研究，尤其是关键核心基础零部件、元器件研究改进和创新，提高产品的质量及其产品的附加值；二是深化体制机制改革，释放推动制造业高质量发展的市场活力；三是设立科技研发机构完善技术创新体制，推进创新链和产业链进一步深度融合；四是加快培育制造业发展急需的经营管理人才、专业技术人才、技能人才，建设一支素质优良、结构合理的制造业人才队伍。

(四)构建双循环新发展格局研究

南开大学乔晓楠教授认为，要摆脱“成本悖论”与“环境悖论”，必须实现工业化的第三次跃升与高质量发展，并构筑起建立社会主义现代强国的经济根基。要采取坚持自主创新建设制造强国、调节利润率差异平衡虚实关系、改善收入分配扩大国内消费需求、优化投资结构拓展国内投资需求、推动新型城镇化优化国土空间布局以及全面深化改革促进高水平对外开放等策略。最终形成国内市场需求庞大、供需关系协调顺畅、产能利用程度较高、债务杠杆水平合理、产业比例关系协调、积累增长速度适中、社会再生产过程平稳可持续、国际收支相对平衡、共同富裕程度逐步提高的新发展格局。

国防大学胡磊副教授认为，国内国际双循环是一国扩大再生产的内在要求和重要路径，其模式受制于社会再生产一般规律、国家经济规模和外部环境。构建新发展格局的本质是因势利导地再造内需主导、创新驱动和高水平开放的再生产模式，增强双循环畅通性、自主性和互促性。要构建新发展格局，必须加快形成持续扩大的完整内需体系，推进内生型再生产；必须加快科技自主创新和产学研用深度融合，推进内涵型再生产；必须加快内需导向和创新导向型开放，推进开放型再生产。

贵州财经大学博士研究生张洪峰从社会再生产理论、经济增长理论、大国经济理论、经济循环理论出发，认为双循环新发展格局有其内在深刻逻辑，大的逻辑是实现中华民族的伟大复兴，小的逻辑是以人民为中心，让人民群众获得感、幸福感、安全感更加充实、更有保障、更可持续。新时代的“双循环”新发展格局具有新的内涵特征:一是代表着对更高质量发展模式的探索与实践,内循环要达到产业安全、产业技术突破、发展动力转换;二是清晰地表述了对国内和国外两个循环的侧重差异,要逐步改变外向型经济主导的发展格局,更多依靠国内市场,并通过外循环的发展来促进内循环发展。

本届论坛将中国共产党成立 100 年来的经济思想发展脉络同对马克思主义经济学的科学认识进行了历史性交汇,为学界构建具有中国特色、中国风格、中国气派的新时代马克思主义政治经济学提供了重要交流平台,是马克思主义经济学青年学者们展现风采、传播思想的学术盛宴,取得了丰硕的研讨成果。

·文摘·

中国共产党在百年奋斗中推进制度创新的成就和经验

程恩富 孙绍勇

中国共产党的百年奋斗蕴含着社会主义制度在中国的确立、探索和发展中国特色社会主义制度的历史。从党史和新中国史来看,中国共产党的制度创新历经百年艰辛探索,在政治、经济、文化、社会、生态文明、党的建设、国防建设和对外关系 8 个领域形成了一整套相互衔接、紧密联系的制度体系,为党和国家的兴旺发达提供了重要的制度保障。中国共产党在长期的实践发展中,形成建立了人民代表大会制度这一根本政治制度,多党合作和政治协商制度、区域自治制度(含民族区域和港澳区域)以及基层群众自治制度等基本政治制度。探索确立了公有制为主体、多种所有制共同发展的基本经济制度。尤其是党的十八大以来,围绕坚持和发展中国特色社会主义制度,推进国家治理现代化。党中央在全面深化改革的实践中积极推进党和国家各方面的制度建设,在全面从严治党的制度建设、坚持和完善人民当家做主的制度以及中国特色社会主义法律制度方面取得了重大进展。

首先,制度创新要遵循客观规律,结合社会发展变革的目标要求增强制度的针对性,在实践发展中深化制度建设。习近平总书记指出:"从实际出发,及时制定一些新的制度,构建系统完备、科学规范、运行有效的制度体系,使各方面制度更加成熟更加定型。"制度创新的关键在于务实管用,这就要着眼于现实实践发展中的问题,突出制度的针对性、指导性和稳定性。反对流行的官僚主义、形式主义和政绩主义,不搞唯意志论的体制机制改革和反复折腾。

其次,制度创新要与国家治理有机统一,不断增强各方面制度的适应性以及制度建设的前瞻性。制度和治理是须臾不可偏废的,一方面,建立科学合理的制度才能保证治理效能的提升;另一方面,治理体系和治理能力的发展能够进一步促进制度的成熟、定型和完善。因此,制度创新要统筹兼顾顶层设计和治理实践,增强预判性和前瞻性,在未雨绸缪中有序推进。

最后,制度创新要"落细落实",注重提升制度的权威性和执行力。制度本身带有严肃性,是一种刚性、硬性的约束力、规范力和导向力。制度已经建立形成就应当严格遵守,发挥其普遍适用性。习近平总书记强调:"必须强化制度执行力,加强对制度执行的监督。"制度创新要出实效就要避免空壳化和悬浮化,不断延展细化,层层压实,把权力和资本关进制度的笼子,确保制度面前人人平等、执行制度没有例外，使得制度执行令行禁止，运行有效。其中包括反私人资本垄断和无序扩张。

（摘自：《当代经济研究》2022年第1期，原文标题为《中国共产党在百年奋斗中坚持开拓创新的成就和经验》）

重思中国共产党的阶级基础

林炎志

“阶级论”是历史唯物主义的基础。只要中国共产党还是马克思主义政党，就不可能离开“阶级论”。从本质上讲，阶级现象与阶级话语在现代社会并未消失，而是被历史发展的阶段性主题暂时遮蔽。中国共产党驾驭资本的第一命题就是重思中国共产党的阶级基础，锻造现代无产阶级。

在“阶级论”语境中，中国共产党驾驭资本的第一命题可以进一步推演为：中国共产党如何建立对现代阶级运动的主导关系，如何通过自觉性对自发性的主导，夯实党的阶级基础。然而，当今中国有没有现存的、自发产生的无产阶级？放眼世界，经过近两百年的演进，当下的劳动形式与阶级形式与马克思所处的时代相比，已经有了巨大变化。我们可以判断，在现存的各种社会制度下的国家中（包括西方发达资本主义国家）已经很难找到一个能够完全符合马克思主义经典理论的无产阶级。同时，基于阶级运动自觉性与自发性的关系原理，历史也不可能自发地产生这样的无产阶级。

无产阶级这个概念，最早是从早期资本主义发展阶段中的原生工人阶级抽象出来的。现在看来，马克思在《德意志意识形态》中所阐述的“居统治地位的意识形态是统治阶级的意识形态”规律，在现代生产力的条件下正充分验证着它的真理性。西方资本主义社会的工人阶级，包括生活条件较差的蓝领阶级，受资产阶级意识形态的影响和控制程度都非常深，这一影响甚至波及社会主义市场经济中的工人阶级，他们很难天然地具有无产阶级政党执政所需要的无产阶级的阶级性。经过四十余年的改革开放，在社会主义市场经济中自发产生的原生工人阶级、农民阶级，并不一定会自发地、天然地拥护共产党，更不会自发地、天然地产生无产阶级政党所需要的无产阶级品质。而在原生阶级基础上衍生出的次生阶级——中产阶级，更不可能天然地产生无产阶级品质。面向未来，特别是在我们可以预见的工业化4.0时代，以工农差别、城乡差别以及脑力劳动和体力劳动差别为主要内容的三大差别不可能完全消灭。根据历史唯物主义基本原理，有差别即需要交换，资本与市场还将在差别与交换中继续扮演重要角色，并持续发挥货币和金融的力量，这势必使得三大差别在一定范围内进一步激化。因此，这一历史事实需要作为无产阶级政党的中国共产党运用阶级运动自觉性与自发性原理，自觉地造就自己的人工再生阶级——现代无产阶级。

现代无产阶级的锻造是一项具有划时代意义的重大命题。它是我们贯彻历史唯物主义运动规律的必然选择，同时也是中国共产党驾驭资本、夯实阶级基础的题中应有之义，为此我们需遵循如下方略：必须按照共产党执政规律，用一元化的意识形态武装思想，将历史唯物主义揭示的基本规律自觉地贯彻到实践当中；必须依靠原生阶级（农民阶级、工人阶级）中的劳动阶层，尤其在现代无产阶级的体系内应该包含必要的手工劳动和体力劳动环节；必须与现代工业生产力密切相关，尤其是对具有社会性与全局性的基础设施要有足够的认识；对人类发展与社会道德的公理一定理体系要有自觉的遵守机制；依靠政权手段（尤其是财政）支持人工再生阶级机制（锻造现代无产阶级），并且使其符合民主集中制的政治生活原则，由此产生出永葆阶级本色的“关键少数”；勇敢面对“棋逢对手”的资本与市场环境，能够自觉地沟通、匹配各阶级的力量和利益，统筹推进社会经济生活；推动社会结构稳定，增强动态变革的制度弹性，不断夯实社会进步的内生动力。

（摘自：《文化纵横》2021年第3期，原文标题为《驾驭资本——社会主义市场经济的政治经济学》）

中国式现代化破解了现代性与国家独立性之间的悖论

辛向阳

中国式现代化破解了“二战”后一些国家面临的现代化与国家独立性之间的悖论。“二战”之后，一批殖民地半殖民地国家赢得了争取民族独立的胜利，但随着冷战格局的出现，赢得独立地位的国家却面临一个矛盾的选择：保持主权独立，就无法实现现代化；要实现现代化，就要丧失主权独立的地位。为什么会出现这样的悖论？一是这些国家选择的发展道路决定了其现代化的依附性。第二次世界大战后实现民族独立的国家选择的发展道路基本是资本主义道路。资本主义的世界体系，特别是其政治经济体系是有等级秩序的，处在这一秩序最高层的就是西方少数发达国家。这些国家凭借自身的经济、政治、军事优势，把那些不发达资本主义国家都纳入自身的经济政治体系，一些新兴国家正是在这种依附性经济政治体系中实现自身现代化的。这些国家遵循的是西方经济理论和发展模式，其经济增长方式和发展制度被西方国家格式化了。事实上，实现现代化的这些非西方国家对西方发达国家经济政治的依附程度明显高于非现代化国家。二是外国援助的附加条件也加深了依附性。这些新兴国家在实现现代化的过程中需要接受外国援助,而外国援助所附加的条件加大了依附性。依附理论的代表人物萨米尔·阿明在1976年就指出:人们甚至可以这样认为,多边援助带有迫使受援国接受一定技术模式和特定发展战略的更大危险性,“国际货币基金组织通常用‘意向书’向请求援助的政府下达指示,指明该政府必须采取的经济措施,其中几乎一成不变地包含有使贸易和外汇体制自由化的内容。国际货币基金组织的‘忠告’总是极力主张经济稳定和自由贸易,也不管他人有寻求较为均衡的增长和较少不平均分配的要求”。这种“被现代化”的结果就是逐步丧失国家经济政治主权的独立性。中国式现代化是社会主义性质的现代化,中国经济政治体系的发展是相对独立的,不受资本主义经济政治体系的“钳制性”影响。在经济上,中国实行的是社会主义市场经济体制,不同于资本主义市场经济体制,社会主义市场经济体制能够抵御资本主义市场经济的各种消极影响,包括对国家经济主权的影响。在政治上,中国建立的是工人阶级领导的、以工农联盟为基础的人民民主专政的国体,确立的是人民代表大会制度这一根本政治制度。这一国体和根本政治制度使中国式现代化始终走在自己选择的政治发展道路上,不会成为其他政治制度和政治体的附庸。正是在这种独立的经济政治体系的基础上,中国式现代化发展道路才能走得通、走得好。还有一点特别重要,就是我们通过推进国防和军队现代化事业,确保和平发展道路能够真正持续下去。习近平总书记在庆祝中国共产党成立100周年大会上的讲话中指出:“以史为鉴、开创未来,必须加快国防和军队现代化。强国必须强军,军强才能国安。坚持党指挥枪、建设自己的人民军队,是党在血与火的斗争中得出的颠扑不破的真理。人民军队为党和人民建立了不朽功勋,是保卫红色江山、维护民族尊严的坚强柱石,也是维护地区和世界和平的强大力量。”由人民军队作为强大维护力量的和平发展道路,正是保证国家独立性和现代化相互促进的重要基础。

(摘自:《理论与评论》2021年第5期,原文标题为《中国式现代化对世界发展的重大影响》)

深化医疗体系改革要立足于做大做强做优公立医院

谭劲松　姚菲菲

公立医院是我国医疗卫生事业的坚强柱石,是建设健康中国的主力军,担负着服务人民健康的神圣职责,是人民群众健康的看护者、守护神。深化医疗体系改革要立足于做大做强做优公立医院。

第一，政府财政要全额保障公立医院行政支出和医疗费用支出。公立医院是由政府兴办、履行政府服务人民健康职能的公益性医疗机构。政府要根据人民群众对医疗卫生事业的需要和经济发展实力逐年增加对医疗卫生事业的投入，做大做强做优公立医院。“各级人民政府应当切实履行发展医疗卫生与健康事业的职责，建立与经济社会发展、财政状况和健康指标相适应的医疗卫生与健康事业投入机制，将医疗卫生与健康促进经费纳入本级政府预算，按照规定主要用于保障基本医疗服务、公共卫生服务、基本医疗保障和政府举办的医疗卫生机构建设和运行发展。”要根据医疗卫生事业发展和方便群众就医看病需要，扩大公立医院数量规模，提高建设标准，优化网络布局，促进医疗资源均衡化，切实解决医疗资源分布不均衡问题。

第二，优化公立医院布点和结构。要推动优质医疗资源扩容下沉和均衡布局，健全分级诊疗制度，加快推进城市医疗集团和县域医共体网格化布局建设，深化县域综合医改。习近平总书记明确指出：“要加大公立医疗卫生机构建设力度，推进县域医共体建设，改善基层基础设施条件，落实乡村医生待遇，提高基层防病治病和健康管理能力。”各地应根据财力逐步加大医疗服务财政支出，健全完善县中心医院，乡镇、街道卫生院，社区卫生所。推进中西医结合的公立医院结构优化，大力支持和扶植中医中药公立医院发展，充分发掘中医中药治病救人、服务人民群众健康的作用。优化全科医院和专科医院布点，提高医院专业医疗水平。

第三，提高公立医院医疗技术水平和管理服务水平。公立医院的发展走向高质量发展的道路，核心是实现三个转变、三个提高。第一个转变，从发展方式上走向内涵建设为主，提高质量。第二个转变，从发展的内涵上、管理上走向内涵式的、集约性的、高效的管理，主要是通过信息化的手段来提高效率。第三个转变，从资源配置方面逐渐转投向人力资源发展来提高人的积极性，提高广大医务人员的待遇。医疗体系改革，一要加大医药卫生人才培养，把最优秀的医药卫生人才输送到公立医院。尤其要确保乡镇、街道社区医院或卫生院有一定数量的国家正规高等医学院校培养的全科医生。各级政府要努力提高医护人员福利待遇，为公立医院医务人员晋升职称、进修、培训、实习创造条件，以帮助医务人员提高专业能力和技术水平。要完善公立医院薪酬制度，确保医务人员收入与其工作付出和承担风险相一致，以提高医务人员积极性。二要提高公立医院现代化管理水平。做优做强公立医院必须提高医院的现代化管理水平，既要建设一支思想好、素质高、业务精的优秀管理队伍，又要“建立权责清晰、管理科学、治理完善、运行高效、监督有力的现代医院管理制度”。通过提高现代化管理水平优化医疗资源配置、调动医务人员工作积极性和构建和谐医患关系。三要合理设置公立医院医护人员编制。做大做优做强公立医院要以稳定的医护人员编制作保障。公立医院是重要的公益性国有资产，履行公益性职责，医护人员是国家维护人民生命财安全和身体健康的保障，如同军队是国家安全保障一样重要。公立医院编制是稳定和吸引医务人员、保障公立医院稳定发展的关键要素，是国家满足人民医疗卫生服务需求的重要制度保证。公立医院编制不但不能弱化取消，而是需要强化固化。

（摘自：《政治经济学研究》2022年第1期，原文标题为《医疗体系改革要坚持政府主导、公益性主导、公立医院主导》）

共同富裕不能建立在私有制经济主体基础之上

侯为民

与马克思设想的未来社会完全实行公有制不同，在社会主义市场经济条件下共同富裕的实现路径具有曲折性和复杂性，实现共同富裕的任务更加艰巨。这一点决定了坚持公有制主体地位的必要性。习近平指出，我国基本经济制度是中国特色社会主义制度的重要支柱，也是社会主义市场经济体制的根基，公有制主体地位不能动摇，国有经济主导作用不能动摇，是“保证我国各族人民共享发展成果的制度性保证”。强调坚持公有制主体地位，首先就是坚持从制度属性上肯定了共同富裕的合理性和正义性，同时也坚持了社会主义生产目的的主要规定性。

众所周知，市场具有“马太效应”。在一般意义上，市场机制易导致贫富分化，这是由商品经济的主导规律——价值规律决定的。价值规律的作用主体是私有制经济，私有制的属性与共同富裕是不兼容的。社会主义市场经济不同于私有制主导的市场经济，但市场机制仍会发挥重要作用，尤其是在资源配置方面要发挥决定性作用。只要存在着市场配置资源，生产效率的差异就会带来劳动成果的差别和效益的差别，从而也决定了不同经济实体中不同行为主体的利益差别。有的时候，这种差别对于其中的个人行为选择是决定性的，从而也会导致高质量从业人员向效益好的行业、企业集中，并进一步拉大企业间的差异。在这种情形下，即便非公有制经济中实行按劳分配，收入水平也会不断拉大，并带来富裕程度的两极分化趋势。

市场机制的上述特点，决定了共同富裕不可能通过非公有制经济的发展壮大来实现。有人认为，共同富裕首先要富裕起来，做大蛋糕才能分好蛋糕，改革开放以来私有制经济的快速发展在我国快速富裕进程中发挥了作用，这一趋势还可以保持下去。这种囿于较短时间周期和经济现代化起步阶段的观点不仅短视，而且有害。中国市场经济发展的不充分与生产力发展到一定高度、市场经济较充分发育时面临的情况完全不同。对后者来说，市场导致的分化会更明显,分配差距的形势也更严峻。托马斯·皮凯蒂对欧美国家分配不平等的历史分析表明,库兹涅茨关于收入分配不平等与经济发展关系的“倒U型”假设在长周期中是不能成立的。实际情形恰恰相反,财富和资本收入的不平等程度远远高于劳动收入的不平等程度。可见,脱离所有制条件,期望通过市场化的深化来促进收入合理化是不现实的。

(摘自:《当代经济研究》2021年第12期,原文标题为《共同富裕取得实质性进展的若干理论问题》)

为什么要防止资本野蛮生长

李光满

第一,这些年随着大资本的无序扩张直至野蛮生长,一批大资本集团和财阀形成,他们以泰山会、西湖会、湖畔大学等形式形成影响力,成为权力构成中不可忽视的力量,由于资本所具有的贪婪本性,这种力量企图构建有利于大资本利益的政商关系,对我国坚持社会主义公有制性质形成严重的负面影响。

第二,这些年随着互联网的迅猛发展,新闻舆论形态发生了根本性变化,一大批互联网舆论平台被大资本集团控制,大资本集团拥有大量为他们的利益服务的新闻媒体和舆论平台,有些大资本集团甚至已经成为“媒体王国”,他们利用自己所掌控的媒体和平台为他们的利益服务,美化西方民主、体制、文化、生活方式,鼓吹西方资本主义思想、制造历史虚无主义的舆论泛滥成灾。

第三,这些年我国文化圈、文艺圈、娱乐圈、影视圈是受资本影响、渗透、毒害最严重的领域,文艺阵地被大资本侵蚀,已经成为一个资本搅动、充满铜臭的大染缸,文化界缺乏家国情怀,缺乏政治责任,缺乏民族精神,精神空虚,精致的利己主义者占据荧屏舞台,社会主义文艺阵地受到资产阶级价值观的严重侵蚀,失去风骨,失去阳刚、强悍的人文精神,偏离了为人民服务的宗旨和方向,中国文化价值系统和文化精神体系出现危机。

第四,这些年大资本的无序扩张和野蛮生长在我国经济、金融、民生领域所产生的破坏和伤害逐渐显现,像阿里巴巴、蚂蚁金服、滴滴出行成为互联网领域的巨无霸,一是形成行业垄断,二是摧毁社会商业生态,三是抑制社会创新,四是玩弄资本造富。我国房地产、互联网平台、大数据、互联网金融、教育、医疗以及重要科技型企业几乎都受到大资本渗透甚至控制,对我国实体经济、制造业、国家安全、人民生活产生了严重的负面影响,严重抑制了国家科技创新能力,致使国民经济脱实向虚,大资本的无序扩张和野蛮生长已经成为我国经济发展和科技创新的毒瘤。

第五，由于资本无序扩张和野蛮生长，资本快速向头部大资本集团聚集，资本寡头出现，几乎垄断并控制资本市场，资本市场成为资本巨头的狂欢之地，越来越多的中小创新公司被这些大资本集团收购或被碾压、挤垮。这些年来我国实体经济和制造业发展越来越艰难，大资本集团却在资本市场狂欢，为什么联想集团不搞科技研发而要转身去搞金融？为什么滴滴要铤而走险，哪怕危害国家安全也要跑去美国上市？为什么中国资本市场造富浪潮风起云涌，中国制造业却生存艰难，科技创新企业、小微企业难以获得资金支持？

第六，这些年大资本进军的步伐和收割的镰刀快速进入民生领域，医疗、社区团购、教育培训、房产中介等，哪里有财富，哪里就有大资本噬血的大口，哪里就会被垄断的大资本集团所垄断。自从大资本进入中国教育市场之后，各类大型培训机构张开大口吞食中国教育市场，以高价抢走公立学校的优质教师，以“不能输在起跑线上”的理念带偏整个教育方向，将中国教育带向了一条压榨式的不归路。那些民营教培机构由此斩获了大量财富，教育变成了压在中国老百姓身上的一座大山，这种状况的出现与我们将教育市场化、国内外大资本集团进入中国教育市场有着重要关系。医疗市场化使中国整个医疗系统都闪现着大资本集团的影子，从医药公司到市场再到医院，都成为资本大佬们赚取巨额利润的领域，结果是老百姓看不起病，国家医保也承受着巨大的支付压力，究其根本原因，仍然是资本化、市场化导致的结果，如果不加以控制，养老产业和农村土地必将是下一步大资本的饕餮之地，因此要实现共同富裕，要维护老百姓的利益，必先限制和打击大资本集团对民生领域的垄断、蚕食和鲸吞。

第七，这些年由于我们加大开放力度，国际大资本迅猛进入中国，这些国际资本一方面通过蚂蚁、滴滴这样的公司收割中国财富，另一方面则是渗透甚至控制一大批中国高科技公司，目前中国主要的高科技公司都已经被国际大资本渗透，有些还是第一大股东。比如日本软银是阿里巴巴的第一大股东，是滴滴第一大股东，是中国两款主要疫苗之一的科兴疫苗的第一大股东，是中国人工智能领域独角兽公司商汤科技的大股东，也是蚂蚁的大股东，字节跳动、新浪、网易、淘宝、分众传媒、万国数据、迪安诊断、海泰环保、宜搜科技、华大基因、贝壳集团等公司都有软银的身影，软银投资中国的公司超过300家，凡是目前国内知名的互联网科技公司，几乎都有日本软银、美国红杉资本的股份，中国科技公司赚取的利润主要被像日本软银、美国红杉资本等外国资本巨头拿走，而一旦美国制裁中国高科技公司，像日本软银又会转身参入对中国制裁。国际大资本对中国高科技产业的渗透和控制已经对中国经济产生战略上、安全上的重大影响、对国家安全构成严重威胁。

（摘自：李光满说公众号2021年12月13日，原文标题为《为什么要“防止资本野蛮生长”？》）

苏联在处理多重矛盾上取得的成就

陈人江

第一，利用资本主义国家之间的矛盾，打破政治孤立与经济封锁。苏俄与国际帝国主义势力经过最初几年的军事较量后，双方最终达成了某种程度的均势。在这种情况下，以列宁为首的党和国家领导人开始采取务实的政策，调整与资本主义国家之间的关系，确立了与资本主义国家和平共处的方针，新经济政策正是在这一背景下实施的。新经济政策中的“租让制”旨在吸引西方国家的投资，引进先进资本主义国家生产经验、技术和设备，从本质上来说是以对外国资本的一定让步来换取生产力的恢复和发展。1919 年召开的俄共(布)八大上，俄罗斯社会主义联邦苏维埃共和国希望同各国人民和平相处的条款被列入了决议草案。1922 年，苏俄与受凡尔赛体系全面压制、急需外来援助的德国签订了《拉巴洛条约》，同意两国外交关系正常化，进行友好合作，并在经济上互惠互利，苏联由此突破了西方的全面外交封锁。之后，苏联先后争取了 20 多个国家与之建交，分化瓦解了帝国主义势力的反苏阴谋，逐步缓解了苏联在国际关系中的困境。1929—1933 年资本主义爆发了世界经济大危机，生产资料贬值、商品销售困难，苏联得以扩大与西方的直接贸易，大量引进技术、设备和人才，满足了第一个五年计划时期工业生产方面的强劲需求。但由于西方各国失业率高企、社会动荡、阶级斗争尖锐，为了转嫁矛盾，西方国家造谣苏联“强迫劳动”及“在世界市场上倾销商品”，破坏资本主义经济秩序，企图把危机造成的严重社会后果归罪于苏联。以美国为首的帝国主义国家及南斯拉夫、匈牙利、比利时等一批附属小国对苏联发起了商品抵制和贸易限制。苏联采取针锋相对的贸易限制措施，例如大幅度减少在美国的订货，将在美国订购的货物转向别国购买，对美国高度依赖的原材料进行出口限制，同时与西方国家签订以扩大进口换取出口保障的经济协定，等等。正是通过在国际贸易上采取精准打击、有效分化的策略，世界经济危机爆发后，苏联反而与某些国家(如法国、波兰)的关系有所好转，并发展了同世界市场、西方国家的经济联系。

第二，利用无产阶级与资产阶级的矛盾，争取资本主义国家人民对苏维埃国家的同情和支持。十月革命的胜利激励了各国无产阶级谋求自身解放的政治积极性。1918—1923 年，资本主义国家如日本、美国、墨西哥、阿根廷、巴西等都爆发过无产阶级革命运动。为了阻止英法干涉苏俄，英国工人发起了群众游行示威，并联合法国、意大利的工人进行总罢工。苏维埃政权坚持的无产阶级国际主义与国际关系的民主和革命原则,例如宣告废除秘密外交、谴责帝国主义的侵略和瓜分世界的秘密协定,获得了西方工人和左翼政党社会党的支持。苏联不仅在国际关系中提倡新的原则,还非常重视对外意识形态宣传和国际统一战线工作,为此成立了相关的组织,例如国际革命作家协会(MORP)、全联盟对外文化关系协会(VOKS)和苏联作家联盟外交委员会,与西方各国知名的左翼进步知识分子保持着密切的联系,通过他们向西方群众介绍苏联的社会主义建设,有利于破除资本主义世界对苏联的信息封锁和舆论抹黑。而苏联社会主义建设取得的巨大成就也增强了资本主义国家人民对社会主义道路的向往。

第三,利用帝国主义与殖民地半殖民地的矛盾,引领世界革命新方向。列宁时期的苏联即便从与资本主义短兵相接的正面战场上后撤,也从未放弃从其他战线上对资本主义和帝国主义进行斗争。在西方革命未能预期而至后,列宁将世界革命的重心转向了东方,提出了将无产阶级革命与落后国家民族解放运动结合起来的新革命战略,这是利用无产阶级和资产阶级的矛盾与帝国主义和殖民地半殖民地矛盾来建立反帝国主义统一战线。十月革命后,列宁领导创建了第三国际(即共产国际),用于指导新的世界革命,其中包括帮助东方落后国家建立共产党、培训革命干部人才以领导落后国家的民族解放运动。列宁不仅批判帝国主义,批判第二国际的民族主义行径对国际无产阶级革命的干扰,还大力批判国内的大俄罗斯沙文主义。苏维埃政府成立后,发表对华友好宣言,承诺归还沙皇政府侵占的中国土地。这一切都扩大了俄国革命在殖民地半殖民地的影响。对第二次世界大战结束之后兴起的亚非拉民族解放运动,苏联同样给予了有力的支援,如对法属印度支那、印度、中美洲及中东非洲地区,甚至在苏伊士运河战争中提出核打击威慑,迫使英法老牌帝国主义国家退出了对运河区乃至中东局面的控制,保障埃及和阿拉伯国家的独立。可以说,苏联的支持是促使20世纪民族解放运动取得胜利、旧殖民体系加速瓦解、古典帝国主义终结的非常重要的因素。在20世纪五六十年代建立的一批民族独立国家中,一部分国家选择了社会主义制度,壮大了社会主义阵营的力量,又有一部分国家成为苏联和社会主义的盟友,从而在最初的冷战格局中大大减轻了苏联在国际战略竞争方面的压力。

综上所述,苏联党和国家领导人能够较为成功地处理世界体系多重矛盾时有以下几个特点:首先,对时代的主次矛盾有正确和深刻的认识,在国际关系中分清敌友,例如,"全世界无产者和被压迫民族联合起来"的口号就充分体现了列宁是如何善于将各个次要矛盾统摄起来用于主要矛盾的解决的;其次,在明确的战略目标下采取灵活务实的策略和手段,即有原则地退却;最后,坚定输出价值观,从而寻找到潜在的牵制帝国主义、呼应自身革命作用的同盟力量,并用自身社会主义建设的成功来提高号召力。但也要看到,从英国霸权向美国霸权过渡的时期，世界体系的无政府状态加剧，帝国主义之间的矛盾异常尖锐，这也给苏联处理与世界体系诸多矛盾的关系留下了很大的回旋空间。

（摘自：《世界社会主义研究》2021年第11期，原文标题为《世界体系的基本矛盾与苏联解体》）

《拉美的警示》一文的局限性

贾根良 刘旭东

爱德华兹是以研究拉丁美洲民众主义著称的智利经济学家。在《拉美的警示》一文中，他选取智利阿连德政府、秘鲁加西亚政府以及委内瑞拉查韦斯和马杜罗政府进行案例分析，并总结了民众主义政府实施财政赤字政策的四阶段特点：第一阶段民众主义政府上台，货币供给通过财政支出增加，人民工资上涨，经济增长表现出色；第二阶段生产开始出现瓶颈，货币发生贬值，物价上涨导致通货膨胀；第三阶段经济失衡加剧，指数化调整导致通货膨胀加速，政府赤字进一步上升；第四阶段政府赤字过高，债务发生违约，市场充满扭曲，经济发生混乱，生产难以为继，民众主义政府被取代。

作者通过帕廷金的货币一般均衡理论和奥利维拉—坦茨效应（Olivera-Tanzi Effect）来解释这一经济传导过程。财政赤字将造成经济体系内货币供应过剩，在实际货币余额效应的作用下，人们将减少持有货币，增加对商品和债券的需求，从而将货币市场中的供应过剩转移为商品和债券市场中的过度需求，引发通货膨胀。持续的通货膨胀又通过奥利维拉—坦茨效应造成财政赤字进一步增加，财政赤字和通货膨胀的正向反馈最终造成超级通货膨胀，并伴随货币贬值和国际收支账户恶化，引起宏观经济失败。

《拉美的警示》一文大致勾勒了上述三个政府经济政策演变的路径，但作者错误地将现代货币理论和拉丁美洲的民众主义混同在一起，而且文中选取的样本都是出于极端国际和政治环境下的案例，并不具有普遍性，帕廷金的均衡理论用来支撑财政赤字导致通货膨胀的逻辑并不成立。首先，虽然都强调政府支出，但现代货币理论和拉美民众主义有着本质不同。民众主义通过财政赤字支出来执行收入分配政策，在忽视资源约束的条件下提高民众福利，是一种扩大消费的需求政策。而现代货币理论则强调财政支出需建立在不存在资源约束的条件下，财政支出通过对闲置资源的利用，可以提高经济运行的效率，并增进社会福利，是一种扩大产出的供给政策。也就是说，现代货币理论是将民众福利的提高建立在资源可得和供给扩大基础上的。其次，帕廷金的均衡理论以充分就业为前提，货币数量导致的利率和价格变化都不会改变社会供给,是一种基于商品存量基础上的静态市场均衡,忽视了从维克赛尔到凯恩斯革命中的货币非中性传统,实际上又回到了古典的货币面纱论传统。《拉美的警示》一文引入这样一种不存在资源闲置、产出缺乏弹性的理论来批评以资源闲置作为财政赤字前提的现代货币理论,显然缺乏说服力。对于货币生产型经济而言,随着政府支出和货币供给增加,生产能力会得到扩大,产出会增多,因此"政府支出是否会造成通货膨胀取决于政府支出的方式以及具体生产分配状况。关于政府增加支出势必会带来通货膨胀的观点显然言过其实"。最后,《拉美的警示》一文所选取的三个拉丁美洲案例都受到严重的国际制裁,正如作者自己所言,属于刻意选取的"最糟糕"的案例。智利阿连德政府决议从美国资本手中将铜矿收归国有而遭受美国对铜价的大幅打压和一系列制裁;秘鲁加西亚政府单方面决定将外债偿还锁定在出口额的10%而受到西方债权国和债权银行的联合抵制;委内瑞拉马杜罗政府自2014年就受到美国对其石油产业的制裁。这三个国家都在受到制裁后发生出口收入急剧下降、进口受阻、国内物资缺乏。此时实行的财政赤字没有实际资源支持,容易引发通货膨胀,这是现代货币理论也赞成的事实。

(摘自:《学术研究》2021年第10期,原文标题为《现代货币理论:来自拉美的经验》)

乡村振兴为了谁

贺雪峰

地方政府在实施乡村振兴战略中的嫌贫爱富,原因在于缺少对乡村振兴战略的深刻理解。中国乡村振兴战略的实施要分阶段,也要分区域。从阶段上讲,从现在到2035年只是乡村振兴的初级阶段,从区域上讲,东部沿海发达地区与中西部地区存在着发展代差,且东部地区已经成为城市带内在组成部分,与中西部农民大量进城后农村空心化老龄化是完全不同的,中西部农村不可能复制东部地区的模式,东部地区与中西部地区农村是完全不同的两条发展道路。

从大的方面讲,当前乡村振兴战略主要是服务于作为弱势群体的农民和农民中的弱势群体,而不是服务于城市中产阶级、文青小资,甚至重点也不是服务于农村强势群体的。有一种很流行的观点,就是要解决当前城乡发展不平衡,进行乡村振兴,就必须要让城市人下乡、农民进城。城市人下乡买地建别墅,一年有几天到农村看星星看月亮,收入算作农村人均收入,农村人均收入提高了,农民进城,收入算作城市,城市人均收入降低了,结果就是城乡收入差距减少了。问题是,城市人到农村会挤占农民生存资源,而缺少进城体面安居能力的农民离开农村，就可能在城市流浪漂泊，无法体面生活。

至少现阶段，乡村振兴不是要为城市中产阶级、文青小资准备的，也只有极少数村庄可以通过营销“乡愁”赚城市人的钱。乡村振兴要重点服务作为弱势群体的农民和农民中的弱势群体，是因为当前及未来相当长一个时期，中国都将处在农民快速进城，城乡关系重组，农民需要有发展同时有保障的特殊背景。从农民来讲，他们无疑是当前中国相对弱势的群体，正处在快速进城过程中。总体来讲，农民缺少经济资本、社会资本和文化资本，他们往往只是家庭中的年轻子女进城而中老年父母留村，他们进城很艰难，且往往即使进城了也难以在城市体面安居，他们很可能会进城失败而不得不返回农村。农村因此是农民的基本保障和返乡退路，是进城农民心理安全的来源。进城农民因此倾向保留他们在农村的宅基地和承包地。乡村振兴不能将农村的基本保障与退路搞没了。乡村振兴不仅要关注作为弱势群体的农民，而且尤其应当重点关注农民中的弱势群体，因为农民中的弱势群体更加缺少到城市和市场竞争的能力，他们更加需要农村和农业作为自己收入与就业，作为自己的基本保障。从农业上讲，以老年人为主体的小农户也许劳动生产率不高，从农村老年人角度讲，小块农业不仅是收入来源，而且是就业机会，是劳动权利，是人生意义的展现，是避免社会性死亡的基础。当前2亿多进城农民工中的大多数仍然没有能够在城市稳定安居，所以他们还离不开农村这个退路和心理安全保险，包括农民工在内的八亿农民占到中国人口的大多数，这个人口大多数没有基本保障和心理安全保险，中国社会结构就会缺乏弹性，中国现代化就容易处在危险中。只有当中国城市化已近完成，进城农民可以在城市体面安居，大量农民进城，为留村农民提供了更多获利机会，且国家有更多财政能力为包括农民在内的所有人提供相对体面的基本社会保障，农村就不再是农民的基本保障，乡村振兴就可以不再重点是服务于农民，而可以从生态、中产阶段需要、乡愁甚至家乡这个宗教方面来进行建设，乡村振兴也就可以进入到高级阶段。

（摘自：新乡土微信公众号2021年11月8日，原文标题为《乡村振兴为了谁》）

依托“国内大循环”和制度优势，用创新保障安全

林 盼

当前，我国是世界最大发展中国家的国际地位没有变，我国仍处于并将长期处于社会主义初级阶段的基本国情也没有变，发展不平衡不充分的问题依然突出。要解决各类风险隐患，首先要在高质量发展上做文章。中央明确要求，“十四五”时期，经济社会发展要以推动高质量发展为主题，这是根据我国

发展阶段、发展环境、发展条件变化做出的科学判断。

马克思在《〈政治经济学批判〉导言》中指出,“生产生产着消费:(1)是由于生产为消费创造材料;(2)是由于生产决定消费的方式;(3)是由于生产靠它起初当做对象生产出来的产品在消费者身上引起需要”。在新发展格局的背景下,生产在经济循环中的决定性地位将会被继续强化。中央提出新发展格局,强调以国内大循环为主体,以实现国民经济体系高水平的完整性为目标,突出重点,抓住主要矛盾,着力打通堵点,目的在于依托我国超大规模市场和完备产业体系,创造有利于新技术快速大规模应用和迭代升级的独特优势,充分发挥规模效应和集聚效应。因此,需要立足产业规模优势、配套优势和部分领域先发优势,通过质量变革、效率变革、动力变革,提高供给水平,增强供给体系的韧性,解决各类“卡脖子”和瓶颈问题,畅通国民经济循环。

具体而言,以中美贸易战和疫情防控为镜鉴,证明了“建链”、“强链”、“固链”的重要性。只有打造具有更强创新力、更高附加值、更安全可靠的产业链供应链,把核心技术牢牢掌握在我们自己手中,才能实现产业链供应链自主可控的安全目标。对此,应当充分发挥社会主义集中力量办大事的制度优势,借助“新型举国体制”,打造“政产学研用”各方参与的创新联合体,有序推进创新攻关的“揭榜挂帅”体制机制建设,实施创新驱动发展战略,加快推动双循环背景下的产业转型升级,推动经济的高质量发展。

近年来,中央多次提出,要“注重发挥新型举国体制在实施国家科技重大专项中的作用”。与传统的举国体制相比,新型举国体制强化市场机制的作用,通过市场机制反映资源的供求状况,有效进行生产和流通方面的调节,运用市场方式和经济手段来解决预算投入、利益分配等问题,实现生产要素和资源的有效配置。同时,新型举国体制打破政府单一主体的管理和参与模式,充分发挥企业在技术创新中的主体作用,促进创新要素向企业集聚,形成政府、企业、高校、研发机构及用户共同参与的“政产学研用”五位一体的协同创新模式,将国家的重大科技创新战略、目标考核、社会动员、资源配置与运用市场激励机制有机结合,共同发挥优势作用,形成具有激励性、系统性的产业技术创新研发环境。

产业链的形成和提升并非完全市场自由竞争的结果,而主要由那些位于技术高端的企业在本国政府支持下构建起来的。为了能够充分发挥新型举国体制的制度优势,使之“落地生根”,可赋予中央企业或大型国有企业“链长”重任,整合各类资源,吸引民营企业、高等院校、科研机构、国家实验室、用户等广泛参与,打造“央企/国企+”的创新联合体,集中力量攻关重大课题,形成突破核心技术的强大体系支撑。作为“链长”的企业,应努力发挥“头雁”领飞作用,通过提供联结条件或者技术支撑,组织协同攻关和共性技术研发等多种方式,形成具有更强创新力、更高附加值、更安全可靠的产业链供应链。同时,要超越企业立场看问题，组织协调各方力量攻关克难，大力推进面向市场领域中的交叉融合与原始创新，实现要素集成、流程优化、技术研发、人才培育等复合型战略目标，必要时甚至牺牲一些自身利益做铺路石，为全链发展谋篇布局，使之成为构建新发展格局的原创技术策源地。相关职能部门也应适当调整与改革企业考核和评价机制，将保障产业链供应链稳定、推动产业自主创新纳入新考核指标体系中。

实践证明，应对重大风险需要强有力的制度提供保障，“集中力量办大事”的体制机制能够有效防范和成功应对重大风险。通过发挥制度和市场优势，完善科技创新组织机制，探索企业与高等院校、科研院所的合作新模式，使之成为创新的需求提出者、过程组织者、成果应用者，应当成为下一阶段政策制定的突破方向。

（摘自：《上海经济研究》2021 年第 11 期，原文标题为《新发展格局中发展与安全的协调效应研究——政治经济学的视角》）

图书在版编目(CIP)数据

海派经济学. 2022. 第 20 卷. 第 1 期：总第 77 期/程恩富，顾海良主编. —上海：上海财经大学出版社，2022. 3
ISBN 978-7-5642-3985-5/F・3985

Ⅰ. ①海… Ⅱ. ①程… ②顾… Ⅲ. ①经济学—丛刊 Ⅳ. ①F0-55

中国版本图书馆 CIP 数据核字(2022)第 080159 号

□ 责任编辑 袁 敏
□ 封面设计 张克瑶

海派经济学
程恩富 顾海良 主编

上海财经大学出版社出版发行
(上海市中山北一路 369 号 邮编 200083)
网 址：http://www.sufep.com
电子邮箱：webmaster@sufep.com
全国新华书店经销
上海华教印务有限公司印刷装订
2022 年 3 月第 1 版 2022 年 3 月第 1 次印刷

787mm×1092mm 1/16 15.75 印张 300 千字
定价：48.00 元